ESSAI

D'UNE

BIBLIOGRAPHIE

GÉNÉRALE

DU THÉATRE

PARIS. — TYPOGRAPHIE MORRIS ET COMP.,

64, rue Amelot, 64.

ESSAI

D'UNE

BIBLIOGRAPHIE

GÉNÉRALE

DU THÉATRE

OU

CATALOGUE RAISONNÉ DE LA BIBLIOTHÈQUE D'UN AMATEUR

COMPLÉTANT

LE CATALOGUE SOLEINNE

PARIS

CHEZ TRESSE, LIBRAIRE, AU PALAIS-ROYAL

AUBRY, LIBRAIRE, RUE-DAUPHINE, 16

1861

Tiré à 200 exemplaires.

ÉCRITS

RELATIFS AU THÉATRE

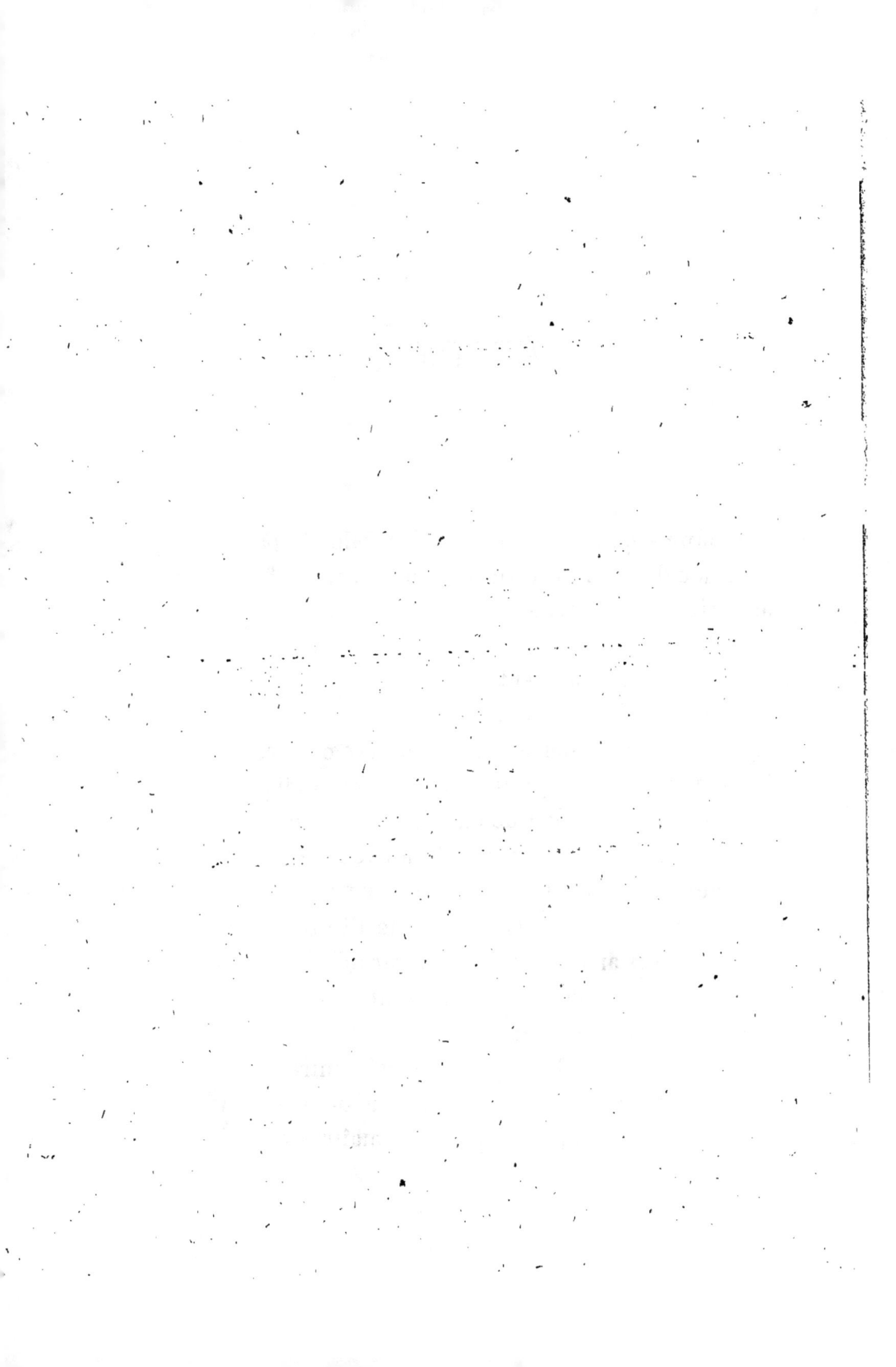

PRÉFACE

Le volume que nous offrons au public n'a pas la prétention d'être un travail complet et sans défauts, une véritable bibliographie de l'art théâtral et de ses branches nombreuses et variées. Ce n'est pas non plus un catalogue de vente ni une description pompeuse d'une collection de curiosités. Le titre de l'ouvrage, la rédaction des notes et l'absence de certains détails relatifs à la condition des livres, indiquent assez quel a été le plan de l'auteur. Il a voulu donner, en un volume, un simple aperçu de ce qui a été publié depuis la renaissance sur les arts du Théâtre chez les diverses nations de l'Europe, afin de faciliter aux artistes et aux hommes de lettres la recherche des matériaux qui peuvent servir à leurs études et à leurs travaux.

Nous n'entreprendrons pas ici de démontrer l'utilité des bibliographies spéciales : nous ne pourrions que répéter à ce sujet ce que des maîtres ont dit avant nous, ce qui, au surplus, est prouvé jusqu'à l'évidence pour tout homme studieux qui veut approfondir une branche quelconque du savoir humain. En revanche, nous aurions bien besoin de justifier l'entreprise que nous tentons et à laquelle nos forces sont loin de suffire ! justification que nous ne pouvons baser que sur l'insuffisance ou l'absence d'ouvrages de cette nature pour ce qui concerne le théâtre et les arts qu'il embrasse. En effet, si nous exceptons le catalogue si justement célèbre qui porte le nom de M. de Soleinne, et auque nous osons rattacher ce volume à titre de complément, nous ne trouvons ni en France ni à l'étranger aucun ouvrage bibliographique de quelque importance qui soit exclusivement consacré au théâtre.

Le catalogue Soleinne est, il est vrai, à certains égards, assez complet pour suffire aux études les plus étendues sur la littérature dramatique de la France et d'autres pays ; mais le savant rédacteur de ce véritable chef-d'œuvre de bibliographie nous apprend lui-même, dans la préface du cinquième volume, que plusieurs classes, qui par leur incontestable utilité devaient avoir un certain développement dans une bibliothèque théâtrale, se trouvent à peine indiquées dans celle de M. de Soleinne, par suite de circonstances indépendantes de la volonté de son créateur.

C'est donc surtout pour combler ces lacunes et

pour faire connaître les ouvrages parus postérieure-
ment à la rédaction du catalogue Soleinne, c'est-à-
dire depuis vingt ans, que nous nous sommes déci-
dés à publier ce recueil, rédigé, à l'origine, pour
notre usage particulier.

Le défaut d'érudition que l'on reproche souvent
aux écrits modernes traitant des arts du théâtre ou
de leur histoire, ne provient sans doute que de la
difficulté qu'éprouvent les écrivains à se rendre
compte des travaux de leurs devanciers et à trouver
les documents qui peuvent les en instruire.

Nous avons donc pensé qu'en publiant le résultat
de nos longues et patientes recherches, nous ren-
drions un véritable service aux partisans des études
consciencieuses et des notions positives, en leur offrant un guide pour la recherche de matériaux utiles, en leur présentant, sur chaque branche des
études théâtrales, une série d'indications bibliographiques qui n'ont jamais été rassemblées mé-
thodiquement en nombre aussi considérable.

Avant la publication du catalogue Soleinne, la
bibliographie théâtrale proprement dite n'existait
pas. Les catalogues Pompadour, la Vallière, Pont de
Vesle, n'offraient que des listes de pièces, c'est-à-
dire d'œuvres dramatiques dont la connaissance
importe, il est vrai, à l'histoire du théâtre, mais ne
la constitue pas complétement; et ils n'y joignaient
qu'un nombre fort restreint d'ouvrages historiques

ou didactiques relatifs aux divers arts qui concourent à l'existence et à l'éclat du théâtre.

Le catalogue Soleinne a offert le premier une vaste réunion d'ouvrages de cette nature. Après avoir présenté en quatre volumes la description la plus complète et la plus savante de la plus riche collection d'œuvres dramatiques qui ait jamais été formée, le rédacteur groupa dans le cinquième volume les ouvrages relatifs au théâtre, et les classa d'après la méthode généralement adoptée pour les catalogues de vente, en l'émaillant çà et là de notes précieuses parfois étrangères à l'intérêt du vendeur, mais toujours intéressantes au point de vue de la science.

Nous voulions d'abord restreindre notre publication à un simple supplément au grand et beau travail du bibliophile Jacob; mais en réfléchissant que cet indispensable *Vade-mecum* de la bibliographie théâtrale est déjà devenu assez rare pour faire désirer une réimpression, nous nous sommes décidé à reprendre en sous-œuvre le volume qui contient les écrits relatifs au théâtre en le complétant jusqu'à nos jours et en éliminant tout ce qui nous a paru s'éloigner de notre sujet.

Les additions les plus notables au cinquième volume du catalogue Soleinne seront donc de deux espèces, et comprendront : 1° les ouvrages de toutes sortes parus depuis vingt ans; 2° les ouvrages que M. de Soleinne n'avait pu se procurer ou qui avaient disparu

de sa bibliothèque : parmi ceux-ci, des classes entiè-
res, dont l'absence avait été signalée par le rédacteur
du catalogue lui-même, telles que les romans relatifs
au théâtre, les ouvrages étrangers en général, l'architecture théâtrale, la description de Paris dans
ses rapports avec l'histoire du théâtre, les décorations, etc., etc.

Quant à la méthode de classification adoptée par
nous, il est certain qu'elle ne rencontrera pas l'ap-
probation de tous les bibliographes.

Nous dirons en quelques lignes ce qui nous a
fait déroger à la méthode habituellement suivie jusqu'ici.

Le principal reproche que l'on peut adresser aux
ouvrages de ce genre est de tenir compte de là forme
apparente des œuvres plutôt que de leur nature in-
trinsèque et du principal usage qu'on en peut faire.
Il arrive souvent que celui qui poursuit un sujet
d'études, en cherchant à connaître les ouvrages qui
s'y rapportent, se trouve égaré dans une série
de divisions et de subdivisions au milieu desquelles
la matière principale se trouve disséminée et parfois dissimulée aux yeux du travailleur. Ainsi, les
écrits périodiques, les journaux, les almanachs, les
annuaires, ayant été presque toujours rédigés à un
point de vue déterminé, peuvent être classés d'après
leur contenu, ou la partie la plus importante de
leur contenu, et non d'après la forme adoptée par

l'éditeur en vue de son intérêt commercial. A vrai dire, une bibliographie méthodique, complète et soignée, devrait répéter le titre des ouvrages dans chacune des classes auxquelles ils peuvent convenir par une portion quelconque. Ne pouvant entrer dans ce système, qui nous eût entraîné trop loin, nous avons pris pour base de notre classification la donnée générale d'un livre, et nous avons classé, par exemple, les journaux et les almanachs tantôt dans la catégorie de l'histoire théâtrale, tantôt parmi les *faceties* ou la *dramaturgie*, en conservant toutefois dans chaque classe l'ordre chronologique de publication.

Nous n'avons pas admis non plus le système des divisions d'après les langues ou les pays. Peu importe à celui qui cherche à s'éclairer sur un sujet spécial que les ouvrages qu'il consulte aient été imprimés en France ou en Allemagne, rédigés en anglais ou en italien. Les sciences et les arts sont aujourd'hui l'apanage de tous les peuples civilisés, et aucun d'eux ne saurait progresser en s'isolant. Pour les ouvrages étrangers, nous nous sommes aussi dispensé de suivre l'usage général de traduire les titres ; nous pensons que tout travailleur qui s'est mis en route à la recherche de connaissances utiles a dû au préalable se munir du mince bagage littéraire dont il a besoin pour lire et traduire le titre et même le contenu d'un livre qui l'intéresse.

En résumé, nous avons donné à ce volume le titre d'Essai, pour indiquer que nous ne prétendons pas le faire considérer comme une œuvre complète dans son contenu et parfaite dans son exécution. Que des amateurs plus fortunés, que des bibliographes plus instruits que nous publient de leur côté les résultats de leurs recherches ; que les conservateurs des bibliothèques théâtrales étrangères (1) nous donnent les catalogues des collections confiées à leur garde : les matériaux plus nombreux appelleront un constructeur plus habile, et nous aurons alors pour le théâtre une bibliographie aussi vaste, aussi détaillée, aussi savante que celles dont on a enrichi d'autres branches d'études moins curieuses et moins intéressantes.

J. D. F.

---

(1) La France ne possède pas encore de Bibliothèque théâtrale publique. Celle du *Conservatoire de musique et de déclamation* ne renferme que des partitions et un certain nombre de pièces de théâtre, mais point de livres relatifs aux arts que l'on enseigne dans cet établissement.

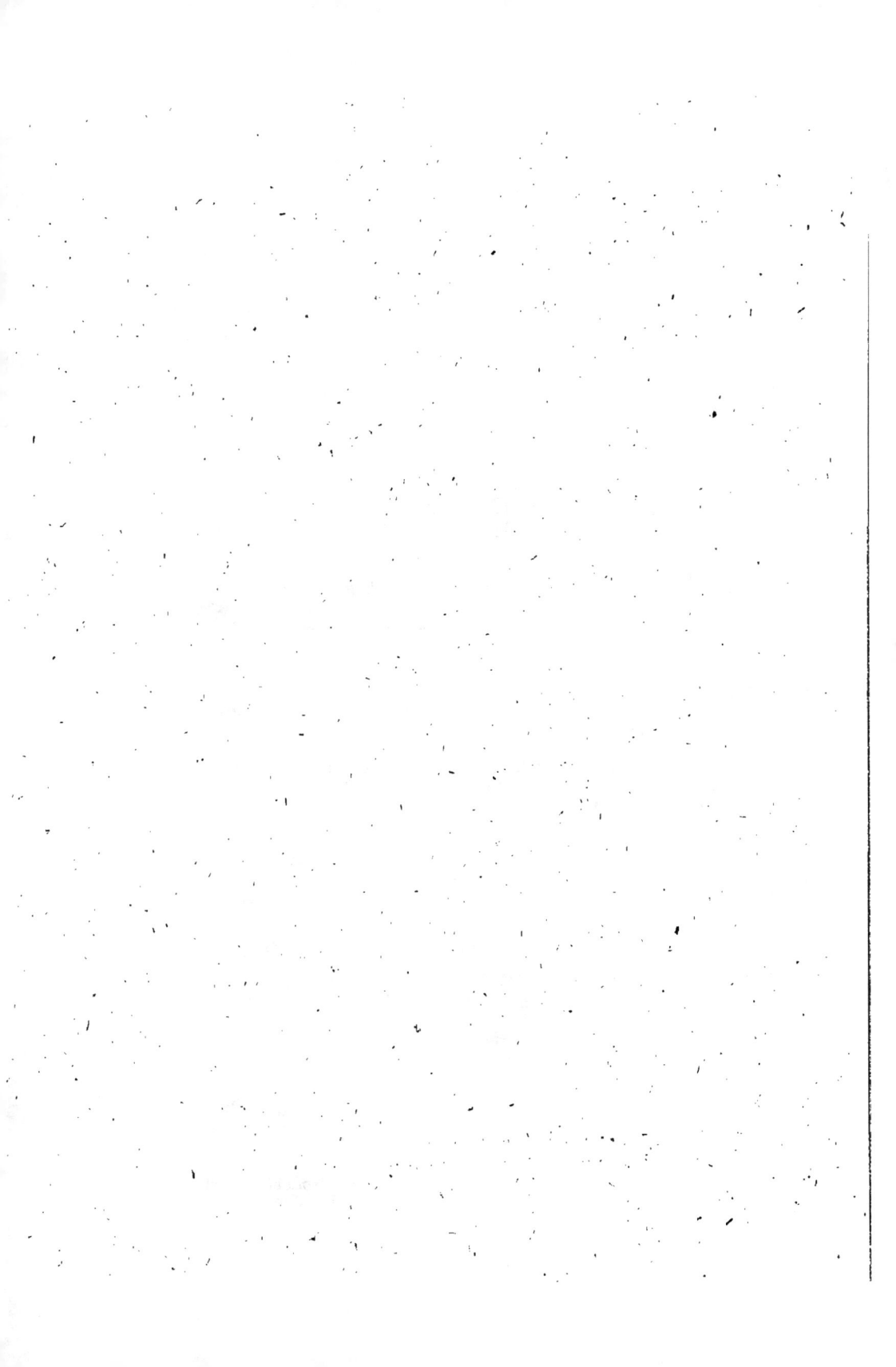

ARCHITECTURE THÉATRALE.

Théorie de la construction des Théâtres. — Ouvrages contenant des représentations de salles de spectacle.

1. Di Lucio Vitruvio Pollione. Architettura, traslato da Cesare Cesariano. Como, 1521, in-fol., belles grav. sur bois.

> On sait la part qu'occupe le théâtre dans l'ouvrage de Vitruve. Cette édition est très-recommandable par les gravures. Le traducteur Cesariano fut une des plus célèbres victimes de l'inquisition.

2. Pratica di fabricar scene e machine ne teatri di Nicola Sabbattini da Pesaro, architetto, etc. Ravenna, 1638, in-fol. fig. Rare.

> C'est le plus ancien traité spécial que nous connaissions sur la construction des théâtres. L'auteur entre dans les plus minutieux détails, tant pour ce qui concerne la charpente que pour la perspective, la peinture des décors, les machines, etc.

3. L'amor riformato con le gare marine sedate. Invenzione e poesia del signor Marchese Pio Enea degli Obizi, per introduzione di un torneo a piedi, da rappresentarsi da dodici cavalieri nel teatro del sudetto signore, descritto dal signor Florio Tori, governatore di Lugo. Ferrara. Maresti, 1671, in-4° avec 12 gravures.

> Ouvrage très-précieux, en ce qu'il nous donne la description et le dessin non-seulement du théâtre proprement dit, mais aussi de la salle entière, vue de la scène et très-remarquable par sa construction. C'est peut-être le plus ancien monument que nous ayons en ce genre.

4. L'anfiteatro Flavio descritto e delineato dal Cav. Carlo Fontana. Nell' Haia, Isacco Vaillant, 1725, in-fol. fig.

> Magnifique ouvrage orné de 24 pl. gravées. L'introduction renferme un historique des plus célèbres théâtres de l'antiquité.

5. Degli anfiteatri e singolarmente 'del Veronese. Libri
due nei quali si tratta quanto appartiene alla Istoria e
quanto all' architettura. Verona. Tumermani, 1728,
in-12, fig.

De Scipion Maffei, l'auteur de *Mérope*.

6. La maison de l'Opéra. — Plans (coupes et élévations)
de la sale (*sic*) de l'Opéra (de Berlin), bâtie par Knobels-
dorf, en 1743 (dessinée par Füncke). Berlin, 1743, 13
pl. in-fol.

Aucun théâtre moderne n'avait été publié, avant celui-ci, avec
autant de détails.

7. Del teatro olimpico di Andrea Palladio in Vicenza, discorso del signor conte Giovanni Montenari con due
lettere una del Poleni, l'altra dell'autore. Padova, 1749,
in-8°, fig.

Le meilleur ouvrage sur le célèbre théâtre bâti à Vicence sur
les dessins de Palladio et inauguré en 1585, par la représentation
de l'*OEdipe-Roi*, monté à l'antique avec chœurs, musique, etc.
Ce théâtre existe encore dans toute son intégrité.

8. Plans, élévations, coupes et profils du théâtre de la ville
de Metz construit en 1751, sur les dessins et sous la
conduite de C. J. Roland de Vireloys, architecte. Paris,
chez l'auteur, 1754, in-4°, 11 pl. grav.

Avec un texte imprimé sur feuilles volantes, coupées in-4° et col-
lées dans le volume.

9. Ragionamento sopra la Prospettiva per agevolarne l'
uso a professori, dedicato a medesimi. Raisonnement,
etc. Parma. Faure, 1754, in-fol., fig. par Petitot.

10. Manière de rendre toutes sortes d'édifices incombusti-
bles, ou Traité sur la construction des voûtes, etc., de
l'invention de M. le comte d'Espie, avec plans gravés en
taille douce. Paris, Duchesne, 1754, in-8°.

Applicable aux constructions théâtrales.

11. Idea di un teatro, nelle principali sue parti simile a' teatri antichi, all'uso moderno accomodato, del conte Enea
Arnaldi, accademico olimpico, con due discorsi l'uno
che versa intorno a teatri in generale, riguardo solo al
coperto della scena esteriore, l'altro intorno al soffitto

di quella del Teatro Olimpico di Vicenza. Ib. 1762; in-4. fig.

Avec 6 pl. gravées, représentant les projets d'Arnaldi, pour appliquer l'architecture greco-romaine à un grand théâtre moderne.

12. Pianta e spaccato del nuovo teatro di Bologna fatta in occasione dell' apertura di esso, il 14 maggio 1763. Colla descrizione di detto teatro aggiuntovi la spiegazione dei vasi teatrali di Vitruvio per rendere i teatri sonori e consonanti. Bologna, stamperia del Longhi, 1763; gr. in-4°. 2 pl. grav.

Architecture d'Antoine Galli Bibbiena.

13. Ragionamenti intorno al nuovo teatro di Bologna (di Antonio Galli da Bibbiena), Ferrara. S. a. In-8°.

14. Lettre à la grecque, à l'île de Ténédos et à Paris. Guillyn, 1764, in-12.

Relative à un projet de reconstruction de l'Opéra, à côté du Palais-Royal, gravé in-fol. par Marvye, et qui se trouve dans notre collection.

15. Pianta e spaccato del nuovo Teatro di Bologna. Al nobil uomo etc. Girolamo Legnani Ferri, etc., da Lorenzo Capponi, Venezia, 1764. In-fol. 5 pl. grav.

16. Projet d'une salle de spectacle pour la comédie. Paris 1765. In-12, fig.

Par Cochin, qui propose de donner aux salles la forme d'une ellipse coupée par la scène parallèlement au grand diamètre; idée appliquée plus tard, avec quelques modifications, au théâtre historique d'Alexandre Dumas.

17. Véritable construction d'un théâtre d'opéra à l'usage de France, par M. le ch. C. de J. Paris, 1766. In-8°, fig.

Autre projet tendant à faire abandonner la forme allongée qu'avaient alors les salles de spectacle, pour se rapprocher de la forme elliptique des théâtres d'Italie.

18. Le citoyen désintéressé, ou diverses idées patriotiques, concernant quelques établissements et embellissements de Paris, etc., par MM. Dussausois, Paris, Gueffier, 1767.

2 parties in-8, avec planches, contenant aussi un projet de reconstruction du théâtre de la Comédie Française dans le faubourg Saint-Germain. Le frontispice représente l'incendie de l'Opéra en 1763.

19. Exposition des principes qu'on doit suivre dans l'ordonnance des théâtres modernes, par M. X., commis-
saire des guerres et secrétaire de M. le D. de C. Amsterdam et Paris, Jombert, 1769. In-12.

> Par le chev. de Chaumont, secrétaire du duc de Chartres. Il pro-
> pose d'imiter les théâtres d'Italie.

20. Mémoire sur la construction d'un théâtre pour la Comédie Française, par M. A. A. D. L. D. M. Londres et
Paris, Lejay, 1770. In-8° avec plan.

> L'auteur propose l'emplacement alors occupé par l'hôtel de
> Condé, où a été construit, depuis, l'Odéon. Seulement son théâtre
> eût été bâti dans un autre sens, c'est-à-dire verticalement à
> la rue de Tournon.

21. Vies des architectes anciens et modernes qui se sont
rendus célèbres chez les différentes nations. Traduites
de l'italien et enrichies de notes, etc., par M. Pingeron,
capitaine, etc. Paris, Jombert, 1771. 2 vol. in-8°.

> Quatorze théâtres sont mentionnés dans cet ouvrage, mais les
> dates et les détails, comme toujours, laissent beaucoup à désirer.

22. Lettre d'une dame du faubourg Saint-Germain à MM. P.
et de M., secrétaires du roi, de J., auteurs du nouveau
projet pour la Comédie Française. Amsterdam et Paris,
Jombert, 1772. In-8°.

23. Del teatro (par l'abbé François Milizia). Venezia. G. B.
Pasquali 1773. In-4°, fig.

> L'auteur compare les théâtres antiques aux modernes, et après
> avoir fait la critique de ces derniers, il propose un édifice qui
> concilie les deux genres. La première édition de ce livre, faite à
> Rome, a été brûlée par ordre du maître du sacré Palais.

24. Descrizione istorica ed antiquaria dell' antico teatro di
Taormina, presentata a S. E. signor marchese di Bom-
belles da Andrea Gallo di Messina. Ib. settembre 1773.
(In-4°, avec 7 planches.)

25. Planches relatives à l'architecture théâtrale et aux machines de théâtre, tirées de l'*Encyclopédie* de d'Alembert et Diderot. Paris, 1774. In-fol.

> 31 Planches pour les salles de spectacle avec deux feuillets de
> texte et 49 pl. pour les machines théâtrales, avec quatre feuillets
> de texte, plus 4 pl. de supplément représentant la nouvelle Comé-
> die Française (Odéon). Recueil très-utile.

26. Disegni del nuovo teatro de' quattro Cavalieri eretto

in Pavia l'anno 1773. Opera del cavaliere Antonio Galli-
Bibiena. Pavia, 1774.

> In-fol., 2 ff. de texte et 4 pl. gravées avec le titre. Ce théâtre, fort
> remarquable, existe encore.

27. Dumont. Parallèle des plans des plus belles salles
de spectacle d'Italie et de France. Paris, in-fol.

> Dumont reste encore de nos jours l'architecte qui s'est le plus
> occupé de nos salles de spectacle. Son œuvre, publiée à plusieurs
> reprises, de 1764 à 1777, contient en tout 115 pl. relatives au
> théâtre ; nous ne les avons jamais trouvées réunies, et il nous a
> fallu quatre exemplaires pour en former un complet, qui est peut-
> être unique.

28. Traité de la construction des théâtres et des machines
théâtrales, par M. Roubo, fils, menuisier. Première
partie (*seule parue*). Paris, Cellot et Jombert, 1777.

> In-fol., textes et planches, contenant un très-beau projet de théâtre
> pour l'Opéra.

29. Pianta e spaccato del nuovo teatro d'Imola, architettura
del cavaliere Cosimo Morelli. Roma, 1780.

> In-fol. texte et 9 pl., dont les deux dernières représentent le théâtre
> de Bologne, bâti par Bibbiena.

30. Description du théâtre de la ville de Vicence, en Italie, chef-d'œuvre d'André Palladio, levé et dessiné par
M. Patte, architecte. Paris, Gueffier, 1780. In-4°.

> Texte et 6 planches.

31. Observations sur la construction d'une nouvelle salle
d'opéra, par M. Noverre. Amsterdam et Paris. P. de
Lormel, 1781. In-8°.

32. Lettres sur l'Opéra, par M. C. Paris, Cellot, 1781.
In-12.

> Avec plan.

33. Mémoire sur la manière de rendre incombustible toute
salle de spectacle, par l'auteur du *Guide de ceux qui
veulent bâtir*. Paris, Morin, 1781. In-8°.

34. Salle de spectacle de Bordeaux, par M. Louis. Paris,
chez Esprit, 1782.

> Grand in-folio. Texte et planches. Le plus bel ouvrage de ce
> genre qui eût encore paru à cette époque. Victor Louis a bâti aussi
> les salles de Beaujolais et des Variétés (Théâtre-Français), au Pa-
> lais-Royal, et le fameux Théâtre des Arts, rue de Richelieu.

35. Essai sur l'architecture théâtrale, ou de l'ordonnance la plus avantageuse à une salle de spectacle, par M. Patte. Paris, Moulard, 1782, in-8°, pl.

> Premier traité historique et pratique qui ait paru en France sur cette matière.

36. Le Théâtre-Français, ou observations sur la nouvelle salle. Londres et Paris, chez Morin, 1782, in-12.

> Sur l'Odéon, qui venait d'être bâti.

37. Il teatro di Ercolano. Alla Maestà di Gustavo III, re di Suezia, etc.; da Francesco Piranesi, architetto. Roma; stamperia Salomoni, 1783, in-fol.; frontispice gravé, texte et 8 planches.

> Un des plus beaux ouvrages du genre, donnant des détails intéressants sur la scène et sur la charpente des anciens.

38. Lettre à M. *** sur le cirque qui se construit au milieu du jardin du Palais-Royal, par M. J. A. D. Paris, Lejay, 1787.

> In-8° avec planche, attribué à Dulaure.

39. Vincenzo Lamberti. La regolata costruzione dei teatri Napoli, 1787, in-4° avec 3 pl.

40. Descrizione dei circhi particolarmente di quello di Caracalla e dei giuochi in essi celebrati, etc. Op. postuma di G. L. Bianconi, pubblicata dall' av. Carlo Fea, Roma, 1789.

> In-fol., texte italien-français, 20 pl.

41. A treatise on theatres by George Saunders. London, for the author, 1790, in-4°, fig.

42. Progetto per il nuovo teatro da fabbricarsi in Venezia dalla nobile società veneta, etc., dal cavaliere Cosimo Morelli. Imola, 1793, in-fol. fig.

> Publié à l'occasion du concours ouvert par les nobles de Venise, pour la construction d'un grand théâtre à San Fantino, aujourd'hui la Fenice.

43. Vergleichung des neuen Schauspielhauses zu Berlin, mit verschiedenen ældern und neuen Schauspielbæusern in Rücksicht uf akustische und optische Grundsætze, von Karl Gothard Langhans. 1800, in-4°, fig.

44. Dell' antico teatro Iguvino (di Sebastiano Ranghiasci). Gubbio, 1801, in-8°, fig.

45. Essai sur l'art de construire les théâtres, leurs machines et leurs mouvements, par le cit. Boullet. Paris, Ballard, an ix, in-4°; texte et 13 pl.

> Ouvrage estimable, rarement complet. L'auteur se tua, en 1802, en tombant des cintres.

46. Vorschlæge zur Verbesserung der Schauspielhæuser von Louis Catel architekt.

> Avec une gravure. Berlin, G. A. Lange, 1802, in-8°.

47. L'origine dell' accademia olimpica di Vicenza, con una breve descrizione del suo teatro. Opera di Ott. Bertotti-Scamozzi, architetto. Vicenza, Vendramin, 1804, in-8°; texte et pl.

48. Pianta, facciata, e spaccato del nuovo teatro eretto in, Bologna nella via Santo-Stefano (da Giuseppe Badini). Bologna, 1805, in-fol., texte et 3 pl.

49. The theatric tourist, a collection of the principal provincial theatres of the united Kingdom, by a theatric amateur. London, Woodfall, 1805.

> In-4° avec 23 belles gravures coloriées, représentant les principaux théâtres des provinces anglaises.

50. The plan of the boxes at the King's theatre Haymarket, with an alphabetical list of the subscribers, etc., by William Lee. 1806, in-24.

51. Remarks on theatres and on the propriety of vaulting them with brick and stone by the author, etc. London, Bensley, 1809, in-8°, fig.

52. De l'exécution dramatique considérée dans ses rapports avec le matériel de la salle et de la scène, par le colonel Grobert. Paris, 1809, in-8°, avec 3 pl. grav.

53. Weinbrenner. F. Ueber theater in arkitectonischer Hinsicht, mit Beziehung auf plan und Ausführung des neuen Hofstheater in Carlsruhe. Tübingen, 1809, in-4°, figures.

54. Ueber Theater oder Bemerkungen ueber Katakustik in Beziehung auf Theater. Von C. Langhans, mit 5 Kupfertafeln in-4°. Berlin, Hayn, 1810.

55. Bâtiments construits en Russie par Louis Rusca. Pétersbourg, 1810. Deux parties en 1 vol. gr. in-fol.

On y trouve les plans, coupes et élévation d'un théâtre de Saint-Pétersbourg, et de celui du palais de Tauride. Ensemble, 9 pl. Ouvrage fort recommandable et utile aux architectes.

56. **Landriani (Paolo)**, osservazioni sui difetti prodotti nei teatri dalla cattiva costruzione del palco scenico. Milano, Vallardi, 1815-1828, in-4°; 4 traités avec 4 frontispices gravés à l'aqua-tinta et 17 planches.

Le meilleur ouvrage que nous ayons sur la théorie de la construction des théâtres, surtout en ce qui concerne la scène.

57. **Projet d'une nouvelle salle d'opéra**, par Poyet. 1817, in-4°, fig.

58. **Projets de reconstruction de la salle de l'Odéon**, par Peyre, fils. Paris, Didot, 1819. In-fol., texte et 8 pl. en lithog.

59. **L'anfiteatro di Verona e i suoi nuovi scavi**, descritti de G. B. da Persico. Verona. Società tipografica, 1820. In-8, gr. fig.

60. **Das grossherzogliche Hoftheater zu Darmstadt.** Ib. Leske (1820?). In-fol.

Première livraison des Entwürfe ausgefuhrter und zur ausführung bestimmter Gebaüde, publiés par Moller et Heger.

61. **Architectonographie des théâtres de Paris**, ou parallèle historique et critique de ces édifices, etc., par Alexis Donnet. In-8° (avec atlas gravé par Orgiazzi), Paris, Didot, 1821.

Quelques exemplaires ont un frontispice refait en 1857, avec cette date. L'auteur donne de précieux détails sur des salles qui n'existent plus, et sur la construction de la plupart des théâtres actuels de Paris.

62. **Idea di un teatro adattato al locale delle convertite.** Roma, 1821. In-fol., fig.

Très-beau projet qui eût fait l'ornement de Rome, où les théâtres sont assez mal bâtis. Il y a 3 pl. in-fol. et des notes.

63. **Sur le nouvel Opéra et les édifices à péristyle**, par A. Alexandre. Paris, Chaumerot, 1821. In-8°.

64. **Lettre à madame de B. sur la nouvelle salle de l'Opéra**, précédée de stances à M. Debret. Paris, Hocquet, 1821. In-8°, avec pl. en lithogr.

65. Saggio di Robustiano Gironi intorno all' architettura dei Greci. Milano. Editore dei costumi, 1821. In-4°.

> Grand papier. 20 pl. gravées et coloriées par Rossi, Castellini, Fumagalli, Biasioli. Détails sur les odéons et les théâtres des Grecs. Ouvrage remarquable et tiré à très-petit nombre d'exemplaires.

66. Krafft. Traité de la charpente. Sixième partie. Théâtres. 30 pl. in-fol. Paris, 1822.

> Texte, par M. le colonel de Lomet, avec traduction allemande et anglaise en regard. Un des bons ouvrages sur la matière.

67. Stancovich. L'anfiteatro di Pola. Venezia, 1822. In-8°, fig.

68. Registre où se trouve inscrit tout ce qui a rapport à la construction et au mécanisme du théâtre du Havre, commencé au mois de septembre 1822.

> M. S. In-4°, provenant de M. Clément Contant, ancien machiniste de l'Opéra.

69. Théâtre royal et national de Munich. Plans, coupes, élévations. 18 pl. in-fol. obl. Munich, 1825 (?) (par Fischer?).

70. Taccani. Fr. Della Prospettiva e sua applicazione alle scene teatrali. Milano. Giusti, 1825. In-8°, avec atlas.

> Le seul ouvrage spécial que nous connaissions (à part celui de Landriani) sur la perspective théâtrale.

71. Hübsch. H. Entwurf zu einem Theater mit eiserner Dachrüstung. Frankfurt, 1825. In-fol. fig.

72. Description du nouveau Théâtre-Italien, par un vieil amateur. Se vend au théâtre. Paris, 1825.

> Relatif à la restauration de la salle Favart, dont les dessins ont été publiés en lithogr. et se trouvent dans notre collection d'estampes.

73. Vincenzo de Grazia. Discorso su l'architettura del teatro moderno. Napoli, 1825. 47 p. in-4.

74. Le théâtre de Dieppe. 20 pl. in-fol. avec texte explicatif, par P. J. Frissard. Paris, s. a. (1826).

> L'architecte entre dans les moindres détails relativement à la construction et à la dépense.

75. The awful destruction of the new Brunswich Theatre. London, 1828.

Une feuille avec gravure sur bois.

76. Wetter. J. Untersuchungen über die wichtigsten Gegenstænde der Theaterbaukunst. Mainz, 1829. In-4°.

77. Le Palais-Royal, 1829. Paris, imprim. Gaultier Laguionie, 1829. In-8°.

Attribué à Louis-Philippe.

Quelques détails sur-les salles de spectacle qui ont existé et qui existent au Palais-Royal.

78. Il nuovo teatro di Parma rappresentato con tavole intagliate nello studio Toschi. Parma, Bodoni, 1829. (In-fol. texte et pl.)

Magnifique ouvrage, représentant dans tous ses détails un des plus beaux théâtres d'Italie.

79. Heideloff. C. Entwürfe zu einem Theater-Gebæude in Nurnberg. Nürnberg, 1829. In-fol. Fig.

80. Collection de projets d'ouvrages d'architecture, par Ch. Fr. Schinckel. Berlin, Wittich, 1829.

In-fol. obl., texte français et allemand ; aux 2e et 12e cahiers : Le nouveau théâtre de Berlin. Le nouveau théâtre de Hambourg, 18 pl.

81. Storia e descrizione de' principali teatri antichi e moderni, corredata di tavole, col saggio sull'architettura teatrale di M. Patte, illustrato con erudite osservazioni del chiarissimo architetto e pittore scenico Paolo Landriani, per cura del dottore Giulio Ferrario. Milano, Ferrario, 1830. (In-8° de 393 pages et 12 pl. gr.)

Ouvrage fort utile sous le double rapport de l'histoire du théâtre et de l'architecture.

82. Vignola Prospettiva pratica. Milano, Vallardi, 1830. In-4°.

Planches gravées. Un des meilleurs ouvrages de cet art si important pour l'architecte et pour le décorateur des théâtres.

83. Architectonische Mittheilungen von C. T. Ottmer. Erste Abtheilung. Das kœnigstædt'sche Schauspielhaus zu Berlin, in zehn Zeichnungen mit erlæuterndem Texte, etc. Braunschweig. Fr. Wieweg, 1830. In-fol. obl.

Les plans des galeries offrent quatre cercles excentriques.

84. Das neue Schauspielhaus zu Mainz erbaut und herausgegeben von Dr Georg. Moller. Darmstadt. Leske, 1831,
in-fol., fig.

85. Landriani (Paolo) del teatro diurno e della sua costruzione. Milano, Vallardi, 1836.

> In-4°, gr., frontispice gravé à l'aqua-tinta, texte et planches con-
> tenant un très-beau projet de théâtre diurne qui mériterait d'être
> mis à exécution à Paris.

86. Projet de salle, rue de la Paix, pour le théâtre royal
Italien. Paris, 1839, in-8°, fig.

> Par M. Rohault de Fleury, architecte actuel de l'Opéra.

87. Architectonographie des théâtres ou parallèle historique et critique de ces édifices, considérés sous le rapport
de l'architecture et de la décoration, par J. A. Kauf-
mann. Deuxième série : théâtres bâtis depuis 1820, détails et machines théâtrales. Paris, Mathias, 1840.

> In-8°, avec atlas faisant suite à l'ouvrage déjà cité de Donnet.

88. Théâtre Saint-Marcel, construit à Paris, en 1838, sur
les dessins de MM. Ed. Lussy et Allard. Paris, Mathias,
1840, texte et pl.

89. Meiser. Das Kœnigliche hof-und National-Theaterge-
bæude zu München. München, 1840, gr. in-8°, 3 pl.

90. Lezioni di prospettiva pratica di Ippolito Caffi. Venezia, 1841, in-8°.

> M. Caffi est un peintre décorateur des plus distingués.

91. Parallèle des théâtres modernes de l'Europe avec les
machines, etc., par Clément Contant. 120 planches in-fol.
avec frontispice, dédicace au roi Louis-Philippe. Paris,
chez l'auteur, 1842.

> Reproduit en 1859 avec un texte, par J. de Filippi, et 10 planches
> supplémentaires. Lévy fils, éditeur.

92. Projet d'Opéra pour la ville de Paris, proposé par Hector Horeau, architecte.

> Exposé et description sommaire. Paris, juillet 1843 ; une feuille
> avec gravure sur bois.

93. Hippodrome. Paris, 1845.

> In-12 avec une planche lithographiée.

94. Projet d'un théâtre d'Opéra définitif pour la ville de

Paris, par A. Lusson. Paris, Gratiot, 1845, in-8. gr. fig.

95. Notice descriptive du Théâtre-Historique, ornée de 32 gravures sur bois, exécutées d'après les dessins de MM. Ed. Renard et M. Valentin (extrait de *l'Illustration*). Paris, Paulin, 1846, in-4.

96. Plan de la Bibliothèque et de l'Opéra sur la place du Carrousel, par M. Marchebeus, architecte du gouvernement. Paris, 1847, in-4°, avec planches.

97. Il teatro di Padova riedificato dall'architetto Giuseppe Japelli, con illustrazioni et VI litografie. Padova, 1847, Crescini, in-8°, gr.

> M. Japelli a été fort loué en Italie pour cette belle construction élevée sur un terrain défavorable.

98. Traité de la construction des théâtres, ouvrage contenant toutes les observations pratiques de cette partie de l'architecture, par Albert Cavos. Paris et Saint-Pétersbourg, 1847, in-8°, avec atlas.

> M. Cavos, Vénitien, paraît bien connaître son sujet ; il en a, du reste, donné des preuves à Saint-Pétersbourg, où il a bâti et restauré deux théâtres remarquables. Il y a de lui au ministère d'État un projet de reconstruction de l'Opéra de Paris. Quant à l'ouvrage dont nous donnons ici le titre, nous ne trouvons à critiquer que sa brièveté.

99. Notice sur l'Ambigu-Comique, nouvelle salle. Paris, Menoret, 1847, in-8°.

100. Acoustique et optique des salles de réunion publique, théâtres, amphithéâtres, spectacles, concerts, etc., suivi d'un projet de salle d'Assemblée constituante, etc., par Th. Lachez. Paris, Lemoine, 1848, in-8°, fig.

> M. Lachez s'occupe beaucoup moins des théâtres, dont il ne donne pas une seule planche, que des écoles et des salles d'assemblée. Du reste, nous ne trouvons dans cet ouvrage, pas plus que dans les traités de physique et d'acoustique qui courent le monde, des notions exactes et spéciales sur l'acoustique des salles de spectacle.

101. Notice historique sur le théâtre de la Gaîté. Paris, Dechaume, 1849, in-8°.

102. Semper. Das Kœnigliche Hoftheater in Dresden. Braunschweig, 1850, in-fol.

> Avec 12 pl. bien gravées. Très-bel ouvrage, donnant d'intéressants

détails d'ornementation. L'intérieur de la salle nous paraît cependant défectueux.

103. Memoria historico-artistica del Teatro real de Madrid, escrita de orden de la Junta directiva del mismo por don Manuel Juan Diana. Madrid, imprenta nacional, 1850, in-4°, texte et 9 planches en lithogr.

> Le défaut d'ouvrages du même genre sur les théâtres de Madrid et en général de l'Espagne rend celui-ci très-recommandable.

104. Geschichte der oper und des kœniglichen Opernhauses in Berlin, von L. Schneider. Berlin, Dunkler und Humblot, 1852.

> In-8°, avec supplément et atlas de 11 pl. in-fol.
>
> C'est, à notre connaissance, le meilleur ouvrage allemand en ce genre : le texte renferme des notions historiques fort curieuses sur les théâtres de Berlin, avec quelques gravures sur bois. L'atlas contient, outre les plans, coupe et élévation du nouvel Opéra, des costumes en couleur très-bien faits, deux décorations et un *fac-simile* de l'écriture musicale de Frédéric II.

105. Plans et notices des salles de spectacle des théâtres de Paris. Paris Lavater et Hesse, 1853, in-8°.

> Ces plans ne sont pas à l'échelle; ils indiquent seulement la position et la désignation des places.

106. A propos de la rue Impériale. Notice sur l'édification du Grand Théâtre et du palais de Justice, à Lyon, par A. G. Belin. Paris et Lyon, Bellac et Conchon, 1855, in-12.

107. Guide dans les théâtres de Paris.

> Vues intérieures de dix-huit salles de spectacle, avec la désignation des places, dessinées par Chaudet, architecte. — Notices historiques sur lesdits théâtres, par J. de Filippi. Paris, 1857, in-4 obl., 18 pl. et 12 pages de texte à 2 colonnes.

108. Douze lettres de Victor Louis, architecte et auteur du Grand Théâtre de Bordeaux, 1776-1777. Paris, Dumoulin, 1858.

> Tiré à 210 exempl.; in-18.
>
> L'auteur y rend compte de tous les ennuis qu'il eut à essuyer lors de l'édification du Grand Théâtre.

109. La nouvelle salle de l'Opéra, par J. de Filippi. (Extrait de *la Revue et Gazette des Théâtres*, février 1858; monté in-12.)

> Considérations sur les projets de salles qui ont été publiés depuis 1763, et sur les réformes à introduire dans le système actuel des constructions théâtrales.

110. Projet de déplacement de l'Opéra, par J. de Filippi. (Extrait de *la Revue municipale* des 20 mars, 20 décembre 1858 et 10 janvier 1859.)

111. Une salle pour l'Opéra, par Jules Frey. Paris, Librairie Nouvelle, 1859, in-18.

> Petit ouvrage d'imagination, publié d'abord dans *le Courrier de Paris*.

112. Projet d'une voie impériale à exécuter de la rue de Rivoli au boulevard des Italiens pour dégager au nord le palais des Tuileries; indiquant le choix d'un emplacement pour l'Académie impériale de Musique, par H. Barnout, architecte. Paris, 1859, in-fol., texte in-4°, 5 plans.

> M. Barnout place le nouvel Opéra à peu près sur l'emplacement de la salle actuelle qu'il détruit. Nous avons déjà critiqué ce projet dans *la Revue municipale*; mais cela ne doit pas nous empêcher de reconnaître le mérite de son beau travail.

Voir pour les planches et dessins sans texte le chapitre Architecture théâtrale dans l'*Iconographie*.

II

DÉCORATIONS ET COSTUMES.

113. Applausi festivi fatti in Roma per l'elezione di Ferdinando III al Regno dei Romani, dal seren. Principe Maurizio di Savoai, descritti al ser. Francesco d'Este, duca di Modena, da Luigi Manzini. Roma, Facciotti, 1637.

> In-4°, fig. et planches représentant les feux d'artifice et les décorations platéales.

114. Andromède, tragédie (de P. Corneille), représentée avec les machines sur le Théâtre royal de Bourbon. Rouen, Maurry, 1651. Paris, De Sercy, 1651.

> 6 décorations et un frontispice gravés d'après Torelli.

115. L'Omaggio al serenissimo et potentissimo Ferdinando Maria, duca dell' una et altra Baviera, prestato dalla serenissima elettrice Adelaide, etc., poesia di Giorgio Giacomo Alchaini. Anno 1656.

> In-4°. In-fol. obl. avec une planche, par Antonio Panizzi, représentant le théâtre de la cour de Munich, avec une décoration, pour ledit ballet.

116. Li Quattro Elementi. Introduttione per il balletto fatto nella Residenza elettorale di Monaco nella gran sala detta degli Ercoli, inventione del felicissimo ingegno della serenissima Henrietta Adelaida elettrice d' Baviera, etc., con le nobili imprese, etc., posti in rima di Gio Batta Maccioni capellano et musico del serenissimo Elettore. 1657.

> Texte in-4°, et 5 gravures in-fol. obl. représentant le théâtre et les décorations du ballet, par Antonio Panizzi.

117. Il Pomo d'Oro, festa teatrale rappresentata in Vienna per le augustissime nozze della S. C. R. M. Leopoldo e Margherita componimento di Francesco Sbarra, consigliero di S. M. C. Vienna d'Austria. 1667.

> Texte in-8°, et 23 décorations in-4°, obl., gravées d'après Ludovico Burnacini, par M. Küsel; la 1re planche reproduit l'encadrement du théâtre.

118. Il Fuoco Eterno custodito dalle Vestali, dramma musicale per la felicissima nascita della seren. arciduchessa Anna Maria, figlia delle SS. CC. RR. MM. dell' Imperatore Leopoldo e della Imperatrice Claudia Felice, etc., posto in musica da Antonio Draghi, con l' arie di G. E. Smelzer. Vienna d'Austria. Cosmerovio, 1674.

> Petit in-fol. avec 14 belles planches dessinées par Burnacini et gravées par Küsel, représentant les décorations de la pièce.

119. Octavii Ferrarii de re vestiaria libri septem, adjectis iconibus, etc., analecta de re vestiaria, etc. Patavi, 1685. Typis P. M. Frambotti, in-4°; fig.

> Savant traité des costumes antiques d'après les monuments.

120. Traité des feux d'artifice pour le spectacle, par le sr Frezier, 1707. (Second titre.) A la Haye, J. Neaulme, 1741, in-12, fig.

121. Commentatio de personis, vulgo larvis seu mascheris von der Carnavals-Lust, etc., a Christ. Hen. de Berger. Francofurti et Lipsiæ, Knoch, 1723, in-4°.

Nombreuses gravures représentant les masques et les personnages des comédies de Térence, reproduites à Rome dans l'édition de cet auteur, en 2 vol. in-fol.

122. Traité des feux d'artifice pour les spectacles, nouvelle édition toute changée et considérablement augmentée; par M. F... D. D. F. D. B. Paris, Nyon fils, 1747, in-8°, gr. (14 planches).

123. Francisci Ficoroni, de Larvis scenicis et figuris comicis antiquorum romanorum. Romæ, 1754. Sumptibus Venantii Monaldini, in-4°.

> Avec 85 planches gravées. C'est de cet ouvrage qu'ont été tirées toutes les figures du théâtre antique reproduites dans d'autres recueils, notamment dans le traité de la Saltation théâtrale.

124. Le Feste d'Apollo celebrate sul teatro di Corte nell' Agosto del 1769. Parma, Bodoni, in-4°.

> 5 gravures.

125. Costumes civils actuels de tous les peuples connus, dessinés d'après nature, gravés et coloriés, accompagnés d'un abrégé historique, etc.; par Jacques Grasset de Saint-Sauveur. Paris, chez l'auteur, 1784, in-8°, fig.

126. Essai sur l'art de décorer les théâtres, par M. Moulin, peintre décorateur. Paris, Chardon, 1760, in-4°.

> En vers.

127. Costumes et Annales des grands théâtres de Paris, ouvrage périodique, etc., 1786-87. 7 vol. in-8°.

> Rédigé d'abord par Aubertcuil, ensuite par le malheureux Levacher de Charnois. Belles planches coloriées, les premières publiées en France sur les véritables costumes historiques appliqués au théâtre.

128. Livre pour les mesures de toutes les pièces que l'on donne.

> MS. in-fol., contenant la mise en scène du machiniste pour chaque pièce donnée à l'Opéra, depuis *la Caravane du Caire*, 1786, jusqu'à *Guillaume Tell*. Ce registre paraît avoir appartenu au célèbre machiniste M. Arnout, à M. Boulet, son élève, et à leurs successeurs jusqu'à M. Contant.

129. Recherches sur les costumes et sur les théâtres de toutes les nations tant anciennes que modernes; texte

par Levacher de Charnois). Paris, Drouhin, 1790. Ex autoritate libertatis. In-4°, fig.

Ouvrage précieux et très-soigné, contenant 55 belles planches coloriées, dessinées par Chéry et gravées par Alix, d'après les monuments.

130. Costumes des comédiens français dans *Omasis*, tragédie. Paris, publié par Perlet, 1806. In-8°, fig.

131. Caractères et costumes des personnages dans *Henri V*, comédie d'Al. Duval. Paris, publié par Perlet, 1806. In-8°, fig.

132. La Musique des yeux, et l'Optique théâtral (*sic*) tirés d'un plus grand ouvrage anglais sur le sens commun; par P.-G. Gonzague. Saint-Pétersbourg, A. Pluchart, 1807. In-8°.

133. Costumes des personnages, décors et mouvements des scènes dans *l'Alcade de Molorido*. Paris, publié par Perlet, 1810. In-8. fig.

134. Observations sur le costume théâtral; par A.-L. Millin. Paris, Sajou, 1811. In-8.

135. Raccolta di 40 costumi li più interessanti delle città, terre et paesi, etc., del regno di Napoli; disegnati ed incisi all' acqua forte da Bartolomeo Pinelli, Romano. Roma, Lazzari, 1814. In-4°, grav.

Costumes modernes variés, copiés d'après nature par le célèbre artiste.

136. Collezione di XXIV stampe a bulino, rappresentanti usi, costumi e maniere degli abitatori dell' Egitto. Firenze, Eredi Cecchi, 1817. In-fol., grav.

Costumes égyptiens tirés de l'ouvrage de Denou et autres.

137. Journal des Dames et des modes. Paris (la Mésangère). 1818 à 1829. In-8°, fig., 19 vol.

Ces sortes d'ouvrages sont indispensables au théâtre : si les acteurs et surtout les actrices y cherchaient des renseignements, ils ne joueraient pas, avec des crinolines et des coiffures de 1859, des pièces dont l'action se passe, par exemple, en 1820.

138. Lecomte. Costumes de théâtre de 1600 à 1820. In-4°.

104 planches lithogr. Voir aux estampes.

139. Raccolta di varie decorazioni sceniche, inventate e dipinte dal pittore Alessandro Sanquirico, per l'I. R. teatro alla Scala in Milano.

> 60 décorations coloriées, in-fol. 1820-1827. Le plus bel ouvrage de ce genre qui existe.

140. Charakter-kostüme auf der beiden kœniglichen theatern in Berlin. Erstes heft (*unique*). 9 pl. color., petit in-4°. Ib. Wittich, 1821.

> Voir aux estampes.

141. Raccolta di figurini ad uso dei teatri. Milano, Stucchi.

> 60 costumes coloriés d'après les pièces du temps, 1822-1826.

142. Le Règne de la Mode. In-16.

> Petit almanach publié par Janet en 1823.

143. Saggio di Robustiano Gironi, intorno alle costumanze civili dei Greci. Milano, Dr Giulio Ferrario, 1823.

> Gr. in-4°, 19 planches gravées et coloriées par les premiers artistes. Édition tirée à 80 exemplaires. Les costumes occupent une place importante dans ce magnifique ouvrage, entièrement tiré des monuments.

144. Essais historiques sur les modes et la toilette françaises, par le chevalier de X... Paris, Mongié, 1824, 2 vol. in-8°.

145. Trattato sulla Commedia dell' arte ossia improvvisa, maschere italiane, etc., di Fr. Valentini. Berlino, 1826. In-4°.

> Texte italien et allemand, 20 pl. coloriées fort belles, si les physionomies des personnages italiens n'avaient pas entièrement le caractère allemand.

146. Gallery of Shakspeare, or illustrations of his dramatic works, engraved in aqua-fortis from Retzsch London, Charles Tilt, 1828. In-8° obl., fig. Hamlet.

147. Les Souvenirs et les Regrets d'un vieil amateur du Théâtre-Français (par A. V. Arnault). Paris, 1829. In-8°.

> 50 planches représentant les principaux personnages du répertoire de la Comédie Française, avec les costumes de la fin du dernier siècle, avant la réforme préconisée par Levacher de Charnois et ses collègues.

148. Costumes des XIII°, XIV° et XV° siècles, extraits des monuments les plus authentiques de peinture et de sculpture, avec un texte historique et descriptif, par Camille Bonnard. 1ʳᵉ édit. française. Paris, Treuttel et Wurtz, 1829.

> 2 vol. in-4° avec 200 gravures coloriées, par P. Mercuri. Ouvrage capital et dont il serait superflu de faire l'éloge. Réimprimé en 1859 par Lévy fils.

149. Raccolta di XXIV scene teatrali.

> Par Cosimo Rossi et Luigi Tasea, gravées par G. Pera et Fr. Inghirami, à la sépia. In-4° obl.

150. Mercure des Salons. Revue française et étrangère. Album des Modes. Paris, boul. des Italiens, 2, 1830-31. 5 vol. in-8°.

151. Recueil de décorations théâtrales et autres objets d'ornements, etc., par Léger Larbouillat. Paris, chez l'auteur, 1830.

> 25 planches gravées au trait, pet. in-fol.

152. Costumes français depuis Clovis jusqu'à nos jours, extraits des monuments les plus authentiques de la sculpture et de la peinture, avec un texte historique et descriptif. Paris, Massard-Mifliez et comp., 1834. 2 vol. in-8°, fig.

153. Album des Théâtres, par MM. Guyot et A. Debacq. Tome Iᵉʳ, 1ʳᵉ année (*seul paru*). Paris, chez Guyot, 1837.

> Gr. in-8°, fig. sur bois. Costumes des artistes dans différentes pièces.

154. Recueil de costumes d'Italie, publié par Delarue fils. Paris, rue de Bièvre.

> 10 pl. in-4° coloriées (1840).

155. Raccolta inedita di cinquanta scene teatrali le più applaudite nei teatri italiani ; disegnate ed incise da Lorenzo Ruggi, pittore di decorazioni in Bologna. In-fol. obl.

156. Album de l'Opéra : principales scènes et décorations les plus remarquables représentées sur la scène de

l'Académie royale de Musique. In-4°. (24 *planches par Baron, Deveria, Nanteuil, etc.*) Paris, Challamel, 1844.

157. Sketches for Shakspeare's plays. Skizzen zu Shakspear's dramatischen werken gezeichnet, gestochen, und radirt von Ludwig-Sigismund Ruhl. Cassel und Leipzig, Krieger. S. A. In-4° obl.

> Scènes des pièces de Shakspeare, avec le texte en trois langues: *Midsummer Night's Dream* et *What you will.*

157 *bis.* Ruhl's Outlines to Shakspeare, Othello. Frankfort s/m, 1832. In-4°, fig.

158. Les Beautés de l'Opéra, ou chefs-d'œuvre lyriques, illustrés par les premiers artistes de Paris et de Londres sous la direction de Giraldon, avec un texte explicatif rédigé par Théophile Gautier, Jules Janin et Philarète Chasles. Paris, Soulié, 1845. Gr. in-8°.

> 10 portraits gravés et 10 notices illustrées.

159. Costüme und decorationen der oper Catharina Cornaro von J. Lachner. Herausgegeben von A. Duncker. Berlin, 1846. In-fol.

> Avec 12 belles planches, dont 9 coloriées avec soin.

160. Le Chevalier de Maison-Rouge, portraits et costumes des artistes jouant dans ce drame. Théâtre-Historique, 1847. In-8°.

> 14 pl. sur papier jaune, gravures sur bois.

161. Galerie française des costumes du siècle de Louis XIV et de Louis XV. Paris, 1849.

> In-8°, gravures sur bois.

162. Histoire de la Mode en France, par M. Em. de la Bédollière. Paris, Michel Lévy frères, 1858. In-32.

III

TOPOGRAPHIE DE PARIS

Pour l'histoire et la description des Théâtres.

163. Paris ancien et nouveau, ouvrage très-curieux où l'on voit la fondation, les accroissements, le nombre des habitants et des maisons, etc., avec une description

nouvelle de ce qu'il y a de plus remarquable, par M. Lemaire. Paris, Michel Vaugon, 1685. 3 vol. in-8°.

Le plus ancien et le meilleur ouvrage détaillé sur Paris. On y trouve pour la première fois des éclaircissements sur les représentations profanes primitives connues sous le nom de jeux de pois pilés.

164. Plan de Paris (à vol d'oiseau) commencé à graver en 1734, terminé en 1739, par Bertez. 20 feuilles, plus une carte d'assemblage.

Magnifique panorama de Paris, improprement appelé *Plan Turgot*. Les planches ont été conservées et se trouvent à la chalcographie du Louvre.

165. Le Géographe parisien, ou le Conducteur chronologique et historique des rues de Paris, orné de sept plans d'accroissement, de vingt plans détachés, et dédié à M. de Sartine, par le Sage. Paris, Valleyre, 1769. 2 vol. in-8°.

166. Almanach parisien en faveur des étrangers et des personnes curieuses. Paris, Duchesnes, 1773. In-24.

167. Dulaure. Nouvelle description des curiosités de Paris. Paris, Lejay, 1795. 2 vol. in-18.

On y trouve déjà quelque mention des nouveaux théâtres que la liberté avait fait surgir.

168. Plan de la ville de Paris, dressé géométriquement d'après celui de la Grive, avec ses changements et augmentations, par Maire, ingénieur géographe, an XII.

Gravé par Perrier oncle et par Chamouin. Écrit par Pellicier et Benizy. 25 pl. in-8°, très-beau travail qui mériterait d'être imité de nos jours.

169. Paris et ses curiosités, avec une notice historique et descriptive des environs de Paris. 4° édit. Paris, Marchand, an XIII (1804). In-12.

2 parties en un vol., fig. au frontispice.

170. Description de Paris et de ses édifices, avec un précis historique et des observations sur le caractère de leur architecture, etc., par J. G. Legrand, architecte, et C. P. Laudon, peintre. Paris, Candon, 1806-1809. Trois parties en 2 vol. in-8°, fig.

On trouve dans cet excellent ouvrage les plans et élévations géométriques des sept théâtres conservés par le décret de 1807.

171. Miroir historique, politique et critique de l'ancien et
du nouveau Paris, et du département de la Seine, contenant tout ce qui a rapport aux sciences, aux arts, etc.,
avec 117 gravures, par L. Prudhomme. Paris, 1807, 6 volumes in-24.

172. Le Guide des Étrangers aux Monuments publics de
Paris, par Aubry. Paris, Aubry, 1810. In-24.

173. Le Nouveau Pariseum, ou Curiosités de Paris, contenant la description abrégée des palais et des spectacles, etc. Paris, Marchand, 1810. In-12.

    Les vingt pages consacrées aux théâtres de Paris renferment des
    renseignements utiles.

174. Dictionnaire topographique, étymologique et historique des rues de Paris, etc., accompagné d'un plan, etc.,
par J. de la Tynna. Paris, 1812. In-12.

175. Dictionnaire indicateur de toutes les rues de Paris.
Paris, Panckoucke, janvier 1818. In-12.

    Grâce aux nombreuses suppressions de rues et aux changements
    de noms, les répertoires de ce genre sont indispensables pour re-
    connaître les indications topographiques contenues dans les écrits
    sur les théâtres et sur les artistes.

176. Plan de Paris avec détails historiques de ses agran-
dissements et de ses embellissements, depuis Jules César jusqu'à ce jour, par une société d'artistes. Paris,
Debray, 1819. In-4° avec pl.

177. Voyage descriptif et historique de l'ancien et du
nouveau Paris. Miroir fidèle qui indique aux étrangers, et même aux Parisiens, ce qu'il faut connaître et
éviter dans cette capitale; contenant des faits historiques, et orné du plan de Paris et de 63 gravures, par
L. P Paris, chez l'auteur, 1821. 2 vol. in-18.

    Les théâtres y sont décrits avec un peu plus de soin que dans
    les ouvrages de ce genre antérieurs à celui-ci.

178. Beautés historiques, chronologiques, politiques et
critiques de la ville de Paris, depuis le commencement
de la monarchie jusqu'au 1er novembre 1821, etc. Dédié
à M. le comte de Chabrol par M. le chevalier de Propiac. Paris, Eymery, 1822. 2 vol. in-12.

    Nombreuses gravures représentant les costumes parisiens aux
    différentes époques.

179. Le Flâneur, galerie pittoresque, philosophique et
morale de tout ce que Paris offre de curieux, etc., par
un habitué du boulevard de Gand. Paris, marchands de
nouveautés, 1826. In-12.

> Trois chapitres sont consacrés à l'Opéra, au Théâtre-Français
> et aux Italiens.

180. Merveilles de Paris. Histoire des principaux monuments et des amusements publics de Paris, ornée de
44 figures, par M. de Rouvière. Paris, Gennequin,
1842. In-18.

> La première partie contient les églises, la seconde les théâtres.
> Gravures sur bois.

181. Histoire civile, morale et monumentale de Paris, de-
puis les temps les plus reculés jusqu'à nos jours, par
J. L. Belin et A. Pujol. Paris, Belin-Leprieur, 1843.
Petit in-8° angl.

182. Gazette municipale de la ville de Paris et du départ.
de la Seine, par Prosper Deville, avril 1843 à décembre
1848. In-8°, et, depuis 1848, in-4°.

> Recueil utile qui se continue de nos jours, sous la direction de
> M. Louis Lazare. On y trouve des projets de théâtres, surtout dans
> les derniers temps.

183. Monuments de Paris et des environs. In-8°.

> 128 pl. gravées, dont plusieurs théâtres.

184. Paris historique et monumental depuis son origine
jusqu'en 1851, offrant la description des accroissements successifs. Paris, Ruel aîné, 1851. Gr. in-8°, fig.
sur bois.

185. Notice sur le Palais-National et description des salles
d'exposition. Paris, Vinchon, 1851. In-16.

186. Mercier. Tableau de Paris; études sur la vie et les
ouvrages de Mercier, etc., par Gustave Desnoiresterres.
Paris. Pagnerre et Lecan, 1853. In-16 Charpentier.

187. Guide-Cicérone. Paris, son histoire : monuments, établissements, etc. Nouveau Guide des voyageurs, accompagné de 18 plans, etc. Publié par une société de lit-

térateurs, d'archéologues et d'artistes. Paris, Hachette, 1854. In-12, fig. et plans.

188. Guide alphabétique des rues et des monuments de Paris, etc., par Frédéric Lock. Paris, Hachette. 1855. In-12.

. Ouvrage imparfait quant à l'histoire des monuments, comme tous ceux du même genre qui ont paru jusqu'à ce jour.

189. Dictionnaire administratif et historique des rues et des monuments de Paris, par Félix Lazare et Louis Lazare; 2ᵉ édition. Paris, au bureau de la *Revue municipale*. 1855. In-4° de 800 pages.

190. Les Quarante-huit quartiers de Paris, histoire anecdotique et biographique des rues, monuments, etc., par Girault de Saint-Fargeau. Paris, Didot, 1856. In-4°, figures.

191. Théophile Lavallée. Histoire de Paris depuis les temps les plus reculés jusqu'à nos jours. Nouvelle édition. Paris, Michel-Lévy, 1857. 2 vol. in-18 angl.

192. Bibliothèque municipale. Paris, son administration ancienne et moderne. Études historiques et administratives, par Louis Lazare. 1ᵉʳ vol. (seul paru). Paris, bureau de la *Revue municipale*. 1856. In-16.

193. Histoire de Paris, par Dulaure, nouvelle édition, ornée de gravures sur bois. Paris, Boisgard, 1856-58. 5 vol. in-8°.

Ouvrage indispensable pour l'histoire des théâtres qui ont existé à Paris; il renferme à ce sujet plus de renseignements historiques et topographiques qu'aucun autre ouvrage de ce genre.

IV

OUVRAGES POUR OU CONTRE LE THÉATRE.

194. D. Franc. Maria del Monaco. Siculi drepan. doctoris theologiæ, etc. In actores et spectatores comœdiarum nostri temporis parænesis. Juxta patavii exemplar. Editum anno 1630. In-8°.

195. La Supplica. Discorso famigliare di Nicolo Barbieri detto Beltrame, intorno alle commedie mercenarie, in difesa dell' arte comica e dei comici. In Venezia, Ginammi, 1634. In-8°, front. gravé.

> Cet ouvrage singulier et rare, écrit pour la défense de la comédie, pourrait figurer dans la classe de l'histoire du théâtre, à cause des renseignements intéressants qu'il contient sur l'art dramatique et sur les troupes du temps de Louis XIII. Beltrame a joué longtemps en France, et a reçu du roi des marques de distinction. Le frontispice de ce livre est très-curieux en ce qu'il nous montre le vrai costume de ce personnage, qui n'a pas toujours été fidèlement reproduit.

196. Traité de la Comédie et des Spectacles selon la tradition de l'Église, tiré des conciles et des Saints Pères (*par le prince de Conti*). Paris, Billaine, 1669. In-12.

> Le prince de Conti, après avoir été en Languedoc le protecteur de Molière et de sa troupe, à laquelle il alloua des fonds qui ne furent jamais payés, se convertit, dit-on, et finit par passer dans le camp des dévots. On ne lui connaissait pas assez d'instruction pour écrire le livre qu'il a signé, et qui, du reste, est loin d'être aussi solidement appuyé d'arguments et d'érudition que celui du père Concina.

197. Lettre d'un théologien, illustre par sa qualité et par son mérite, consulté par Boursault pour savoir si la comédie peut être permise ou doit être défendue. 1694.

> Le père Caffaro, théatin, écrivit ce traité pour la défense du théâtre, à la demande de Boursault, qui l'inséra dans l'édition de ses œuvres dramatiques. Cet écrit fit beaucoup de bruit dans le monde, et l'auteur fut obligé de le désavouer pour éviter les persécutions.

198. Sentiments de l'Église et des Saints Pères, pour servir de décision sur la comédie et les comédiens. Paris, Coignard, 1694. In-12.

> Par Pierre Coustel; attribué d'abord au Père Caffaro, qui le désavoua.

199. Lettre d'un docteur de Sorbonne à une personne de qualité sur le sujet de la comédie. Paris, Cl. Maguel, 1694. In-8°.

> Par J. Gerbais.

200. Décision faite en Sorbonne touchant la comédie,

avec une réfutation des sentiments relâchés d'un nouveau théologien, etc. Paris, Coignard, 1694.

Par M. l'abbé L. Pégurier, contre l'écrit attribué au Père Caffaro. La réfutation a une pagination et des signatures séparées.

201. Discours sur la comédie, où l'on voit la réponse au théologien qui la défend, avec l'histoire du théâtre, etc. Paris, Louis Guérin et Jean Boudet, 1694. In-12.

Par le Père Le Brun, de l'Oratoire.

202. Maximes et réflexions sur la comédie, par M. Jacques Benigne Bossuet, évesque de Meaux, etc. Par Jean Anisson, 1694. In-8°.

Édition originale, devenue très-rare. Réimprimé en 1728.

203. MS. Traité de la comédie (par Brillon).

In-8° petit, bien écrit en caractères ronds de la fin du dix-septième siècle. Après une préface de 4 pages, ce petit ouvrage ascétique prend pour titre : Sentiments sur la comédie. Lettres du sieur B... à son ami le Solitaire, signées : Brillon. Novembre 1694. Ensuite : Confirmation du sentiment qui condamne la comédie. Réponse du Solitaire à son ami de Paris. En tout 289 pages. Nous croyons ces lettres encore inédites.

204. Œuvres de M. de Saint-Évremont, publiées sur les manuscrits de l'auteur. Nouvelle édition, revue, corrigée et augmentée de la vie de l'auteur. Londres, Touson, 1725. 7 vol. 8 portr.

Saint-Évremont est moins hostile à la comédie qu'à l'opéra, au point de vue de l'art; il critique les comédies de son temps, mai il fait exception pour Molière.

205. Dissertation préliminaire de M. de S... (Sautour) M. l'abbé C...(Couet), docteur en Sorbonne, sur le poëm dramatique, où l'on examine s'il est permis d'aller à l comédie, d'en faire et d'en représenter, etc. Amster dam, Pierre Hélène, 1729. In-12.

206. Discours sur la comédie, ou Traité historique et do matique des jeux de théâtre, etc., par le R. P. Pierr Lebrun. Paris, Delaulne, 1731. In-12.

207. Discours en vers sur les spectacles, à M. de la C de l'Académie française. Paris Knapen, 1738. In-8°.

208. Les leçons de Thalie, ou les tableaux des divers ridicules que la comédie présente, etc. Paris, Nyon fils, 1751 (*par Allez*). 2 vol. in-12.

209. Nouvelles observations au sujet des condamnations prononcées contre les comédiens, par M. Fagan. Paris, Chaubert, 1751. In-12.

210. Essai sur la comédie moderne, où l'on réfute les nouvelles observations de Fagan au sujet des condamnations prononcées contre les comédiens, etc., par M. L. J. D. B. (Meslé le jeune de Besançon). Paris, 1752. In-12, titre gravé.

211. Trattato della commedia del Sr Chanteresme, tradotto in italiano dal padre Alessandro Pompeo Berti. Roma, Fulgoni, 1752. In-12.

> Ce M. Chanteresme n'est autre que Nicole, qui signa parfois Wendrock, ou sieur de Chanteresne, et dont le traité contre la comédie figure au catalogue Soleinne, n° 674.

212. Dei vizii e dei difetti del moderno teatro, etc., di Laurisio Tragiense. P. A. Roma, 1753, alla Pallade. In-4°, fig.

> Ouvrage capital. Le père Bianchi, en sa qualité de pasteur arcadien, ne pouvait condamner le théâtre; il en propose seulement la réforme au point de vue religieux, moral, et même artistique, et donne à ce sujet des développements historiques fort étendus, accompagnés de planches gravées.

213. Dei teatri dissertazione del conte Diego Rubin. Milano, 1754, in-4°.

> Dédié à Scipion Maffei. L'auteur défend le théâtre et indique les réformes qu'il croit nécessaires.

214. De spectaculis theatralibus christiano cuique, tum laico, tum clerico vetitis, dissertationes duæ, accedit dissertatio tertia de presbyteris personatis, auctore F. Daniele Concina, ord. prædic. Editio secunda cui S. Caroli Borromei opusculum de choreis et spectaculis, etc., ejusdem selectæ sententiæ huc spectantes adjectæ sunt. Romæ, prostant Venetiis, 1754, apud Simonem Occhi.

> In-4° de 360 pages. Voir ci-après.

215. Dei teatri antichi e moderni, trattato in cui diversi punti di morale appartenenti a teatri si metton del tutto in chiaro. Con la qual occasione risponde al P. Daniele Concina chi vien ora in tal materia così fieramente attaccato da lui. Verona, Carattoni, 1754. In-4°.

> Par Scipion Maffei, l'auteur de *Mérope*. Apologie du théâtre spécialement dirigée contre l'ouvrage du Père Daniel Concina, publié peu de temps auparavant. Maffei reçut à cette occasion une lettre flatteuse du pape Benoît XIV.

216. De teatri moderni contrarii alla professione cristiana libri due del P. Daniele Concina in conferma delle sue dissertazioni de *Spectaculis theatralibus*. Alla Santità di N. S. Benedetto XIV. Roma, Barbiellini, 1755. In-4° de 376 pages.

> De tous les ouvrages édités en Italie contre le théâtre, ceux de Concina sont peut-être les plus volumineux et les plus utiles à consulter, en ce que l'auteur appuie ses opinions sur un très-grand nombre de faits et de citations.

217. Veri sentimenti di S. Filippo Neri intorno al teatro. Roma, 1755. In-12.

218. Lettre de M. Desp. de B. (Desprez de Boissy), avocat au Parlement, à M. le chevalier de ***, sur les spectacles. Paris, Vᵉ Lottin et J. H. Butard, 1756. In-8°, 160 pag.

> Première édition. Cet ouvrage contre le théâtre a joui d'une faveur qu'il ne trouverait plus aujourd'hui. Il a été réimprimé six fois, et considérablement augmenté. Voir plus loin la dernière édition.

219. J.-J. Rousseau, citoyen de Genève, à M. d'Alembert sur son article *Genève*, et particulièrement sur le projet d'établir un théâtre de comédie en cette ville. Amsterdam, Michel Rey, 1758. In-8°.

> Rousseau, dans cet écrit, est conséquent avec lui-même; il trouve que la société policée de son temps est corrompue, et il condamne les passe-temps de la civilisation comme une cause de cette corruption. Il rêve la simplicité de la vie patriarchale, et manquant, comme toujours, de sens pratique, il ne réfléchit pas que le théâtre n'est remplacé que par la taverne et les mauvais lieux.

220. Lettre à M. Rousseau sur l'effet moral des théâtres. S. l. 1758. In-8°.

> Par Ximénès.

221. P. A. Laval, comédien, à M. J.-J. Rousseau, citoyen de Genève, sur les raisons qu'il expose pour réfuter M. d'Alembert, qui, dans le 7ᵉ volume de l'*Encyclopédie*, article Genève, prouve que l'établissement d'une comédie dans cette ville y ferait réunir la sagesse de Lacédémone à la politesse d'Athènes. A La Haye, 1758. In-8°.

222. L. H. Dancourt, arlequin de Berlin, à M. J.-J. Rousseau, citoyen de Genève. Berlin, et se trouve à Amsterdam, chez Schneider ; 1750. In-8°.

223. Lettre de M. le chevalier A. M. de C..., garde du corps du roi, au sujet de la lettre de M. Des P. de B. (de Boissy) sur les spectacles. Berlin et Paris, 1759. In-12.

> On a attribué cette lettre à Desprez de Boissy lui-même, qui aurait voulu appeler l'attention sur son ouvrage, et qui peut-être ne l'a écrit que pour se mettre du côté des intolérants, alors en crédit.

224. Lettres d'un ancien officier de la reine à tous les Français sur les spectacles, (*par Trébuchet*), avec un post-scriptum à toutes les nations; 1759. In-12.

225. Critique d'un livre contre les spectacles intitulé : J.-J. Rousseau, citoyen de Genève, à d'Alembert (*par le marquis de Mezières*). Amsterdam, 1760. In-8°.

226. Mémoire à consulter sur la question de l'excommunication que l'on prétend encourue par le seul fait d'acteurs de la Comédie Française. A Paris, 1761. In-8°.

> Par Huerne de La Mothe, avocat au Parlement. Ce mémoire, demandé par mademoiselle Clairon, à ce qu'assure l'éditeur, fut réimprimé sous ce titre : *Liberté de la France contre le pouvoir arbitraire de l'excommunication, ouvrage dont on est spécialement redevable aux sentiments généreux et supérieurs de mademoiselle Clair... Amsterdam.*

227. Apologie du théâtre, adressée à mademoiselle Cl. (Clairon), célèbre actrice de la Comédie Française. A la Haye, 1762. In-12.

228. Lettres historiques et critiques sur les spectacles. A mademoiselle Clairon. Avignon, chez les libraires associés, 1762.

> Par le père Joly, capucin.

229. Lettre à mademoiselle Cl..... (*Clairon*), actrice de la Comédie Française, au sujet d'un ouvrage écrit pour la défense du théâtre. In-12 (1762?).

230. Réflexions morales, politiques, historiques et littéraires sur le théâtre (*par l'abbé de la Tour*). Avignon, Marc Chave. 1763-1775. 20 parties en 10 vol. in-12.

L'ouvrage le plus considérable qui ait paru en France contre les théâtres. Il est très-rare. M. de Soleinne ne possédait que le 1er volume.

231. De l'imitation théâtrale. Essai tiré des Dialogues de Platon, par J.-J. Rousseau de Genève. Amsterdam, Marc-Michel Rey, 1764. In-8°.

Extraits de Platon disposés en un discours tendant à combattre le théâtre au point de vue de la politique et de la morale.

232. Lettre du chevalier M... à milord K... traduite de l'anglais. A Londres, 1765. In-8°.

Relative à mademoiselle Clairon et à l'excommunication des comédiens.

233. Traité contre les danses et les mauvaises chansons, dans lequel le danger et le mal qui y sont renfermés sont démontrés par le témoignage répété des saintes Écritures, des SS. Pères, des conciles, de plusieurs évêques du siècle passé et du nôtre, d'un nombre de théologiens moraux et de casuistes, de jurisconsultes, de plusieurs ministres protestants et enfin des païens même. 2e édit. Paris, A. Baudet, 1775. In-8° de 428 p.

Par *François-Louis Gauthier*. La première édition est de 1769.

234. Lettres sur les spectacles avec une histoire des ouvrages pour et contre les théâtres, par M. Desprez de Boissy. Paris, veuve Desaint, 1780. 2 vol. in-8°.

Septième et dernière édition, considérablement augmentée.

235. Questions importantes sur la comédie de nos jours, par M. l'abbé Parisis. Valenciennes. Henry, 1789. In-8°.

Après l'ouvrage de Concina et celui en 10 volumes de l'abbé de la Tour, celui-ci est peut-être le plus complet qui soit sorti de la plume d'un prêtre contre le théâtre.

236. De l'influence de la chaire, du théâtre et du barreau dans la société civile, etc., par M. J. A. Boïeldieu, avocat. Paris, 1804. In-8°.

237. Lettre de l'éditeur des œuvres complètes de Voltaire en 12 vol. in-8° à MM. les vicaires généraux du chapitre métropolitain de Paris au sujet de leur dernier mandement. Paris, Desoer, 1817. In-8°.

238. La Criticomanie, ou Nouvelle Guerre aux spectacles. (*Second titre*) La Criticomanie scénique, dernière cause de la décadence de la religion et des mœurs en justification des lumières du XVIIIᵉ siècle, etc., par Marc-François Hache. Paris, Delaunay et Pelicier, 1819, 2 vol. in-12.

> Ouvrage spécialement dirigé contre Molière. On sait, en effet, que c'est surtout à partir de la première représentation de *Tartufe* que le théâtre a été en butte aux attaques du clergé et de ses partisans.

239. Principes de l'homme raisonnable sur les spectacles d'après les maximes de l'antiquité païenne, les témoignages des philosophes, des poëtes, des auteurs dramatiques, des comédiens eux-mêmes, etc. 6ᵉ édition. Prix : 15 centimes. Lille, Lefort, imprimeur du roi, 1824. In-32.

> Petite brochure de sacristie.

240. Des Comédiens et du Clergé, suivi de réflexions sur le mandement de Mgr l'archevêque de Rouen, par le baron d'Hennin de Cuvilliers. Paris, Dupont, 1825. In-12.

> L'auteur essaye de prouver par l'histoire que les spectacles offerts par le clergé, depuis la formation du catholicisme, ont été bien autrement scandaleux que ceux du théâtre profane.

241. Encore des Comédiens et du Clergé, accompagné d'une notice sur le ministère français en 1825, par le baron d'Hennin de Cuvilliers. Paris, Andriveau, 1825. In-8°.

242. Instruction sur les spectacles, par l'abbé Hulot. 2ᵉ édition. Paris, Ad. Leclère, 1826. In-16.

243. Discours sur les spectacles prononcé par l'abbé Chatel. Paris, S. A. in-8° (1833 ?)

> L'auteur est le fameux fondateur de l'Église française, tentative hors de saison et aussitôt avortée. Voir l'ouvrage suivant.

244. Discours sur les plaisirs populaires, les bals et les

spectacles, prononcés dans l'église française (1re succursale de Clichy) par l'abbé Auzon, curé de Clichy par élection du peuple, etc. Paris, secrétariat de l'église française, 1834. In-8°.

245. Antidote rationnel contre la manie des spectacles, par l'abbé Remard. Paris. Lossy, 1836. In-12.

246. Instruction contre le théâtre, par Boone. 1846.

Dernière tentative du fanatisme religieux contre les représentations dramatiques.

V

HISTOIRE DU THÉÂTRE.

247. Idée des spectacles anciens et nouveaux, cirques, amphithéâtres, théâtres, naumachies, triomphes des anciens, comédie, bal, mascarades, etc., par M. M. D. P. Paris, Michel Brunet, 1668. In-12.

(Par Michel de Pure. Curieux et rare.)

248. Relation de la fête de Versailles du 18 juillet 1668 (par Félibien).

249. Des représentations en musique anciennes et modernes (par le P. Cl. Fr. Menestrier). Paris, Guignard, 1681. In-12.

250. Storia della Volgar poesia, di Gio Mario Crescimbeni. Commentarii intorno all istoria della Volgar poesia. (Roma, 1702-1711. 4 vol. in-4°.)

251. Riccoboni (Louis). Histoire du théâtre italien depuis la décadence de la comédie italienne, avec un catalogue des tragédies et comédies, etc. Paris, Chaubert, 1727. In-8°, 18 grav., seconde édition. Cailleau, 1730-31, 2 vol. in-8°, 19 grav.

252. Lettre d'un comédien français au sujet de l'Histoire du théâtre italien, écrite par M. Riccoboni, contenant un extrait, etc. Paris, veuve Pissot, 1728. In-12.

253. Teatro italiano o sia, scelta di tragedie per uso della scena, etc. Premessa un istoria del teatro e difesa di esso (par Scipion Maffei). Verona, Vallarsi, 1728. 3 vol. in-8°.

254. Recherches sur les théâtres de France depuis l'année 1161 jusqu'à présent, par M. de Beauchamps. Paris, Prault père, 1735. In-4°.

> Il y a une autre édition, 3 vol. in-12, tout aussi complète.

255. Histoire du Théâtre-Français depuis son origine jusqu'à présent, avec la vie des plus célèbres poëtes dramatiques, des extraits exacts et un catalogue raisonné, etc. (par les frères Parfaict). Amsterdam, aux dépens de la compagnie. 1735 à 1749. 15 vol. in-12.

> (Beauchamps et les frères Parfaict sont les sources où tous les auteurs venus après eux ont puisé leurs renseignements sur l'histoire du Théâtre.)

256. Réflexions historiques et critiques sur différents théâtres d'Europe, avec les pensées sur la déclamation, par Louis Riccoboni. Paris, Guérin, 1738. In-8°.

> (Ouvrage précieux, le premier qui ait donné des renseignements assez circonstanciés sur les théâtres du temps, soit de Paris soit d'autres villes.)

257. Mémoires pour servir à l'Histoire des spectacles de la foire, par un acteur forain. Paris, Briasson, 1743. 2 vol. in-12 (gravure au frontispice).

> (Attribué aux frères Parfaict, qui auraient profité des notes recueillies par Fuselier.)

258. Les Progrès de la comédie sous le règne de Louis XIV, poëme de M. Linant, qui a remporté le prix de l'Académie en 1744, avec son remerciment à la même Académie. Paris, Prault fils, 1774. In-4°.

259. A general History of the stage from its origin in Greece down to the present time, with memoirs of the principal performers, with notes, etc., by W. R. Chetwood. London, Owen, 1749. In-12.

> Les Anglais ont écrit de bons ouvrages sur l'histoire de leur théâtre national et des théâtres étrangers. On trouvera plus loin les continuateurs de Chetwood.

260. Recherches historiques et critiques sur quelques anciens spectacles, et particulièrement sur les mimes

3

et les pantomimes, avec des notes (*par Boullanger de Riveri*). Paris , Merigot fils, 1751. In-12.

261. Essai sur la connaissance des Théâtres français. Paris, Prault, 1751. In-12 (*par Duclairon*).

262. Tablettes dramatiques, contenant l'abrégé de l'Histoire du Théâtre français, l'établissement des Théâtres à Paris, un Dictionnaire des pièces et l'abrégé de l'Histoire des auteurs et des acteurs, dédié à S. A. le duc d'Orléans, par M. le chevalier de Mouhy. Paris, Jarry, 1752. In-8°. (*Avec les suppléments pour 1753, etc.*)

263. Calendrier historique des Théâtres de l'Opéra et des Comédies française et italienne et des Foires. Paris, Cailleau, 1751, et Duchesne, 1752 à 1815. 48 vol. in-32.

> Cet almanach célèbre, très-difficile à réunir aujourd'hui, a changé de titre trois fois. En 1752, il s'appelle : *Almanach historique et chronologique de tous les spectacles*, titre gravé. En 1753 : *Nouveau Calendrier historique*, etc., titre gravé. A partir de 1754: *Les Spectacles de Paris ou suite au Calendrier historique*, etc., 3e partie, et ainsi de suite. Il était rédigé dans le commencement par l'abbé Delaporte.

264. Histoire du Théâtre de l'Opéra en France, depuis son établissement, etc., en deux parties. Paris, Barbou, 1753. In-8°.

> Compilée par Travenel et Gilbert, publiée par Duret de Noinville. Voir plus loin la 2e édition.

265. Histoire de l'ancien Théâtre Italien depuis son origine en France jusqu'à sa suppression en 1697, suivi des extraits ou canevas, etc. (par les frères Parfaict). Paris, Lambert, 1753. In-8°.

> Avant M. Magnin, les auteurs qui ont écrit sur le Théâtre Italien ont puisé toute leur érudition dans cet ouvrage, qui est loin d'être complet et ne remonte pas aux origines.

266. Description du nouveau spectacle donné sur le grand théâtre du Palais des Thuileries (*sic*), le 31 mars 1754, par le sieur Servandoni. Paris, Ballard, 1754. In-8°.

> C'est surtout dans la décoration théâtrale que Servandoni amené de grands progrès.

267. Almanach historique et chronologique de la Comédi Française établie à Bruxelles sous la protection d

prince Charles de Lorraine, pour l'année 1755. In-24 (par de Beaumont).

268. Histoire du Théâtre de l'Académie royale de Musique en France, depuis son établissement. Seconde édition. Paris, Duchesne, 1757, 2 parties. In-8°.

269. État actuel de la Musique de la Chambre du roi et des trois spectacles de Paris, contenant les noms et demeures de toutes les personnes qui y sont attachées; le Catalogue des pièces que l'on représente et le nom de leurs auteurs. S. N. 1759. Pet. in-8° de 3 ff., 148 p. et 2 ff.

Très-rare. C'est le premier volume de cet intéressant recueil, et le seul de ce format. Le second volume ne parut qu'en 1767, in-12. Voir ci-après.

270. The History of the Theatres of London and Dublin, from the year 1730, to the present time, to which is added an annual register of all the Plays, etc., by M. Victor. London. T. Davies, etc., 1761. 2 vol. in-8°.

271. Vie de M. Corneille, avec l'histoire du Théâtre-Français jusqu'à lui, et des réflexions sur la poétique,

Par Fontenelle, tome III de ses œuvres. Paris, libraires associés, 1766. In-12, figure au frontispice.

272. État actuel de la Musique du roi et des trois spectacles de Paris. Paris, vente.

11 vol. in-16 et in-24, gravures au frontispice. Excellent recueil, extrêmement rare. Le premier vol. a paru en 1758 avec la date de 1759. Reprise en 1767, cette publication a continué sans interruption jusqu'en 1778, date du dernier volume. M. de Soleinne n'avait que le premier et le dernier. Le volume de 1767 renferme une liste assez étendue d'ouvrages sur le théâtre, devenus rares pour la plupart.

273. M. S. Compliment de clôture du Théâtre-Français, prononcé le samedi 4 avril 1767, par Feuillie, comédien ordinaire du roi. Compliment d'ouverture du 27 avril 1767, par le même. In-8°.

274. Histoire de l'Opéra bouffon, ou traité de ce nouveau genre de spectacle, contenant les extraits de toutes les pièces, etc., pour servir à l'histoire des théâtres de Paris, 2 parties, s. l., 1768. In-8° (par les frères Coutant d'Orville).

275. Histoire anecdotique et raisonnée du Théâtre-
Italien depuis son établissement en France jusqu'en
1769 (par Deboulmiers). Paris, Lacombe, 1769. 7 vol.
in-8°.

276. Histoire du Théâtre de l'Opéra-Comique (par Deboulmiers). Paris, Lacombe, 1769. 2 vol. in-8°.

277. Mercure de France, dédié au roi par une Société
de gens de lettres ; juin, octobre 1772, janvier 1775.
In-12.

278. Almanach forain, ou les différents Spectacles des
boulevards et des foires de Paris, avec un Catalogue
de pièces, farces, etc. Paris, Valleyre, 1773. In-32.

279. Observations sur l'Italie et sur les Italiens, données
en 1764 sous le nom de deux gentilhommes suédois,
par M. G. (Grosley), nouvelle édition, augmentée d'un
volume. Londres et Paris, 1774. 4 vol. in-8°.

On y parle des théâtres les plus remarquables d'Italie.

280. Indice de' Spettacoli teatrali per il carnovale del-
l'anno 1774. Milano, G.-B. Bianchi. In-16.

Fort important. On y trouve la composition des troupes et la
nomenclature des spectacles sur les principaux théâtres de l'Europe.

281. Abrégé historique de la Menestrandie. Versailles,
1774. In-24.

282. Anecdotes dramatiques, contenant : 1° Toutes les
pièces de théâtre, etc., jusqu'à l'année 1775, rangées
par ordre alphabétique; 2° tous les ouvrages dramatiques qui n'ont été représentés sur aucun théâtre, etc.;
3° un recueil de tout ce qu'on a pu rassembler d'anecdotes imprimées, etc.; 4° les noms de tous les auteurs, etc., qui ont travaillé pour tous nos théâtres,
de tous les acteurs ou actrices célèbres, etc.; 5° un tableau accompagné d'anecdotes des Théâtres de toutes
es nations. Paris, Vᵉ Duchesne, 1775. 3 vol. in 8°.

283. Chronologie des deutschen Theaters. Leipzig, 1775.
In-8°.

Par Ch. K. Schmid, né en 1746, mort professeur à Giessen en
1800.

284. Essais historiques sur Paris, par M. de Saintfoix, 4ᵉ édit. Paris, Duchesne, 1776. 5 vol. in-12.

Il y est beaucoup parlé des théâtres.

285. Les Spectacles des foires et des boulevards de Paris, ou Calendriers historique et chronologique des Théâtres forains, avec le catalogue des pièces, etc. Paris, Bastien, 1766-77. (Par J.-B. Nougaret.) 2 vol. in-32.

286. Les trois Théâtres de Paris, ou abrégé historique de l'établissement de la Comédie française, de la Comédie italienne et de l'Opéra, par M. Des Essarts. (Nic. Lemoyne dit.) Paris, Lacombe, 1777. In-8°.

287. Mémoires secrets pour servir à l'Histoire de la république des lettres en France, depuis 1762 jusqu'à nos jours, ou Journal d'un observateur, etc., par feu M. de Bachaumont. Londres, Adamson, 1777 à 1787. 36 vol. in-12.

Voir ce que dit de cette publication le savant rédacteur du Catalogue Soleinne.

288. Histoire universelle des Théâtres de toutes les nations, depuis Thespis jusqu'à nos jours, par une société de gens de lettres. (Desfontaines, Coupé, Lefuel de Méricourt, etc.) Paris, 1779. 13 vol. (26 parties), in-8°, fig.

289. Abrégé de l'Histoire des Théâtres français, par le chevalier de Mouhy. Paris, chez l'auteur, 1780. 4 vol. in-8°.

290. Almanach musical pour l'année 1781, 1782 et 1783. Paris, au bureau de l'abonnement littéraire. 3 vol. in-18.

Très-rare.

291. Raisonnirendes Theater-Journal von der Leipziger Michaelsmesse, 1783. Leipzig, Jacobæer u. Sohn, 1784. In-8°, fig.

La gravure coloriée placée au frontispice représente M. Opiz dans le rôle de saint Georges du Schwaëtzer. L'auteur du texte passe en revue les pièces et les artistes de Leipzig.

292. Histoire de la Littérature d'Italie, tirée de l'italien

de Tiraboschi, et abrégée par Antoine Landi, conseiller à la cour de Prusse. Berne, 1784. 5 vol. in-8°.

293. Journal de Paris, N° 1 à 181, du 1er janvier au 30 juin 1785. In-4° à col.

> Outre les articles de littérature et de théâtre, ce journal renferme le programme journalier des spectacles de Paris, très-détaillé.

294. Indice degli Spettacoli teatrali di tutto l' anno, dalla primavera 1785 a tutto il carnovale 1786. Milano (G.-B. Bianchi). In-16.

> Voir le numéro 280.

295. Le Mercure de France, 1787. (Articles sur les Théâtres, *Recueil factice.*) In-12.

296. Annales du Théâtre Italien, depuis son origine jusqu'à ce jour, dédiées au roi, par M. d'Origny, conseiller, etc. Paris, Duchesne, 1788. 3 vol. in-8°.

297. Essais historiques sur l'origine et les progrès de l'art dramatique en France. Ouvrage qui sert d'introduction aux auteurs dramatiques, et prépare à la lecture de leurs ouvrages. Paris, au bureau central, 1791. 3 vol. in-24.

298. Almanach général de tous les Spectacles de Paris et des provinces pour l'année 1791 (et 1792), par une Société de gens de lettres. Paris, Froullé, 1791-92. 2 vol. in-18.

299. Le petit Almanach des grands Spectacles de Paris. Paris, Maret, 1792. In-24.

> Attribué à Rivarol, et fort curieux.

300. Pieces on various subjects from the english authors in prose and poetry, by J.-N. Blondin. Paris, Fourouge (1796). In-8°.

> Il y a un chapitre sur l'origine des théâtres.

301. Notices pour servir à l'Histoire des Théâtres, lues à la 3e classe de l'Institut, par Cailhava. Paris, Pougens, 1798, an vi. In-8°.

302. L'Indicateur dramatique ou Almanach des Théâtres

de Paris, contenant les noms et demeures, etc., présenté au ministre de l'Intérieur François de Neufchâteau. Paris, Lefort, an VII. In-18.

303. Dictionnaire d'anecdotes. (Articles, Acteurs, — Comédie, etc.). In-12.

304. Ordre de la Distribution des Prix aux Élèves du Conservatoire de Musique, pour le cours d'études de l'an VII, en la salle du Théâtre de la République et des Arts, le 19 nivose an VIII. In-8°.

305. The curtain or an impartial history of the english stage digested from the most undoubtful authorities. London, Jordan, 1800. In-12, front. gravé.

306. Feuilletons du journal des Débats (et de l'Empire), concernant les théâtres, programmes et critiques; du 1ᵉʳ prairial an VIII au 30 août 1814 (avec interruption, recueil factice). 9 vol. in-4° obl.

307. Histoire critique et raisonnée des Théâtres, contenant l'analyse de toutes les pièces représentées dans les différents Spectacles de Paris, et de tous les ouvrages littéraires qui auront paru dans le courant du mois; par les C. Décourt, Gédéon et Moucheron. Tome Iᵉʳ (unique). Paris, Barba, an IX. In-18.

308. Histoire du Théâtre Français, depuis le commencement de la Révolution jusqu'à la réunion générale, par G. Étienne et Martainville. Paris, Barba, 1802. 4 vol. in-12.

309. Le Lever du rideau des Spectacles de Paris, ou Étrennes lyriques théâtrales. Paris, Janet, 1802. In-32.

    7 figures gravées; texte et musique également gravés.

310. Année théâtrale. Almanach pour l'an IX (X, XI, XII), contenant une notice sur chacun des théâtres de Paris, les acteurs, etc. Paris, Courcier, 1803 (à 1806). 4 vol. in-18.

311. L'Opinion du Parterre ou revue des Théâtres. Paris, Martinet, 1803-1804. 10 vol. in-18.

312. Tratado historico sobre el origen y progresos de la Comedia, y del histrionismo en Espana, con las censuras

teologicas, reäles resoluciones, etc., y con la noticia de algunos celebres comediantes, etc., par D. Casiano Pellicer. Madrid. 1804. (Portraits.) 2 parties in-12.

313. Annuaire dramatique ou Étrennes théâtrales, contenant les noms et demeures de tous les directeurs, acteurs, etc.; le répertoire, la date de la représentation, etc. Paris, chez madame Cavanagh. 1805-1822.

> A partir de la 13ᵉ année, on a ajouté au titre : *Seul autorisé par M. l'Intendant des Menus-Plaisirs du Roi.* 17 vol. in-32, avec portraits. La rédaction a été attribuée à Arm. Raguenau et J. B. Audiffret.

314. Instructions générales, suivies des lois relatives à la propriété dramatique, et de la liste générale des auteurs signataires de la procuration de M. Sauvan. Janvier 1806. (Dans le même volume), Répertoire et Catalogue général des pièces de théâtre avec le nom de leurs auteurs, pour les correspondants de M. Sauvan. In-8°.

315. Histoire de l'établissement des Théâtres en France, avec l'état, de dix en dix ans, depuis 1690 jusqu'à ce moment, des acteurs qui ont paru sur le théâtre français, etc. Paris. Fréchet, 1807. In-12.

> Par Lepan.

316. Mémorial dramatique ou Almanach théâtral, pour l'an 1807 (à 1819). Paris, Hocquet, Barba. 13 vol. in-32.

> Par J. Charrin. Les trois premiers volumes contiennent les portraits de Talma, de Vestris et de Mᵐᵉ Belmont.

317. The dramatic Mirror, containing the history of the stage from the earliest period to the present time, etc., biographical and critical account of the dramatic writers, etc., and also distinguished performers, by Thomas Gilliland. London, Chapple, 1808. 2 vol. in-8°, fig.

318. Almanach des Spectacles de Paris pour l'an 1809. 1ʳᵉ année (et unique). Paris, Collin. In-32.

319. Table générale du rapport du Calendrier grégorien, avec le Calendrier républicain. Paris, Cavanagh, 1809. In-12.

320. Notice historique sur l'Opéra-Comique. (*Extraits du Théâtre de l'Opéra-Comique.*) Paris , Nicolle, 1811. in-16.

321. Correspondance littéraire philosophique et critique, adressée à un souverain d'Allemagne, depuis 1770 jusqu'en 1782, par le baron de Grimm et par Diderot. Paris, Buisson, 1812. 5 vol. in-8°.

322. Storia critica dei Teatri antichi e moderni, divisa in dieci tomi , di Pietro Napoli — Signorelli napoletano professore, etc. Napoli, Orsino, 1813. 11 tomes en 10 vol. in-8°.

> La première édition est de 1787, en 6 vol. Ouvrage très-utile en ce qu'il s'occupe de toutes les branches de l'art théâtral dans tous les pays. Sous le titre de Théâtre matériel, l'auteur décrit les salles de spectacle des nations dont il parle, et nous fournit à cet égard de précieux renseignements que l'on chercherait en vain chez les auteurs français, même pour les théâtres de France.

323. Lycée ou Cours de Littérature ancienne et moderne, par J.-F. La Harpe. Paris, Costes, 1813. 16 vol. in-12, portr.

324. A theatrical Pocket-Book, or brief dramatic Chronology from the earliest periods of history with a list of british dramatists, etc., by Ralph Wewitzer. London, John Miller, 1814. In-12, portr.

325. Almanach des plaisirs de Paris et des communes environnantes pour 1815. Paris, Goujon. In-18.

> Les théâtres en font naturellement partie.

326. Recherches historiques, bibliographiques, critiques et littéraires, sur le théâtre de Valenciennes, par G.-A.-J.-H. (Hecart). Paris, 1816. In-8°.

327. Tableau historique de la Littérature française depuis 1789, par M.-J. de Chenier. Paris, Maradan, 1817. in-8°.

> La littérature dramatique y occupe une place importante.

328. Petite Chronique de Paris, historique, littéraire et critique, faisant suite aux Mémoires de Bachaumont. Paris, Perronneau, 1818. In-12 (de 396 pages.)

329. A History of the Theatres of London , containing an

annual register of new pieces, etc., being a continua-
tion to Victors and Oulton's history from 1795 to 1817
inclusive, by W.-C. Oulton. London, 1718. 3 vol.
in-12.

330. An Essay on the Drama first published in the supple-
ment of the cyclopœdia britannica 1819 (by sir Walter
Scott). In-8.

> Réimpression de 1838. On trouvera plus loin, sous la date de
> 1828, la traduction française de cet ouvrage.

331. Annales de la Musique ou Almanach musical pour
l'an 1819 et 1820. Paris, bureau des Annales. 2 vol.
in-18.

332. Horoscope de la Comédie Française et du second
Théâtre Français, précédé d'un Sommaire par Ricord aîné. Paris, Delaunay, etc., 1819. In-8°.

333. Indicateur général des Spectacles de Paris, des départements de la France et des principales villes étrangères, par A. et D. Paris, au Bureau et chez Dalibon,
1819 à 1823. 4 vol. in-12.

> On y trouve le répertoire de tous les théâtres avec le nombre de
> représentations de chaque pièce.

334. Wiener Zeitschrift fur Kunst, Litteratur, Theater
und Mode, 1820, 1834, 1839. 6 vol. in-8°, 1845, 2 vol.
in-4°, fig.

> Un article dans chaque numéro est consacré aux théâtres de
> Vienne.

335. Almanach des Spectacles, par K. Y. Z. (1818 à 1825).
Paris, Jannet. 8 vol. in-18, fig. color.

> Charmant petit recueil devenu très-rare. La rédaction est attri-
> buée à Loewe-Weimars.

336. Notice sur l'enterrement de mademoiselle Raucourt,
artiste du Théâtre Français, morte le 15 janvier 1815.
Paris, Rougeron, 1821. In-4°, fig.

337. Discorso sulla origine, progressi e stato attuale della
Musica italiana, di Andrea Majer Veneziano. Padova,
alla Minerva, 1821. In-8°.

338. Le Miroir des Spectacles, des Lettres, des Mœurs et

dès Arts, publié par MM. de Jouy, de l'Académie fran-çaise, A.-V. Arnault, Em. Dupaty, E. Gosse, Cauchois-Lemaire, etc., du 15 février 1821 (1ᵉʳ numéro) au 24 juin 1823. 4 vol. in-4°, fig.

> Contenant le programme détaillé des spectacles de chaque jour.

339. Almanach des Spectacles pour 1822 à 1837. Paris, Barba. 13 vol. in-12 (par Coupart, Merville, etc.)

340. Essai sur l'Histoire de la Musique en Italie, depuis les temps les plus anciens jusqu'à nos jours, par Orloff. Paris, 1822. 2 vol. in-8°.

341. Histoire critique des Théâtres de Paris pendant 1821, pièces nouvelles, reprises, débuts, rentrées, par MM. *** et ***. (Châlons d'Argé et Raguenau.) Paris, Petit fils, Casin, 1822. In-8°.

> Pour le second volume, imprimé en 1824, voir ci-après.

342. Remarques sur les anciens Jeux des Mystères, faites à l'occasion des deux délibérations de la ville de Gre-noble en 1535, etc., par Berriat Saint-Prix. Paris, 1823. In-8°.

343. A.-P. Châlons d'Argé. Histoire critique et littéraire des Théâtres de Paris, années 1822-23. Paris, Pollet, 1824. In-8°.

344. *La Pandore*, journal des spectacles, des lettres, des arts, des mœurs et des modes (suite du *Miroir*), du 16 juillet 1823 au 26 novembre 1825. 5 vol. in-4°, fig.

> Programme détaillé des spectacles de chaque jour.

345. Serie cronologica delle rappresentazioni dramma-tico-pantomimiche poste sulle scene dei principali teatri di Milano, dall' autunno 1776 a tutto Giugno 1824. Milano, Silvestri, 1825. 4 vol. en un, in-16.

> Avec un avis du libraire, daté de 1854. 2 gravures et des tables fort utiles.

346. Dramatic Table Talk or scenes situations and adven-tures, serious and comic in theatrical history and bio-graphy. London, Knight, 1825. 3 vol. in-12, fig.

> Curieuse collection d'articles sur l'histoire des théâtres et des artistes, et sur les arts scéniques; d'anecdotes, de facéties, etc.,

avec des gravures et des fac-simile autographiques très-intéressants.

347. Righetti (Francesco). Teatro Italiano. Torino. Alliana, 1826-27. 3 vol. in-8°.

> M. Righetti a été acteur et directeur de troupe; son livre, reproduit en 1834 sous le titre de *Studii sull'arte drammatica*, 3 vol. in-8°, renferme la traduction de l'histoire du théâtre italien, par Louis Riccoboni, avec une introduction et des traités sur les différentes parties de l'art dramatique.

348. Correspondance entre un Anglais et un Français, relative à l'état actuel de leurs nations, etc., contenant l'histoire du Théâtre Français que l'on essaya d'établir à Londres en 1749, et que l'on y a clandestinement établi en 1813; publiée par Ricord aîné. Paris, Brianchon, 1826. In-8°.

349. Histoire générale de l'Art dramatique, suivie d'un Essai littéraire sur Molière, et du poëme dramatique de Halidon Hill, par sir Walter Scott. Paris, Gosselin, 1828. 2 vol. in-12.

Voir le N° 330.

350. Seven years of the King's theatre, by John Ebers. London, Harrison, 1828. In-8°, fig.

> Ebers fut directeur de l'Opéra-Italien (*King's-Theatre*) de 1821 à 1827, époque brillante pour ce théâtre. Son livre est très-intéressant sous le double rapport de l'histoire de l'art et de l'administration. Il renferme aussi de beaux portraits des principaux artistes.

351. L'observateur des Beaux-Arts, journal des arts du dessin, de la musique, de l'art dramatique, etc., par une société d'artistes et d'hommes de lettres. Paris, 1828-1829. In-4° à col.

352. A Companion to the Theatres and manual of the british drama, by Horace Foote. London, 1829. In-12, fig.

353. Saggio storico critico della Commedia Italiana, del prof. F. Salfi, Parigi, Baudry, 1829. In-12.

354. Précis historique sur les fêtes, les spectacles et les réjouissances publiques, par Claude Ruggieri, artificier du roi. Paris, chez l'auteur, 1830. In-8°.

355. Chapelle-Musique des rois de France, par Castil-Blaze. Paris, Paulin, 1832. In-8°.

356. Teatro classico italiano antico et moderno, ovvero il Parnaso-teatrale. Lipsia, 1832. Gr. in-8°.

> Contenant l'Essai sur la Comédie italienne, de Salfi, un Abrégé historique du Théâtre italien, et une Notice biographique des auteurs.

357. Deburau. Histoire du Théâtre à quatre sous, pour faire suite à l'Histoire du Théâtre Français (par Jules Janin). Paris, Gosselin, 1833. 2 vol. in-12, fig.

358. History of the American Theatre, by William Dunlap. London, Bentley, 1833. 2 vol. gr. in-8°.

359. Historical and descriptive account of the Theatres of London, by Edward Wedlake Brayley, illustrated with a view of each Theatre, by Daniel Havell. London, Yates, 1833. In-4° fig.

360. Notice sur les Confrères de la Passion, par A.-H. Taillandier. (Extrait de la Revue rétrospective, xii.) 1834. In-8°.

361. Annuaire des Artistes, recueil de tous les documents qui peuvent intéresser les artistes et les amateurs, avec gravures. Paris, Guyot de Fère, 1834. In-8°.

362. Arlecchino, Guazzabuglio di Defendente Sacchi. Milano, Vallardi (1835?). In-8°.

> Ce petit livre, fort amusant, renferme l'histoire des plus célèbres Arlequins, et des recherches curieuses sur l'étymologie de ce nom.

363. Agenda musical, ou Indicateur des amateurs, artistes, commerçants en musique, etc., par Planque. Paris, Frère, 1835-37, 3 vol. in-8°.

> Il a paru un autre agenda musical pour 1836, rédigé par un ancien élève du Conservatoire, et édité par le Bureau du Recueil des Beaux-arts. In-16.

364. Le Monde dramatique, revue des spectacles anciens et modernes. Paris, Félix Locquin, 1835-41. 10 vol. gr. in-8°.

> Fondé par Gérard Labrunie et Frédéric Soulié; les principaux écrivains y ont pris part : histoire, critique, littérature dramatique, portraits, costumes, décorations, etc. Le plus riche recueil de ce genre qui ait jamais paru.

365. Journal des Beaux-Arts et de la Littérature, par une

société d'artistes et de littérateurs, sous la direction de MM. Guyot de Fère et Vallotton d'André. Paris, rue Saintonge, 1835. In-8°.

Le théâtre y occupe une place importante.

366. Notice sur le palais des Tuileries. Paris, 1836, in-12.

- Contenant des renseignements sur la salle de spectacle qui existe dans ce palais, et qui fut longtemps un théâtre public.

367. Essai sur la Mise en scène depuis les Mystères jusqu'au *Cid*, par Émile Morice. Paris, Heideloff et comp., 1836, In-8°.

Il y a des exemplaires avec le titre : *Histoire de la mise en scène*.

368. Sulla Musa Melpomene, dissertazione letta alla pontificia accademia romana di archeologia dal prof. Salvatore Betti. Roma, 1836, in-4°.

369. Allgemeine Theater Chronik, Organ für des Gesammtinteresse der deutschen Bühnen, etc. Leipzig, Sturm und Koppe, 1836, in-4°.

Fondé en 1832. Rédigé par L. d'Alvensleben.

370. Thalia. Norddeutsche Theater Zeitung, etc redigirt, etc., von Dr Carl Topfer. Hamburg, 1836-37-39, 3 vol, in-4°.

371. Le Baisser du Rideau, anecdotes théâtrales, anciennes et modernes, tirées des mémoires du temps. Paris, librairie musicale, 1837, in-24.

372. Almanach für Freunde der Schauspielkunst von L, Wolff, soufleur des Koniglichen Theaters. Berlin, Sittenfels, 1837 à 1842. 6 vol. in-12, cartonnés.

Recueil très-soigné, contenant un état nominatif de toutes les troupes allemandes, des renseignements statistiques, des biographies, des pièces de théâtre, etc., etc. Nous n'avons pas en France, nous n'avons jamais eu, en ce genre, un travail aussi complet.

373. Études sur les Mystères, Monuments historiques et littéraires, la plupart inconnus, et sur divers Manuscrits de Gerson, etc., par Onésyme Le Roy. Paris, Hachette, 1837. In-8°.

374. Mystères inédits du quinzième siècle, publiés par Achille Jubinal. Paris, Techner, 1837, 2 vol. in-8°.

Précédés d'une Histoire du Théâtre avant les confrères de la Passion.

375. Les Origines du théâtre moderne, ou Histoire du génie dramatique depuis le premier jusqu'au seizième siècle, précédé d'une introduction, etc., par M. Charles Magnin. Paris, Hachette, 1838. In-8° (vol. 1er et unique).

> Au grand regret de tous les amis des lettres, M. Charles Magnin n'a pas jugé à propos de continuer cette publication, qui eût jeté une si grande lumière sur notre théâtre au moyen âge, dont l'histoire est encore à faire. Tous les travaux de M. Magnin se recommandent autant par une érudition profonde que par une saine critique.

376. Wiener allgemeine Theater Zeitung. Originalblatt für Kunst, Litteratur, Musik, Mode, etc., Herausgegeben von Adolf Bauerle. Wien, 1838-39-40-41-42-43-46; 14 vol. in-4° et in-fol., fig.

> M. Bauerle est mort récemment à Bâle dans un état voisin de l'indigence. Son journal, qui a eu, sous diverses formes, près d'un demi-siècle d'existence, renferme trop d'articles étrangers au théâtre.

377. Brazier. Histoire des Petits Théâtres de Paris depuis leur origine; nouvelle édition, augmentée, etc. Paris, Allardin, 1838. 2 vol. in-18.

> La première édition porte le titre de Chroniques des Petits Théâtres de Paris. 2 vol. in-8°. Elle est moins complète.

378. Physiologie du Théâtre, par Hippolyte Auger. Paris, Didot, 1839-40, 3 vol. in-8°,

379. Annuaire dramatique de la Belgique pour 1839, contenant, pour chaque jour de l'année, les éphémérides des auteurs, musiciens, artistes morts, etc., ouvrage utile aux personnes qui fréquentent les théâtres. Bruxelles, 1839 à 1847, 9 vol. in-12.

> Tous les écrivains ont fait l'éloge de cette utile publication.

380. Les Comédiens français, par Éd. Foucaud, vignettes et portraits gravés sur pierre par Louis Laplante. Tome 1er (le seul paru). Paris, au Bureau central, boulevard du Temple. 1839, gr. in-8°, fig.

> Reproduit en 1845 sous le titre d'*Histoire du Théâtre en France*, sans gravures. Bel ouvrage, qui méritait d'être continué.

381. Théâtre d'Alberto Nota et du comte Giraud, ou Choix des meilleures pièces de ces deux auteurs, représentées sur les théâtres d'Italie, traduit pour la première fois par

M. Th. Bettinger; précédé d'un Précis historique sur la comédie en Italie et en France, depuis l'origine du théâtre jusqu'à nos jours, par M. E. Scribe, et accompagné de remarques et de commentaires, par M. Bayard. Paris, Aimé André, 1839, 3 vol. in-8°.

381 *bis*. La France théâtrale, journal des intérêts artistiques et littéraires (Privat, rédacteur en chef), 55 numéros du 4 juin au 14 décembre, 1843. In-4°, 22 planches coloriées.

382. Indicateur général des Théâtres de Paris, Théâtre royal de l'Opéra-Comique, place de la Bourse. Paris, boulevard Saint-Denis; 1839, in-8°, planche.

383. Remarks upon he ancient Theatres of London. Gr. in-4°.

Extrait de *Londina Illustrata* (1840 ?).

384. Drury-Lane and Haymarket Theaters. In-4° (Notices).

Extraits de *Londina Illustrata* (1840 ?).

385. Les Historiettes de Tallemant Des Réaux, mémoires pour servir à l'histoire du dix-septième siècle, publiés, etc., par M. Monmerqué. Paris, Delloye, 1840, 10 vol. in-12.

La publication de ces mémoires a jeté un peu de jour sur les conditions du théâtre et des comédiens sous Louis XIII et Louis XIV.

386. Le Théâtre en Italie, par Frédéric Mercey.

Extrait de la *Revue des Deux-Mondes* de 1840.

387. Notizie ed osservazioni intorno all' origine e progresso dei teatri, etc., di Venezia. Ib. Gondoliere, 1840, per le nozze Michiel-Morosini. In-8°.

Cette petite brochure vaut à elle seule un grand ouvrage, tant elle abonde en faits et appréciations judicieuses.

388. A brief view of the english drama from the earliest period to the present time with suggestions, etc., by J.-G. Tomlins. London, Mitchell, 1840, in-12.

389. Histoire de l'Ambigu-Comique, depuis sa création jusqu'à ce jour, contenant toutes les aventures curieuses qui se sont passées dans les coulisses; les biographies

des directeurs et des principaux acteurs, etc., Paris, rue d'Enghien, 1841, in-32.

Par E. Deligny, ancien secrétaire de l'Opéra.

390. Histoire du théâtre de l'Odéon, par M. Dumersan, Paris, Tresse, 1841. In-8º.

391. Histoire populaire de tous les théâtres de Paris, par E. Vanel. Paris, Pollet, 1841, br. in-32.

392. Soixante ans du Théâtre-Français, par un amateur né en 1769. Paris, Gosselin, 1842. In-12.

393. Fleurs et Épines, almanach de la cour et de la ville, en 12 livraisons. Paris, rue Monthabor, 38, in-16, portr., 1842.

Petite revue légitimiste. Le théâtre y occupe une place considérable.

394. Die altgriechische Bühne dargestellt von C.-E. Geppert, Dr Ph. Leipzig, Weigel, 1843. In-8º.

Avec 6 planches représentant d'anciennes monnaies ou des peintures de vases antiques. Savant ouvrage, le plus complet que nous connaissions sur la scène grecque.

395. Théâtre de Mons. Prospectus, 1843-44 (direction Éd. Haquette). Mons, Hayois. In-8º.

396. Annales dramatiques, archives du théâtre, journal officiel de la Société des auteurs et compositeurs et de l'association des artistes dramatiques. Paris, au bureau de l'Office général des théâtres, rue Laffitte, 1. 1843, gr. in-8º.

397. Annales du théâtre, journal spécial de la Société des auteurs et compositeurs, etc., 1ʳᵉ année, mars, 1843, in-4º.

398. Aristophane, la comédie politique et religieuse à Athènes, par L.-A. Binaut. In-8º.

Extrait de la *Revue des Deux-Mondes* du 15 août 1843.

399. Histoire philosophique et littéraire du Théâtre-Français, depuis son origine jusqu'à nos jours, par Hipp. Lucas. Paris, Gosselin, 1843. In-12.

Bon ouvrage, un peu trop littéraire peut-être pour une histoire

4

qui aurait besoin de beaucoup de faits, de dates, de tableaux, de tables. On y trouve cependant un répertoire de toutes les pièces jouées au Théâtre-Français et sur les scènes qui l'ont précédé.

400. De la Comédie-Française depuis 1830, ou Résumé des événements survenus à ce théâtre depuis cette époque jusqu'en 1844, pièces servant de complément à toutes les histoires du Théâtre-Français, par Laugier. Paris, 1844. In-12.

401. Milano e il suo Territorio. 2 vol. gr. in-8°, imprimés par Pirola.

Description de la ville et des environs de Milan, publiée à l'occasion du congrès scientifique tenu en cette ville (septembre 1844) et tiré à un nombre limité d'exemplaires numérotés. Magnifique édition ornée de gravures, hors du commerce. Le premier volume contient une notice historique assez développée, et une description assez détaillée des théâtres de Milan, pour nous permettre de classer cet ouvrage parmi les documents pour servir à l'histoire générale du théâtre.

402. Histoire comparée du Théâtre et des Mœurs en France, dès la formation de sa langue jusqu'à son plus haut développement, par Onésime Leroy. Paris, Hachette 1844. In-8°.

Le tome premier a seul paru.

403. El Teatro. Origen, indole e importancia de esta institucion en las sociedades cultas. Titulos de gloria, etc., par don Juan Lombia. Madrid, Sanchez, 1845. In-8°.

M. Lombia est lui-même un grand acteur; il a joué à Paris avec sa troupe en 1847.

404. Illustrierte Theaterzeitung, von Bauerle. Wien, 1845. 2 vol. in-fol., fig. s. b.

Faisant suite à la gazette déjà citée du même rédacteur, laquelle reprit dès l'année suivante son ancien titre. Voir le numéro 376.

405. Histoire du Théâtre en France, par Édouard Foucaud. Paris, au bureau des publications modernes, 1845. 1 vol. in-8° gr.

Premier et unique. Voir le numéro 380.

406. Annuaire des Lettres, des Arts et des Théâtres, du journal le Constitutionnel, avec illustrations. Paris, Lacrampe, 1846-47. In-8°, fig.

Rédigé par Ed. Déaddé, dit Saint-Yves, et distribué en prime aux abonnés du *Constitutionnel* et de *l'Époque*. C'est ce qui explique le bas prix auquel est tombé ce livre, qui renferme pourtant d'utiles renseignements et des gravures intéressantes.

407. **Études sur l'antiquité : Aristophane et Socrate, par Édelstand du Méril. In-8°.**

Extrait de la *Revue des Deux-Mondes*, 1er juillet 1846.

408. **Histoire du Théâtre en France, par P. Régnier, de la Comédie-Française. Paris, mars 1846. In-12.**

Extrait de *Patria*, publié par les frères Garnier, et tiré à part pour l'auteur seulement. Malgré l'exiguïté du volume, cette histoire est un des meilleurs ouvrages qui aient été faits sur le théâtre. Nous regrettons seulement que l'auteur s'y montre partisan du privilége et du monopole.

409. **Theater Zeitung (*illustrée*). Leipzig, 1846. In-fol., fig. s. b.**

Journal du même genre que celui de Vienne, mais d'une exécution plus soignée.

410. **Histoire du Théâtre royal de l'Opéra-Comique, par Émile Solié. Paris, 1847. In-18.**

411. **L'Opéra depuis son origine jusqu'à nos jours, 1645-1847. Paris, Breteau, 1847. In-18.**

412. **Teatro celeste. Les Comédiens en Paradis, commencements de la comédie italienne en France, par M. Charles Magnin.**

Extrait de la *Revue des Deux-Mondes* du 15 décembre 1847. Le premier ouvrage et le seul jusqu'à présent en France, qui ait révélé une partie de l'histoire du théâtre italien aux seizième et dix-septième siècles. Avant M. Magnin, on se bornait à copier les frères Parfait, dont l'histoire du théâtre italien ne remonte guère au delà de 1660.

413. **Mémorial du Grand-Opéra. Epilogue de l'Académie royale de Musique, histoire littéraire, musicale, chorégraphique, etc., de ce théâtre, de 1645 à 1847, par Castil Blaze. Paris, 1847. In-8°.**

Amas de faits, de noms, de dates et de chiffres, indispensable à tout écrivain qui s'occupe de l'Opéra.

414. **Le Théâtre-Historique, notice biographique et curieuse (*vignettes*). Paris, Gallet, 1847. Gr. in-8°.**

415. Prutz. R. E. Geschichte des deutschen Theaters in Vorlesungen. Berlin, Dunker et Humblot, 1847. In-8°, gr.

> C'est une appréciation, plutôt qu'une histoire, du théâtre allemand.

416. The Theatres of Paris by Ch. Hervey revised and corrected, edit. illustr. with original portraits of eminent living actresses, by Lacauchie. Paris, 1847. Gr. in-8°.

> Belle publication due aux soins d'un amateur éclairé, qui avait réuni pour ce travail une collection importante de livres, de gravures et d'autographes.

417. Nociones acerca de la Historia del Teatro desde su nacimiento hasta nuestros dias. Antecediendoles algunos principios de poetica, musica y declamacion, etc., en preguntas y respuestas, etc., por D. Ramon de Villadares y Saavedra, y precedido de un prologo, por D. Manuel Canete. Madrid, 1848. In-8°.

> Sorte de catéchisme théâtral par demandes et réponses. Nous ne connaissons pas d'ouvrages de ce genre en France.

418. Composition, mise en scène et représentation du Mystère des Trois Doms, joué à Romans, etc., l'an 1509, d'après un manuscrit du temps, publié et annoté par M. Giraud, ancien député. Lyon, impr. de Louis Perrin, 1848. In-8° gr., fig.

419. Origines de la scène lyrique en France, par Benjamin Rampal.

> Extrait de la *Revue Indépendante*, 25 février 1848. In-8°.

420. Il Palco scenico, Giornale di Teatri. Napoli, 1848, (de sept. à déc.). In-4°.

> Journal exclusivement consacré aux théâtres, et contenant le programme de chaque jour. Il n'est signé que par le gérant Gammella.

421. Origines latines du théâtre moderne, publiées et annotées par M. Edelstand du Méril. Paris, Franck, 1849. In-8°.

422. Royal italian Opera. Covent garden established in 1847. for the purpose of rendering a more perfect per-

formance of the lyric drama, etc. London, season 1848 (à 1853). In-8°.

423. Biographie historique de tous les théâtres de Paris, depuis leur origine, etc., par Maximilien Perrin. Paris, Dechaume, 1850. In-32.

424. Memoirs of the opera in Italy, France, Germany and England, by George Hogarth. London, Bentley, 1851. 2 vol. in-12.

> Belle édition d'un ouvrage fort bien fait; c'est une esquisse de l'histoire générale de l'opéra en Europe.

425. Les Hôtels historiques de Paris, par Georges Bonnefons. Paris, à la librairie historique, 1851. Gr. in-8°, fig.

> Histoire de l'hôtel de Bourgogne.

426. Notice historique sur le Palais-National, et description des salles de l'exposition et des appartements intérieurs. Paris, Vinchon, 1851. In-12.

> Six théâtres ont existé au Palais-Royal ; deux y existent encore ; mais les histoires et les descriptions du palais n'apprennent pas grand' chose à leur sujet.

427. A memoir of A. Murray, esq. comedian wilh a sketch of the rise and progress of the theater and anecdotes of the stage at Edinburgh. Edinburgh, Bertram, 1851. In-24.

428. Almanach des Théâtres, pièces nouvelles, reprises, débuts, biographies, etc. 1, octobre 1851 (seul paru), par Léon Sarri. Paris, Michel Lévy, 1851. In-32.

429. Almanach des Spectacles pour 1852 (et 1853), sous la direction de M. Palianti, 1re (et 2e) année. Paris, Brière. 2 vol. in-8°.

> C'est l'almanach théâtral le plus complet qui ait jamais paru en France. Quoique l'édition des deux années soit épuisée, M. Palianti ne s'est pas décidé à faire paraître la troisième.

430. Annuaire théâtral illustré, dramatique et musical, etc. Paris, Tresse, décembre 1852, fig. In-16.

431. Almanach des Théâtres, 1852, calendrier. Paris, Dechaume, 1852. In-12.

432. Annuaire du Théâtre, paraissant le 5 de chaque mois, par M. Sarri. Paris, au bureau, 1852 (janvier, février, mars), 3 livraisons in-8° (les seules parues).

M. Sarri a quitté les bureaux de la division des théâtres au ministère d'État, pour prendre la direction du théâtre des Délasse-ments-Comiques.

433. Soirée historique de la Comédie-Française, 22 octobre 1852; représentation solennelle en présence de S. A. I. Louis-Napoléon. Paris, Eug. Didier, 1852. In-16.

434. Prologue d'ouverture du Théâtre d'Evreux (en vers), par L. Lemercier de Neuville, 23 avril 1852. Evreux, Herissey, 1852. In-12.

435. Histoire des Marionnettes en Europe, depuis l'antiquité jusqu'à nos jours, par Charles Magnin, membre de l'Institut. Paris, Michel Lévy, 1852. Gr. in-8°.

436. Des Essais dramatiques imités de l'antiquité au XIVᵉ et XVᵉ siècles, par A. Chassang. Paris, Durand, 1852. In-8°.

437. Almanach des Théâtres, 1853. Paris, Dechaume. In-18.

438. Histoire de la Littérature dramatique, par Jules Janin. Paris, Michel Lévy, 1853-59. 6 vol. in-12.

439. Le Mousquetaire, journal de M. Alexandre Dumas, (du 12 novembre 1853 au 10 avril 1855), 5 vol in-fol.

Le théâtre peut revendiquer, dans ce journal littéraire, une foule d'articles, tant de M. Dumas que de ses collaborateurs.

440. Le Courrier des Spectacles, journal programme. Paris, à l'administration des grands cadres des hôtels, 2 août 1853.

In-16 de 32 pages non numérotées.
S'il faut en croire la couverture, ce journal aurait paru sous différents titres et formats depuis 1831. Les articles qu'il renferme, bien rédigés, du reste, par MM. Rey de Sarlat, Lair, etc., étaient reproduits par d'autres journaux de la même administration.

441. Almanach de la Littérature, du Théâtre et des Beaux-Arts, précédé d'une histoire littéraire de l'année, par Jules Janin. Paris, Pagnerre, 1853 (à 1860), 7 br., in-8°, fig.

C'est le seul almanach théâtral (en partie) qui ait paru depuis celui de M. Palianti. Mais le théâtre n'y est pas l'objet de travaux importants.

442. Documents historiques sur la Comédie-Française sous le règne de Napoléon Iᵉʳ, par Laugier. Paris, Tresse et Didot, 1853. In-8°.

443. Roger de Beauvoir. L'Opéra, dessin par C. Fath. Paris, Havard, 1854. In-18.

> Petite monographie de notre première scène lyrique. Ouvrage badin qui ne vise pas à l'érudition : de l'esprit, et quelques chroniques scandaleuses, c'est probablement tout ce que demandait l'éditeur.

444. Almanach musical, par les frères Escudier. Paris, années 1854 à 1860, notices, biographies, éphémérides, etc. In-8°, fig. et musique.

> Édité par Houssiaux, ensuite par Méissonnier. Charmante publication qui mériterait d'être complétée par des documents plus solides.

445. London in 1854, by Peter Cunningham. London, John Murray. In-18.

> Renferme une notice étendue sur les théâtres de cette capitale.

446. Curiosités dramatiques et littéraires, par M. Hipp. Lucas, avec une notice, etc. Paris, Garnier, 1855. In-12.

447. Théâtres lyriques de Paris. L'Académie impériale de Musique, histoire littéraire, musicale, etc., de 1645 à 1855, par Castil Blaze. Paris, Castil Blaze, 1855. 2 vol. in-8°.

> Tous les ouvrages de Castil-Blaze sont empreints d'érudition et de saine critique, mais laissent beaucoup à désirer sous le rapport de l'ordre dans la disposition des matières. Ils auraient besoin d'être refaits.

448. Revue anecdotique, paraissant le 5 et le 20 de chaque mois. Paris, rue de Seine, 1856. In-16.

> Le théâtre défraie naturellement une bonne part de cette intéressante publication.

449. Notice sur le premier opéra russe, en 1755, par Jacques Stählin, 1770. Mars 1855. In-8°.

450. Histoire des Théâtres de province. Bordeaux, par Charles Monselet.

> Extrait de la *Revue de Paris*, 1ᵉʳ octobre 1855. In-8°.

451. Ménandre, étude historique et littéraire sur la comédie et la société grecque, par Guillaume Guizot. Paris, Didier, 1855. In-8°, portr.

Ouvrage couronné par l'Académie en 1853.

452. Guide dans les théâtres. Paris, Paulin, 1855. In-32, fig.

Publié à l'occasion de l'Exposition universelle. Il y avait long-temps que les théâtres de Paris n'avaient été l'objet d'un travail aussi intéressant.

453. L'Opéra italien, de 1548 à 1856, par Castil Blaze. Paris, Castil Blaze, 1856. In-8°.

Voir ce que nous disons au numéro 446. Dans le volume qui nous occupe, l'auteur ne s'est pas même donné la peine de présenter le répertoire général comme il l'a fait pour l'Opéra. Néanmoins, son livre est le plus utile qui ait jamais été écrit sur le Théâtre-Italien de Paris.

454. Albéric Second. La Comédie Parisienne, paraissant tous les dimanches. Paris, Havard, 1856-57. In-12.

26 livraisons ont paru. La chronique théâtrale n'est pas négligée dans cette spirituelle publication. M. A. Second, en sa qualité de rédacteur en chef de l'Entr'acte, se trouvait, on peut le dire, au quartier-général des théâtres.

455. Histoire anecdotique du Théâtre, de la Littérature, et de diverses impressions contemporaines tirées du coffre d'un journaliste, avec sa vie à tort et à travers, par Charles Maurice. Paris, Plon, 1856. 2 vol. in-8°.

M. Charles Maurice, qui a eu le mérite de savoir soutenir un journal de théâtres pendant plus de trente ans, s'attache surtout à justifier sa carrière littéraire et politique. Il y a dans son livre beaucoup trop de personnalités et d'attaques injustes.

456. Charles de Boigne. Petits mémoires de l'Opéra. Paris, librairie nouvelle, 1857. In-12.

Développements plus ou moins historiques, mais très-intéressant, sur certaines particularités de notre théâtre de l'Opéra.

457. Perseverantia. Bühnen-Almanach für Freunde der deutschen Schauspiel-Kunst, herausgegeben von Julius Luqui Rendant des Königstädtischen Theaters. Berlin Möeser 1857. In-8° (avec 8 portr. lith.)

Perseverantia est le nom de l'association des artistes dramatiques d'Allemagne, fondée, à l'instar de celle de France, par M. Schneider, à Berlin.

458. Tableau historique et critique de la poésie française
et du théâtre français au xvi⁰ siècle, par Sainte-Beuve.
Paris, Charpentier,.1857. Gr. in-18.

> Édition revue et très-augmentée. La première est de 1843.

459. Indiscrétions et confidences. Souvenirs du théâtre
et de la littérature, par H. Audibert. Paris, Dentu,
1858. In-18.

460. Deutscher Bühnen-Almanach, herausgegeben von
A. Heïnrich. Berlin, den 1 januar 1858. nI-8°.

461. Mise en scène et représentation d'un opéra en province, vers la fin du xvi⁰ siècle, par Louis Lacour. Paris,
A. Aubry, 1858. In-8°.

462. Théophile Gautier. Histoire, de l'art dramatique en
France, depuis 25 ans (1ʳᵉ, 2ᵉ, 3ᵉ, 4ᵉ série). Paris,
Hetzel, 1858-59. 4 vol. in-18.

463. Les OEuvres de Tabarin avec les aventures du capitaine Rodomont; la Farce des Bossus et autres pièces
tabariniques. Préface et note par Georges d'Harmon-
ville. Paris, Delahays, 1858. In-12 de 488 pages, fig.

> Avec une préface fort intéressante sur l'origine, la vie et les
> écrits de Tabarin et des personnages qui ont porté ce nom.
> Nous profiterons de cette mention pour ajouter à l'histoire du célèbre
> farceur une note qui en recule l'antiquité. Le rédacteur du travail
> que nous citons ne fait remonter le nom de Tabarin qu'à une pe-
> tite brochure imprimée en 1604, et dans laquelle le personnage
> est gratifié du titre de Canaglia Milanese. Or, nous avons sous les
> yeux une comédie intitulée : la Pace, de Marin Negro de Venise,
> dont la première édition est de 1561, et dans laquelle Tabarin rem-
> plit le rôle d'un valet de Bergame et parle le dialecte de cette ville.

464. Recherches sur les mystères qui ont été représentés
dans le Maine, par le R. P. dom P. Piolin, bénédictin
de la Congrégation de France. Angers, 1858. In-8°.

465. Recherches sur l'ancien théâtre de Parades. La Farce
des Bossus, par Champfleury.

> Extrait de l'Univers Illustré. Paris, 1858, avec une gravure sur
> bois.

466. Chansons de Gaultier Garguille, nouvelle édition
suivie des pièces relatives à ce farceur, avec introduction et notes par M. Edouard Fournier. Paris, Jannet,.
1858. In-12.

L'introduction est un excellent travail intitulé : *la Farce et la Chanson au théâtre avant 1660*. C'est l'histoire du théâtre populaire à Paris.

467. **Royal Italian Opera. Drury Lane, season 1859. In-8°.**

468. **Curiosités théâtrales anciennes et modernes, françaises et étrangères, par Victor Fournel. Paris, Delahays, 1859. In-18.**

> Recueil très-intéressant d'anecdotes, de notices biographiques, de faits historiques du théâtre, choisis avec goût et rédigés avec talent.

469. **Le Théâtre-Français. Monument et dépendances, par Charles Maurice, abonné depuis deux mille quatre cents ans. Paris, Garnier frères, 1859. In-8°.**

VI

LÉGISLATION ET ADMINISTRATION DES THÉATRES

470. **Déclaration du roi Louis XIII au sujet des comédiens, 1641. In-4°.**

471. **Requête de M. de Camargo à l'occasion de l'enlèvement de ses filles, à S. Exc. Mgr le cardinal de Fleury, mai 1728. In-8°.**

472. **De la réformation du Théâtre, par L. Riccoboni, 1743. In-12.**

473. **Réflexions sur l'Opéra, relativement aux parties constitutives de ce spectacle, relativement aux moyens de la soutenir et de l'embellir. In-8°. S. A. (1750?)**

474. **Arrêts du conseil d'État du Roi, lettres patentes, actes de société et réglements de MM. les premiers gentilshommes de la chambre du Roi, concernant les comédiens français. Paris, Ballard, 1761, par exprès commandement de S. M. In-8°.**

475. **Lettres sur l'état présent de nos Spectacles, avec des vues nouvelles sur chacun d'eux, particulièrement sur**

la Comédie-Française et l'Opéra. Amsterdam et Paris. Duchesnes, 1765. In-12.

476. Causes de la décadence du goût sur le Théâtre, où l'on traite des droits, des talents et des fautes des auteurs, etc. 2 parties. Paris, Dufour, 1768. Pet. in-8°.

477. Réponse d'un artiste à un homme de lettres qui lui avait écrit sur les waux-halls. Amsterdam et Paris. Dufour, 1769. In-12.

478. La Mimographe ou Idées d'une honnête femme pour la reformation du théâtre national. Amsterdam et La Haye, Goye et Pineh, 1770. In-8°.

Attribué à Retif de la Bretonne.

479. Recueil d'Edits, arrêts du conseil du Roi, lettres patentes, mémoires et arrêts du Parlement en faveur des musiciens. Paris, Ballard, 1774. Par exprès commandement de S. M. In-8°.

480. Lettre à Palissot sur le refus de ses *Courtisanes*, comédie en 3 actes, en vers, par l'auteur de *l'Égoïste*, comédie refusée à Paris, etc. Londres et Paris, Duchesne. s. a. in-12 (1775.)

481. Mémoire à consulter et consultation, pour le sieur Palissot de Montenay, contre la Troupe des comédiens français. Paris, Clousier, 1775. In-4°.

482. Examen des Causes destructives du théâtre de l'Opéra, et des moyens qu'on pourrait employer pour le rétablir ; ouvrage spéculatif, par un amateur de l'harmonie. A Londres et à Paris. Veuve Duchesne, 1776. In-8°.

483. Déclaration du Roi, portant réglement pour les Spectacles établis à la suite de la cour ; les appointements des comédiens, etc., donné à Versailles, le 18 août 1779. In-4°.

484. Entretiens sur l'État actuel de l'Opéra de Paris (par Coqueau, architecte.) Amsterdam et Paris, Esprit, 1779. In-8°.

485. Observations sur la Nécessité d'un second Théâtre Français, 1780. In-12.

486. Réglement pour les Comédiens français ordinaires du Roi. Paris, Ballard, 1781. Extrait des registres du conseil d'Etat du Roi. In-8°.

487. Arrêts du conseil d'État du Roi, lettres patentes, acte de société, administration intérieure et réglements pour les Comédiens italiens ordinaires du Roi. S. L, 1782. In-8°. Arrêt du conseil d'Etat du Roi, du 25 décembre 1779. In-8°.

488. Réponse pour M. le duc de Chartres, contre le prévôt des marchands et échevins, (au sujet de la salle de l'Opéra). Paris, S. A. in-4°. (1781 ?)

489. La réforme des Théâtres, ou vues d'un amateur sur les Moyens d'avoir toujours des acteurs à talents sur les théâtres de Paris, etc., par Saint-Aubin. Paris, 1787. In-8°.

490. Courtes réflexions sur l'état civil des Comédiens, par M. J. de Chenier. Paris, Lejay, 1789. In-8°.

491. De la liberté du Théâtre en France, par J. de Chenier, 1789. S. L. in-8°.

492. Arrêt du Parlement au sujet du Théâtre Mareux, du 11 juillet 1789, collationné Robin et Du Franc. In-4°.

493. La Régération des Comédiens en France ou leurs droits à l'état civil, par M. Laya. Paris, Laurent Junior et Cressonnier, 1789. In-32.

494. Réflexions sur les Comédiens. In-8°. (1790 ?)

495. Mémoire sur la Propriété littéraire en général, et spécialement sur celle des auteurs dramatiques. In-8°. (1790.)

496. De l'Organisation des Spectacles de Paris ou essai sur leur Forme actuelle, sur les Moyens de l'améliorer, etc., dédié à la Municipalité, (par Framery.) Paris, Dubuisson, 1790. In-8°.

497. Réflexions en faveur de MM. les Comédiens français, contre les prétentions de plusieurs de MM. les auteurs, par M. D... A... B..., 1790. In-8°.

498. Réflexions sur la Pétition des auteurs dramatiques. Paris, 1790. In-8°.

499. Mémoire concernant les droits respectifs des Auteurs dramatiques et des Entrepreneurs de Spectacles. S. L. et A., (par Hoffmann,) (1790 ?) In-4°.

500. Justification des Comédiens français. Opinions sur les Chefs d'œvres des auteurs morts, et projet de décret, portant réglement entre les Auteurs dramatiques et les Comédiens du royaume. (Potier de Lille,) 1790. In-8°.

501. Sur la liberté des Théâtres, par Millin de Grandmaison. Paris, Lagrange, 1790. In-8°.

502. Observations pour les Comédiens français, sur la pétition adressée par les Auteurs dramatiques à l'assemblée nationale. Paris, Prault, 1790. In-8°.

503. Observations pour les Comédiens français ordinaires du roi, occupant le Théâtre de la Nation, sur le rapport fait à la Commune de Paris, etc., ib., Prault, 1790. In-8°.

504. A M. le Président du comité de Constitution, (lettre signée : Pariseau.) Pétition des Auteurs dramatiques qui n'ont pas signé celle de M. de La Harpe. (1790) In-8°.

505. Discours sur la liberté du Théâtre, prononcé par M. de La Harpe, le 17 décembre 1790, à la Société des amis de la Constitution. In-8°.

506. Observations sur la dénonciation de la Corporation des auteurs dramatiques. (1790.) In-8°.

507. Pétition de la Comédie Française à l'Assemblée nationale. (1791.) In-8°.

508. Municipalité de Paris, administration des Établissements publics. Rapport sur l'Opéra, présenté au Corps municipal, le 17 août 1791, par J.-J. Leroux. Paris, 1791. In-8.

509. Pétition des directeurs de Spectacle de la ville de Marseille à l'Assemblée nationale. Paris, imp. de Chalons, 1791. In-8°.

510. Réglement des Comédiens français ordinaires du Roi. (1791.) In-8°.

511. Mémoire présenté au conseil d'État par les Auteurs dramatiques. (Lenormant.) S. L. et A. In-4°, (1792.)

512. Extrait des registres des délibérations de la Comédie Française. (Février 1791.) In-8°.

513. Mémoire pour Jean-François Cailhava en réponse à des défenses faites par les Comédiens français aux directeurs du théâtre du Palais-Royal, de jouer ses pièces. S. A. In-4°. (1791 ?)

514. Rapport fait aux auteurs dramatiques sur le Traitement proposé par la Comédie Française en 1791, et délibération prise à ce sujet. Paris, Du Pont, 1791. In-8°.

515. Rapport fait par M. Le Chapelier au nom du Comité de constitution, sur la pétition des auteurs dramatiques dans la séance de jeudi 13 janvier 1791, avec le Décret rendu dans cette séance. Imprimé par ordre de l'Assemblée nationale. Paris, 1791. In-8°.

516. Pétition à l'Assemblée nationale, par P. Aug. Caron de Beaumarchais, contre l'usurpation des Propriétés des auteurs, etc. 25 décembre 1791. In-8°.

517. Réponse de M. Dalayrac à MM. les Directeurs de Spectacles, réclamant contre deux décrets de l'Assemblée nationale de 1789, lue au comité de l'Instruction publique, le 26 décembre 1791. In-4°.

518. Mémoire pour Mme de Gouges, contre la Comédie Française. S. D. (1791.) In-4°.

> Relatif au drame l'*Esclavage des Noirs*. L'auteur y révèle des faits de vénalité de la part de Molé, qui semblent indignes d'un homme d'honneur.

519. Adresse aux Représentants de la nation. In-4°. S. D. (1791.)

> Par Mme de Gouge, au sujet du même drame l'*Esclavage des Noirs* que les comédiens français refusaient de représenter.

520. Observations du sieur Flachat, fondé de pouvoirs de différents spectacles de province. (1791.) In-8°.

521. Pétition adressée à l'Assemblée nationale par les

auteurs dramatiques, sur la représèntation, en France, des pièces françaises, traduites en langue étrangère. Paris, Dupont, 1791. In-8°.

522. Commission d'Instruction publique. Spectacles. Extrait des registres des arrêtés du Comité de salut public. An II. prairial. In-8°.

523. Les Auteurs dramatiques soussignés, aux Représentants de la république française. Pétition. S. D. (1793.) In-4.

524. Dernière réponse des auteurs dramatiques aux derniers écrits des entrepreneurs dé spectacle des départements, notamment à ceux qui portent pour titre : *Observations sommaires* etc., et pétition présentée à la Convention nationale. S. D. (1793.) In-4°.

525. Essai sur la Propagation de la Musique en France, sa conservation et ses rapports avec le Gouvernement, par J.-B. Leclerc. Paris, Imp. National, an IV. In-8°.

526. Organisation du Conservatoire de musique. Imprimé aux frais des Amis des arts. A Paris, imprimerie de la République. Brumaire an V. In-8°.

> Contenant les lois et règlements établis à la fondation de cet établissement, sur la proposition de Sarrette.

527. Instruction publique. Conservatoire de musique. Eclaircissements sur le Conservatoire de musique, adressés à la Commission des dépenses, etc. Paris, impr. de la République. Brumaire an V. In-8°.

> Signé : Gossec, Grétry, Mehul, Lesueur, Cherubini et Sarrette.

528. Ecole dramatique de l'Odéon. In-8°, (1er frimaire an VI.)

529. Essais sur les Moyens de faire participer l'universalité des Spectateurs à tout ce qui se pratique dans les Fêtes nationales. Lu à la Classe des sciences morales et politiques de l'Institut national de France, dans la séance du 22 vendemiaire, an 6e de la République, par L. M. Revellière Lépeaux de l'Institut. Paris, Jansen, an VI.

530. Apperçu *(sic)* sur les Causes des progrès et de la décadence de l'Art dramatique en France, etc., par J. F. Defortier. Lu à l'École centrale de Seine-et-Marne, an VII. In-8°.

531. Réglement du Théâtre Français de la République. s. l. n. d. In-8° (1799?)

532. Réglement du Théâtre de la République et des Arts. (An VII.) In-4°.

533. Causes de l'état actuel de pénurie du Théâtre de la République et des Arts, suivies des moyens de liquider sa dette et d'opérer sa restauration, par J. P. D. Thibaudeau. Paris, chez l'auteur, an VIII. In-8°.

534. Mémoires et comptes relatifs à la réunion des artistes français, et à l'administration des trois théâtres de la République, de l'Odéon et de Feydeau, par le citoyen Sageret. Paris, Letellier. Brumaire an VIII. In-4°.

535. Réponse des comédiens du Théâtre-Français de la République, au citoyen Sageret. Impr. de Ballard, (an VIII.) In-4°.

> Factum signé par Molé, Monvel, Dugazon, Dazincourt, Vanhove, Bellemont, La Rochelle, A. Baptiste aîné, F. Talma, Michot, Dubus, Champville, Caumont, Duval, Damas, Armand, Dublin, Marchand, R. Vestris, Lachassaigne, Vᵉ Suin, Devienne, C. Vanhove, J. Mezeray, Emilie Contat, Desbrosses, B. Mars, Hopkins.

536. Observations sur les Théâtres. (1800?) In-8°.

537. Un mot sur le théâtre des Arts au ministre de l'Intérieur. Paris, an VIII. In-8°.

538. Gesetze des bremischen Theaters. s. d. n. l. (Brême Friedrich Meiers Erben 1800?)

539. L'amateur du Théâtre-Francais, ou observations critiques sur les causes de la ruine de ce théâtre, par F.-L. D. Paris, Barba. An IX.

540. Mémoire pour J.-F. Lesueur, l'un des inspecteurs du Conservatoire de Musique, au conseiller d'État, chargé de la direction de l'Instruction publique. En réponse aux calomnies contre Lesueur par Sarrette, etc., par le

citoyen C.-P. Ducancel. Paris, Goujon fils, 1802. In-8°.

541. Sur l'état actuel du Théâtre de la République, par un amateur qui a vu, qui voit et qui lit dans l'avenir. Paris, an x. In-8°.

542. Sur les Spectacles, par l'auteur de *Podalire* et de l'*Aristenète français*. Paris, Le Petit jeune, an x. In-8°.

543. De l'Opéra en l'an xii, par M. Bonet de Treiches, ex-législateur, directeur de l'Académie Impériale de Musique. Paris, Ballard, an xii (1804). In-4°.

544. Règlement pour l'Académie Impériale de Musique, du 1er vendémiaire an xiv (23 septembre 1805). In-4°.

545. Statuts, règlements, tableaux des membres et discours de la Société académique des enfants d'Apollon. (De 1806 à 1824.) 12 brochures in-4° et in-8°.

546. Décret concernant les Théâtres, du 8 juin 1806. In-4°.

   Contresigné Maret.

547. Décret impérial relatif aux Théâtres, du 8 août 1807. In-4°. -

   Contresigné Maret.

548. Mémoire au Conseil d'État pour la dame veuve Nicolet, propriétaire du Théâtre de la Gaîté, contre le sieur Blonde du Fossez, locataire, etc., décembre 1807. In-4°.

549. Les causes de la décadence du théâtre et les moyens de le faire refleurir, par Cailhava. Paris, Moronval, Debray, 1807. In-8°.

550. Extrait des minutes de la secrétairerie d'État. 1er novembre 1807. (*Sur la surintendance des grands théâtres*). In-4°.

551. MS. Compte des recettes et dépenses de l'Académie Impériale de Musique, rendu à M...... aux termes de l'art. 20 du règlement. Exercice de l'an 1808. In-fol.

552. Quelques réflexions sur l'Art théâtral, sur les causes

5

de sa décadence, et sur les moyens à employer pour rappeler la scène française à son ancienne splendeur, par A. Ricord. Paris, Pillet, 1811. In-8°.

Il y a une dernière édition de 1818.

553. Mémoire du sieur Dupré-Nyon, ex-directeur de spectacles. A Caen. Poisson, 1811. In-8°.

554. Décret impérial sur la surveillance, l'organisation, l'administration, la comptabilité, la police et la discipline du Théâtre-Français, daté de Moscou, le 15 octobre 1812. In-4°.

Contresigné duc de Cadore.

555. Le Public, Mlle Mars et Mlle Leverd. In-8°. (1812.)

556. Quelques réflexions d'un homme du monde sur les spectacles, la musique, le jeu et le duel. Paris, Porthmann, 1812. In-8°.

557. Les infiniment petits, ou Précis anecdotique des événements qui se sont passés à l'Odéon les 22 et 29 novembre 1812, etc., par André Marville. Paris. Delaunay, 1813. In-8°.

558. Des moyens de prévenir la décadence de l'art du comédien et d'assurer le sort de ceux qui exercent cet art, par A.-J. Dumaniant. Paris, Barba, 1813. In-8°.

559. Essai sur l'état actuel des théâtres de Paris et des principales villes de l'Empire; leurs administrations, leurs acteurs, leur répertoire, les journalistes, le Conservatoire, etc., par J.-D. B. Paris, L'Huilier, 1813. In-8°.

Nous ne trouvons cet ouvrage dans aucun catalogue spécial; l'auteur est imbu des préjugés de son temps; il réclame l'intervention du gouvernement dans les affaires théâtrales, et s'élève surtout contre les mélodrames.

560. Plan d'une organisation générale de tous les théâtres de l'Empire, par M. Fay. Paris, Bailleul, 1813. In-8°.

561. De l'Anarchie théâtrale, ou de la Nécessité de remettre en vigueur les lois et les règlements relatifs aux différents genres des spectacles de Paris, par Hapdé. Paris, Dentu, 1814. In-8°.

562. Discours sur les moyens de faire concourir les théâtres à la perfection du goût et à l'amélioration des mœurs, par A. Delpla. Paris, Dentu, 1814. In-8°.

563. Ordonnance sur la surveillance, l'organisation sociale et l'administration du Théâtre-Français, du 14 décembre 1816. In-4°.

Contresigné duc de Duras.

564. Règlement intérieur du Théâtre-Français. 1816. In-8°.

565. Des grands et des petits théâtres de la capitale, par Hapdé. Paris, Lenormant, 1816. In-8°.

566. Les Théâtres, Lois, Règlements, Instructions, Salles de spectacle, droits d'auteur, etc., par un amateur (Grille). Paris, Eymery, 1817. In-8°.

567. Réflexions sur l'art théâtral, sur les causes de sa décadence et sur les moyens de ramener la scène française à son ancienne splendeur, 4e édition, par Ricord aîné. Paris, Petit, 1818. In-8°.

568. Académie Royale de Musique. Arrêté de M. de Pradel, ministre, etc., sur le jury littéraire et musical, etc. 7 avril 1818. In-4°.

569. Mémoire à consulter et Consultation pour le sieur Julien, propriétaire de la salle du Théâtre-Français, contre S. A. R. Mgr le duc d'Orléans (31 janvier 1818). In-4°. — Points de fait et de droit les plus importants pour les adjudicataires originaires de la salle du Théâtre-Français, contre le duc d'Orléans. (1818.) In-4°. — Résumé servant de réponse pour M. Julien, contre S. A. R. le duc d'Orléans. 1818. In-4°. — Observations de M. Julien, additionnelles à l'exposé des faits de son mémoire à consulter. (1818.) In-4°.

570. Réflexions sur les priviléges des directeurs de spectacle et les droits des auteurs dramatiques, suivis d'un nouveau système d'organisation théâtrale, essentiellement relatif aux troupes de province, par Singier, directeur des théâtres de Nismes, etc. Nismes, 1818. In-8°.

571. Considérations sur les théâtres, et de la nécessité d'un second Théâtre-Français, augmenté d'une lettre à M. Picard, par M. F. de Prarly. Paris, Delaunay, 1818. In-8°.

572. Idées sur les deux Théâtres-Français, sur l'École royale de déclamation, etc., Paris, Brianchon, 1819. In-8°.

573. Règlement pour le second Théâtre-Français. Paris, 1819. In-8°.

574. De la Propriété dramatique, du plagiat et de l'établissement d'un jury littéraire, par J.-B.-A. Hapdé. Paris, 1819. In-8°.

575. Des Théâtres et de leur organisation légale, par M. Michel Hennin. Paris, Merlin, 1819. In-8°.

(Nous trouverons plus loin un autre travail remarquable de M. Hennin, l'illustre auteur des « Monuments de l'histoire de France.»)

576. Tontine théâtrale ou Caisse des pensions de retraite. Projet. Paris, 1819, In-8°.

577. Lettre à MM. les premiers gentilshommes de la Chambre du Roi, par M. Bohaire-Dutheil. Meaux et Paris, chez Duchesne. 1819. In-8°.

578. Observations sur le rétablissement d'un second Opéra-Comique, par un amateur. Paris, Ladvocat, 1820. In-8°.

579. De la liberté des Théâtres dans ses rapports avec la liberté de la Presse. Paris, Barba, 1820. In-8°.

580. Plus de rideau, lettre sur les Théâtres adressée à M. de Prarly, par Maxime de Villemarest. Paris, Ponthieu, 1821. In-8°.

581. Règlement de l'Académie Royale de Musique. Paris, Ballard, 1821. In-4°.

582. Simonin. Du Public, de l'Autorité et du Théâtre en 1821.

583. Sul reggimento dei pubblici teatri, idee economiche applicate praticamente agli II. RR. Teatri alla Scala ed

alla Canobbiana in Milano, del cav. Angelo Petracchi,. Milàno. Tip. del Dʳ Giulio Ferrario. 1821. In-8°.

584. De l'Influence des théâtres, et particulièremenf des théâtres secondaires sur les mœurs du peuple, par J.-B.-L. Camel. Paris, 1822. In-8°.

585. Académie royale de Musique, extrait de l'arrêté de S. Exc. le Ministre de la Maison du Roi, du 1ᵉʳ mars 1822. In-4°.

586. Lettre à M. le marquis de Lauriston, Ministre de la Maison du Roi, sur l'état actuel de la scène française, etc., par un comédien. Paris, Ponthieu, 1822. In-8°.

587. Le Théâtre-Français, Mˡˡᵉ Georges Weymer et l'Odéon, etc., par Ferdinand S. L. Paris, Ladvocat, 1822. In-8°.

588. De la Situation des théâtres dans les départements, et des moyens de prévenir la décadence totale de l'art théâtrale, etc., par A.-J. Dumaniant. Paris, Barba, 1823. In-8°.

589. Réflexions sur les comités dramatiques de lecture de Paris, Ladvocat, 1823. In-8°.

590. *Théâtre Royal de l'Opéra-Comique.* Règlement concernant MM. les sociétaires, pensionnaires, etc. Paris, David, impr., août 1824. In-8°.

591. Consultation par plusieurs sociétaires du Théâtre-Français, contre M. A.-G.-L. Devigny. 1825. In-4°.

592. Conclusions pour MM. Armand et Cartigny, et Mᵐᵉˢ Tousez, Bourgoin, Rose Dupuis et Dupont, contre Devigny. In-4° (1825?)

593. Lettre sur les Théâtres à M. le vicomte de Larochefoucauld, chargé du département des Beaux-Arts. Paris, Duvernois, 1825. In-8°.

594. Seconde lettre à M. le vicomte de La Rochefoucauld, chargé du département des Beaux-Arts. Paris, Duvernois, 1825. In-8°.

595. Le Directeur de spectacle destitué. Manifeste de Dupré-Nyon, doyen des directeurs, ex-breveté pour le 1ᵉʳ arrondissement. (Nord et Pas-de-Calais.) 1826. In-8°.

596. Observations pour MM. les acteurs sociétaires du Théâtre-Français sur le mémoire de Locré de Saint-Julien. In-4°.

(Contre les prétentions de ce dernier au sujet de l'impôt dit des indigents.) 1827.

597. Du Théâtre, par M. D.-L. Paris, Ponthieu, 1827. In-8°.

598. Théâtre Royal de l'Opéra-Comique. (Documents officiels.) Pet. in-4°. 1827.

599. Consultation pour MM. les sociétaires du Théâtre Royal de l'Opéra-Comique, contre M. le Directeur de l'administration. (16 août 1827. In-4°.)

Signé : Petit, d'Hauterive, Berryer, Parquin, Mérilhou, Nicod.

600. Lettre des sociétaires prétendus révoltés du théâtre royal de l'Opéra-Comique à M. Guilbert de Pixérécourt, directeur. Paris, Fournier, 1827. In-8°.

601. Mémoire pour Pierre Victor contre M. le baron Taylor, suivi d'une Consultation, etc. Ponthieu, 1827. In-8°.

602. Mémoire pour MM. les sociétaires du théâtre royal de l'Opéra-Comique. (1827.) In-8°.

603. Second Appendice au mémoire pour Pierre Victor contre M. le baron Taylor. (1827.) In-8°.

604. Sur l'Opéra et sur le danger auquel il vient d'échapper. Paris, Pihan-Delaforest. (1828.) In-8°.

605. Plaidoyer pour la ville de Marseille, défenderesse, contre la compagnie propriétaire du Grand-Théâtre, demanderesse. Avril, 1828. In-4° de 138 pages.

Signé : Claudon fils, avocat.
— Desolliers, fils, avoué.
— M. Ollivier, substitut, portant la parole.

606. Considérations sur l'Art dramatique et les Comédiens, sur les causes de la décadence des théâtres et les moyens de la prévenir, par C. Robillon, directeur du théâtre de Versailles. Versailles et Paris, 1828. In-8°.

607. Mémoire pour la Comédie Française sur le travail de la commission des théâtres royaux. Paris, Vᵉ Ballard, 1828. In-4°, 32 pages.

> Un second mémoire a paru sous le même titre; c'est la reproduction du premier avec quelques variantes et des additions, 47 pages; l'un et l'autre sont signés Charrié, avocat, Dejoly, Bonnet, Collin, etc.

608. Observations du conseil de la Comédie Française, contre Mˡˡᵉ Georges Weymer. In-4°. (1828.)

609. Opinion de M. le vicomte de la Rochefoucauld, sur les subventions aux théâtres royaux. (Séance du 15 juillet 1828.) In-8°.

610. Consultation pour Pierre Victor, artiste du Théâtre-Français, contre M. le baron Taylor, par M. Grand, avocat. Paris, Delaforest, 1828. In-8°.

611. Des Journaux et des Théâtres. Paris, impr. de David, 1828. In-8°.

612. Du Marasme dramatique, par Merle. 1829.

613. Mémoire à l'appui de la demande d'un privilége pour l'établissement d'un théâtre dramatique faubourg Saint-Antoine, par Goffy. In-4°. S. A. (1829.)

614. Code des Théâtres ou Manuel à l'usage des directeurs, entrepreneurs, actionnaires de spectacles, des auteurs, artistes, etc., par MM. A Vulpian et Gauthier. Paris, Warée aîné, 1829. In-18, de 440 pages.

615. Chambre des Députés. Exposé des motifs et projet de loi sur les représentations théâtrales, présenté par le Ministre de l'Intérieur, etc., séance du 19 janvier 1830. In-8°.

616. Aurons-nous un théâtre royal de l'Opéra-Comique? par l'auteur de 4 et 5 font 3. Paris, Guery et Cie, juin 1830. In-8°.

617. Aperçu de la question des Théâtres et projet d'un nouveau système d'organisation, présenté à MM. les membres de la Commission dramatique, par M. Mira, ancien administrateur des *Variétés*. Paris, Mesnier, 1830 (septembre). In-8°.

618. Théâtres. Liberté, liberté! par Dupuis Delcourt. Paris, 1830. In-8°.

619. Réflexions sur la liberté des Théâtres soumises à MM. les Membres de la Commission dramatique, par M. Dormeuil, régisseur général du Gymnase-Dramatique. Paris, Riga, 1830. In-8°.

620. De l'Abolition des priviléges et de l'Émancipation des Théâtres, par M. Etienne Gosse, membre de la Société philotechnique. Se vend au profit des blessés. Paris, Delaunay et Barba. 1830. In-8°.

621. Mémoire pour la Comédie Française sur le travail de la commission des théâtres royaux, etc. Paris, Vinchon, 1830. In-4°.

622. Traité de la législation des Théâtres, par MM. Vivien et Edmond Blanc. Paris, 1830.

623. Théâtre du Vaudeville. Analyse des moyens développés par M. Couture aux audiences du 28 janvier et 4 février derniers (1831?) (par Berard.) In-8°.

624. Observations adressées aux deux Chambres sur le projet de loi relatif aux théâtres. (1831.) In-8°.

625. Coup d'œil sur les Théâtres du Royaume, par M. A.-L. Saint-Romain. Paris, Delaunay, 1831. In-8°.

626. Théâtre de la Porte Saint-Antoine, acte de Société. Impr. de Félix Loquin, (1832.) In-8°.

627. A MM. les Membres de la Chambre des Députés. Subvention pour le théâtre de l'Opéra-Comique. Paris, Impr. Selligue, 1832, In-8°.

628. Report from the select committee on dramatic litterature with the minutes of evidence (ordered by the House of Commons to be printed. 2 August 1832.) In-fol. petit.

> Enquête faite en Angleterre sur la situation des théâtres. Publication fort intéressante, surtout si on la rapproche de l'enquête faite à Paris en décembre 1849. (Voir le N° 681.)

629. De la nécessité d'un second Théâtre-Français, par le baron de Cès-Caupenne, directeur de l'Ambigu-Co-

mique. Paris, Barba, 1832, et 2me publication 1833. —
2 brochures in-8°.

630. Conventions faites entre les auteurs dramatiques et
le directeur de la Porte-Saint-Martin. (Harel). Paris,
11 avril 1832. In-8°.

631. Discussion pour le Théâtre-Français contre l'ancienne Liste civile et contre le Trésor public. In-4°.
(1832?)

> Au sujet des dettes de la Comédie-Française, que Charles X avait
> prises à sa charge.

632. Plaidoyer pour le Théâtre-Français, contre l'ancienne
Liste civile et le Trésor public, par Charrié et Deque-
vauvillier. In-4°.

633. *Théâtre de l'Opéra-Comique.* — Observations de l'un
des propriétaires de la salle Ventadour, en réponse au
discours prononcé par le ministre, etc. Paris, Everat,
1832. In-8°, gr.

634. Du Théâtre et des droits des Auteurs en Belgique,
par Carmouche. Paris, (1833.) In-8°.

> Voir plus loin un autre ouvrage du même auteur.

635. Le Théâtre royal de l'Opéra-Comique, considéré
sous le rapport de l'exploitation, par J.-L. Henry, ancien caissier. Paris, Bréauté, 1833, gr. In-8°.

636. Réclamation de MM. les Directeurs des Théâtres de
Paris, au sujet de l'impôt établi sous le nom de *Droit
des Pauvres.* (1833.) Paris, David. In-8°.

637. Du privilége des Théâtres de la banlieue. Observations d'un intéressé, accompagnées d'un plan explicatif
de la position respective des Théâtres de Paris, etc.
Paris, Duvernois, 1834. In-8°, avec planche.

638. Documents pour servir à l'Histoire du Théâtre-Français sous la Restauration, ou Recueil des Écrits publiés
de 1815-1830, par Pierre Victor. Paris, Guillaumin,
1834. In-8°.

639. Traité de MM. les Auteurs dramatiques et M. Cros-
nier, directeur du théâtre de l'Opéra-Comique. (1834.)
In-4°.

640. Rapport fait à la Chambre des Députés sur la cession de l'ancien emplacement de l'Opéra, par M. Ganneron. 8 avril 1836. In-8°.

641. Chambre des Députés. Exposé des motifs et Projet de Loi, relatifs à la cession de l'emplacement de l'Opéra. (25 mars 1836.) In-8°.

642. Chambre des Pairs. Projet de Loi relatif à la cession de l'ancien emplacement de l'Opéra. (22 avril 1836.) In-8°.

643. Galateo dei Teatri. Milano, Truffi, 1836. In-12.

> Guide de la politesse dans les théâtres.

644. L'art dramatique et les Subventions théâtrales vus de Province. Lettre à MM. Fulchiron et Liadières, par Nestor Urbain). Paris, au bureau de la France départementale, 1836. In-12.

645. Des encouragements aux Beaux-Arts et des subventions théâtrales, par Kératry. In-8°.

> Extrait de la *Revue de Paris* du 11 juin 1837.

646. Italienische Skizzen von Carl Czoernig. Mailand, Pirotta, 1838. 2 vol. in-12.

> Le second volume renferme un travail sur les théâtres d'Italie au point de vue administratif, basé sur les documents officiels. Balbi en a extrait la statistique des théâtres lombards-vénitiens, insérée dans ses *Scritti*. (Voir le N° 652.)

647. Le Théâtre-Français depuis 50 ans ; lettre à M. de Montalivet, par Alexandre Duval. Paris, Dufey, 1838. In-8°.

648. Quelques observations sur l'emploi de la subvention accordée à l'Académie Royale de Musique. S. A. In-8°. (Locquin, 1839.)

649. Saggio di economia teatrale dedicato alle melodrammatiche scene italiane da Gius° Rossi-Gallieno. Milano, Rusconi, 1839. In-8°.

650. Annuaires de l'Association des Artistes dramatiques, reconnue, etc. 1840-1859. In-8° et In-18.

651. Association des Artistes dramatiques. Rapports de
M. Samson au nom de la Commission. Paris, Duverger,
1840-56. In-8°.

652. Lettres sur le Théâtre-Français, en 1839 et 1840.
(Signées Urbanus.) Paris, Tresse, 1841. In-8°.

653. Scritti geografici, statistici e varii di Adriano Balbi
raccolti ed ordinati per la prima volta da Eugenio
Balbi. Torino, Fontana, 1841. 4 vol. In-12.

> Le premier volume contient un résumé de la statistique des
> théâtres de la haute Italie.

654. Recherches sur les causes de la Décadence des Théâtres et de l'Art dramatique en France, par J.-P. Vallier.
Paris, 1841. In-8°.

655. Mémoire pour M. et Mme Alexis Dupont, artistes de
l'Académie royale de Musique (signé Coffinière, avocat,)
(1841.) In-8°.

656. Du Théâtre-Français. A MM. les Députés. Paris,
Impr. adm. 1842. In-8°.

657. Des Femmes Artistes, élégantes, attachées aux théâtres, et d'une Association mutuelle ayant pour but d'assurer leur état présent et de garantir leur avenir. Paris, à la Maison Dorée, 1842. In-8°.

658. Simples observations sur un vaste projet pour l'exploitation des théâtres de Bordeaux. (Signé T. Laffitte.)
Ib. 1842. In-8°.

659. L'Association des Auteurs dramatiques à ses adver-
saires, (par Scribe, Guyot, etc., 1842?) In-8°.

660. Annuaire de l'association des Artistes musiciens,
fondée en janvier 1843, par le baron Taylor, etc. 1853.
In-18.

661. Commission spéciale des Théâtres Royaux. Recueil
d'ordonnances, décrets et documents divers. Paris,
Guyot, 1844. In-4°.

662. Vivien. Études administratives. Paris, Guillaumin,
1845. 2 vol. in-12.

663. La Manière de faire recevoir une pièce au Théâtre Royal de l'Odéon, par Constant Hilbey, ouvrier. Paris, Lehongris, 1845. In-8°.

664. Académie royale de Musique. Note pour M. Léon Pillet, directeur, contre M. Italo Gardoni. Audience du 9 décembre 1846. Tribunal de Commerce. Paris, impr. Delanchy, 1846. In-4°.

665. De l'Opéra en 1847, à propos de *Robert Bruce*, des Directions passées, de la Direction présente, etc., par M. Louis Desnoyers. Paris, Delanchy, 1847. In-8°.

666. De la Réforme théâtrale ou la Guerre des Treize contre le Théâtre-Français, par un quatorzième. Sommaire, etc. Paris, Albert frères, rue de Louvois, 1847. Gr. in-8°.

667. La Vérité sur l'Opéra, réponse au mémoire de M. Léon Pillet, par Escudier. Extrait de la France Musicale.) Paris, 1847. In-8°.

668. Affaire Sax. Réquisitoire de M. de Gaujal, etc. 9 mars 1847. In-8°.

669. Mémoire pour la Réorganisation du Théâtre-Français, et protestation des écrivains contre sa marche actuelle, sous la direction exclusive du Comité sociétaire. Paris, Albert, 1847. In-8°.

670. Mémoire en faveur de la Comédie Française adressé à la Chambre des Députés, par Fauvetty. Paris, Proux. 1847. In-8°.

671. Renaissance de l'Art théâtral en Province. Centralisation de l'Exploitation théâtrale des villes de 2ᵉ classe. Bordeaux, 1867. In-4°.

672. Aux Musiciens impartiaux. Organisation du travail. Plan de réforme musicale appliquée au Conservatoire, etc., par le citoyen A. Devillebichot. Paris, chez les éditeurs de musique, 1848. In-8°.

673. Création d'un théâtre d'essai. Mémoire. Paris, Masgana, 1848. Gr. in-8°.

Par Adolphe Nouville.

674. Réforme théâtrale, suivie de l'esquisse d'un Projet de loi sur les théâtres, par Hipp. Hostein. Paris, Desserts, 1848. In-8°.

675. The Case of Bunn versus Lind, tried at the court of the Queen's bench before M. Justice Erle and a special Jury on february 22. 1848, with series of letters, etc., by Alfred Bunn. London, Johnson, 1848. In-8°.

676. Projet de Réforme théâtrale en province, proposé pour Bordeaux, par C. Destrem. Bordeaux, Imp. Durand, 1848. In-8°.

> Avec un tableau synoptique des recettes du théâtre de 1833 à 1844.

677. Réorganisation des Théâtres. Projet d'association générale pour l'Exploitation des théâtres de la Province, par le citoyen A. Deveria. Lyon, Boitel, 1848. In-8°.

678. Question d'honneur littéraire et artistique. A bas la Claque! par Emile Segaud. Paris, 1849. In-12.

679. Lettre à un Journaliste sur les Théâtres, par M. A. (Michel Hennin.) Paris, janvier, 1849. In-8°.

680. De la décadence de l'art dramatique et de ses causes, et des moyens d'y remédier, par Edouard Marteau, Paris, Dentu, 1849. In-8°.

681. Observations de l'administration générale de l'assistance publique à Paris sur le Mémoire des directeurs de théâtre contre l'impôt des indigents. Paris, décembre 1849. In-4°.

> Tiré à petit nombre; non vendu.

682. Conseil d'État, section de législation; Commission chargée de préparer la loi sur les théâtres; Enquête et documents officiels sur les théâtres. Paris, Imp. nationale, décembre 1849. In-4°.

683. Journal des Economistes et de la Statistique. Paris, Guillaumin, livraisons d'août et novembre 1849, et de mai 1850. (Tomes 24 et 26.)

> Renfermant des articles de M. Molinari sur les théâtres au point de vue administratif. Le savant économiste démontre l'absurdité du système des priviléges, et de la fixation des genres.

684. Code de commerce contenant une nouvelle corrélation des articles, par Teulet. Paris, Videcoq. In-32. 1850.

685. De la nécessité d'une commission d'examen préventif des ouvrages dramatiques, et d'une loi réglementaire et conservatrice des priviléges des théâtres. Pétition adressée à l'Assemblée nationale législative, le 25 juin 1850. Paris, 1850. In-8°.

Extrait de la *Revue et Gazette des théâtres.*

686. Organisation des théâtres de la province en France, la ville de Paris exceptée. Paris, Michel Lévy, 1850. In-18 angl.

687. Traité de la police administrative des théâtres de la ville de Paris, par M. Simonet. Paris, Thorel, 1850. In-8o.

688. *L'Indépendance et l'Observateur belge* contre l'administration des théâtres royaux de Bruxelles. Affaire des affiches, 1re partie. Audience des 26 septembre, 2, 9, 14, 21 et 22 novembre 1850. Bruxelles, 1850. In-16 de 238 pages.

689. Direction théâtrale. Révocation. Conseil d'État. Section du contentieux. Mémoire pour M. Ronconi, directeur du Théâtre Italien. Paris, Plon. 1850. In-4°.

690. Larussa. (Cavᵉ. Ant.) Pensamenti sul modo di determinare il grado di merito degli artisti teatrali e fissarne la relativa compensazione. Napoli 1850, 32 pages. In-8•.

691. Collection des rapports faits par M. Samson, sociétaire de la Comédie Française, premier vice-président du comité et de l'association de secours mutuels entre les artistes dramatiques. Années 1840 à 1851. Paris, 1851. Grand in-8°.

692. Code manuel des artistes dramatiques et des artistes musiciens, par Emile Agnel, avocat. Paris, Mansut. s. d. (1851.) In-12.

693. Annuaire de l'association de secours mutuels entre les artistes dramatiques, fondée en 1840 par le baron Taylor. Paris, 1852. In-8°.

694. Législation de la propriété littéraire collationnée sur les textes officiels , par Jules Delalain. Paris, novembre 1852. In-12.

695. Observations tendantes à une modification du droit des indigents sur les spectacles (1852).

> Signé Contat-Desfontaines (Dormeuil), directeur du théâtre du Palais-Royal. Autographié et tiré à petit nombre.

696. Histoire et statistique des théâtres de Paris, par M. Natalis Rondot. Paris, Guillaumin , 1852. Gr. in-8°.

697. Mémoire à la Cour impériale de Paris sur la contestation relative au décor età la représentation de la tragédie d'*Hippolyte Stéphanephore*, dans la salle Ventadour, par *Sébastien Rhéal*, 1853. In-4°.

698. Mai 1853. Association des auteurs et compositeurs dramatiques. Répertoire musical. Paris, imp. Dondey-Dupré, 1853. In-12.

> Relatif à la propriété des airs adaptés à des vaudevilles, avec la liste des compositeurs qui ont donné leur assentiment à l'emploi de leurs airs.

699. Deutsches Bühnenwesen , ein Handbuch für Alle welche auf irgend eine Weise mit dem Theater in Beziehung stehen, von Franz von Holbein. Erster Theil. Wien, Gerold und Sohn 1853.

> C'est la première partie d'un bon ouvrage dont la publication n'a pas été continuée ; elle contient la biographie de l'auteur, ancien directeur de théâtres, une histoire du théâtre allemand, un projet d'organisation, etc.

700. Lacan et Paulmier. Traité de la législation et de la jurisprudence des théâtres. Paris, Durand, 1853. 2 vol. in-8°.

701. La propriété littéraire et artistique , journal mensuel des auteurs et des artistes de tous les pays. Paris, Jannet, 1854. In-8°.

702. Le théâtre aujourd'hui, par Auguste Muriel , rédacteur en chef de la *Presse théâtrale*. Paris , Michel Lévy , 1855. In-18.

703. Regolamento generale ossia discipline per l'interno

dei teatri, compilato da Giuseppe Benelli da Ravenna.
Bologna, Sassi 1855. In-8°.

704. Préfecture de police. Ordonnance concernant les
salles de spectacles de Paris et de la banlieue. Paris,
16 mars 1857. In-8°.

705. Taschen und Handbuch für Theater-Statistik von K.
Th. von Küstner. 2. Auflage. Leipzig, Dürr, 1857. In-12,
portr. 400 pages.

706. Traduzione degli articoli del Regolamento interno
del teatro lirico fluminense relativi agli artisti della
compagnia italiana, approvato dal governo imperiale
in febbraio 1851. Rio de Janeiro, F.-P. Brito, 1856.
In-18.

707. Les beaux arts aux Etats-Unis d'Amérique; deux
discours prononcés à New-York par M. D. Tajan-Rogé.
1° Arts plastiques ;
2° Etat général de la musique et de l'opéra lyrique.
Paris, Bestel, 1857. In-8°.

> M. Tajan-Rogé, violoncelliste de premier ordre, nous parle dans
> son livre de l'état des beaux-arts et de la condition des théâtres
> aux États-Unis. Ses connaissances pratiques et son jugement sûr
> sont une garantie de ses appréciations; il est à désirer que les
> artistes en fassent leur profit avant de se laisser embaucher par les
> agents américains ou leurs compères à Paris.

708. Questions théâtrales par E.-M. de Lyden, rédacteur
en chef de la Normandie, moniteur de Rouen. Paris,
Houin, 1858. (Décembre 1857.) In-12.

709. Manuale della giurisprudenza dei Teatri con appendice sulla proprietà letteraria teatrale, di E. Salucci
avvᵗᵒ etc. seguita da un compendio sulla Igiene della
voce, per J. Galligo. Firenze, Tip. Barbera, Bianchi
e Comp., 1858. In-12.

710. Le théâtre en province, par M. Carmouche. Paris,
Michel Lévy, 1859. In-18 angl.

> A paru d'abord dans la Revue et Gazette des théâtres.

711 Osservazioni sul regolamento organico del R. Con-
servatorio in Milano. Milano, Ricordi, 1859. In-8°.

VII

DRAMATURGIE, CRITIQUE,

Art du Comédien, Hygiène du Théâtre.

712. L'Idea del Teatro dell' eccelen. M. Giulio Camillo (Delminio). In Fiorenza (Torrentino), 1550, in-4°.

713. Giuditio sopra la tragedia di Canace e Macareo, con molte utili considerationi circa l'arte tragica et di altri poemi, con la tragedia appresso. In Lucca per Vincentio Busdrago a di 4 maggio 1550. In-8°, *front. gravé.* •

714. Entretien sur le théâtre au sujet de Judith, tragédie. Paris, Brunet, 1695. In-12.

715. Nicolai Calliachii. De Ludis scenicis mimorum et pantomimorum. Syntagma posthumum, quod recensuit, etc., Marcus Ant. Madero. Patavii. Typis Seminarii, 1713. In-4°.

716. La Critique du théâtre anglais comparée aux théâtres d'Athènes, de Rome et de France, et l'opinion des auteurs tant profanes que sacrés touchant les spectacles. De l'anglais de M. Collier. Paris, Simart, 1715. In-8°.

717. La Pratique du théâtre, par l'abbé d'Aubignac. Amsterdam, T. J. Bernard, 1715. 2 vol. in-8° *grav. au front.*

718. Apologie de la nouvelle tragédie *d'Œdipe*, par M. Mannory. Paris, Huet, 1719. In-8°.

719. Lettre à M. de Voltaire sur la tragédie *d'Œdipe.* Paris, Guillaume, 1719. In-8°.

720. Lettre d'un abbé à un gentilhomme de province, contenant des observations sur le style de la tragédie *d'Œdipe*, et des réflexions sur la dernière lettre de M. de Voltaire. Paris, Mongé, 1719. In-8°.

721. Apologie de Sophocle, ou Remarques sur la troisième

lettre critique de M. de Voltaire. Paris, Coustelier, 1719. In-8º.

722. Le Journal satirique intercepté, ou Apologie de M. Arrouet de Voltaire et de M. Houdart de la Motte, par le sieur Bourguignon. 1719. In-8º.

723. Critique de l'*Œdipe* de M. de Voltaire, par M. le G... Paris, Gandouin, 1719. In-8º.

724. Paradoxes littéraires au sujet d'*Inès de Castro*. Paris, Pissot, 1723. In-8º.

725. Anti-paradoxes, ou réfutation des paradoxes littéraires au sujet de la tragédie d'*Inès de Castro*. Paris, Mongé, 1723. In-8º.

726. Observations critiques sur la tragédie d'*Hérode et Marianne*, de M. de V... Paris, Ribou, 1725. In-8º.

727. Dell' Arte rappresentativa. Capitoli sei di Luigi Riccoboni, Londra, 1728. In-8º.

728. Paragone della poesia tragica d'Italia con quella di Francia (par Pietro de' conti Caleppio). Zurigo, Rordorf, 1732. In-8º.

729. La Poétique d'Aristote, contenant les règles les plus exactes pour juger du poëme héroïque et des pièces de théâtre, etc., traduite en français avec des remarques, etc., par M. Dacier. Amsterdam, J. Covens et Mortier, 1733. In-12., fig. au front.

730. Pour et Contre. Réflexions sur *la Métromanie*. 213. In-12. (1739?)

731. Réflexions critiques sur la poésie et sur la peinture, par M. l'abbé Du Bos. Paris, Mariette, 1840. 3 vol. in-12.

Le troisième volume traite des représentations dramatiques.

732. Le théâtre anglais. Londres, 1741-49. 8 vol. in-8º.

Le premier volume contient, outre le portrait de Shakespeare, une biographie de cet auteur et un discours sur le théâtre anglais. Au quatrième volume, une analyse des pièces de Shakespeare, dont la traduction n'est pas comprise dans ce recueil.

733. Réflexions historiques et critiques sur le goût et sur

les ouvrages des principaux auteurs anciens et modernes, par M. le marquis d'Argens. Berlin, Fromery, 1743. In-8°.

734. Les Dégoûts du théâtre, épître à M. S. C., 1746. In-8° de 16 feuilles et 65 pages.

En vers, par d'Arnaud Baculard.

735. Lettre d'un Anglais à M. *** sur la tragédie de *Venise sauvée*, par Dupuy d'Empartes. Paris, 1747. In-12.

736. Le Comédien, par Rémond de Sainte-Albine. Ouvrage divisé en deux parties. Paris, Desaint et Saillart, 1747. In-8°.

737. Lettre critique sur la tragédie de *Sémiramis* (par Desfarges ? 1748 ?) In-8°.

738. Lettre à Mme *** sur Cenie, comédie en prose et en cinq actes, par Mme *** (*de Graffigny*). In-12. (1748 ?)

739. Lettre sur la *Sémiramis* de M. de Voltaire, représentée pour la première fois sur le Théâtre-Français le 29 août 1748. Paris, J. Clousier, 1748. In-8°.

740. Réflexions sur le comique larmoyant, par M. M. de C. (Chassiron), trésorier de France, adressées à MM. Arière et Thylorier, de l'Académie. Paris, Durand, Pissot, 1749. In-12.

741. Réflexions sur la Tragédie pour être mises à la suite d'Aristomène, par le même auteur. Paris, Jarry, 1750. in-8°.

742. L'Art du Théâtre, à Mme X., par François Riccoboni. Paris, Simon, 1750. In-8°.

743. Parallèle des quatre *Électres* de Sophocle, d'Euripide, de M. Crébillon et de M. de Voltaire. A la Haye. J. Neaulme, 1750. In-12.

744. Lettre de M. Riccoboni fils à M. *** au sujet de l'Art du Théâtre. 1780. In-8°.

745. Le Théâtre ouvert au public, ou Traité de la tragédie et de la comédie, en deux parties. Traduit de l'anglais. Paris, Quillau fils, 1750. In-8°.

746. Lettre sur le théâtre anglais avec une traduction de *l'Avare,* comédie de Shadwell, et de *la Femme de campagne,* comédie de Wicherley (par du Bocage). S. L. 1752. 2 vol. in-12.

747. Observations sur le théâtre, dans lesquelles on examine avec impartialité l'état actuel des théâtres de Paris, par M. de Chevrier. Paris, Debure, 1755. In-12.

748. Le Bâtard légitimé, ou le triomphe du Comique larmoyant, avec un examen du *Fils naturel.* Amsterdam, 1757. In-8°.

749. Di Gian Vincenzo Gravina giurisconsulto, opere italiane (*contenant :*) Della ragion poetica lib. ii. Della tragedia lib. i. Tragedie v. Discorso delle favole, etc., in Napoli. Cervone, 1757. In-4° à 2 col.

> Gravina a été le tuteur, le précepteur et le bienfaiteur de Pierre Trapassi, dont il fit Métastase. Son traité de la tragédie est plus estimé que ses tragédies elles-mêmes.

750. Dissertations sur les passions, sur la tragédie, sur la règle du goût. Traduit de l'anglais de M. D. Hume. Amsterdam, Schneider, 1759. In-12.

751. An essay upon the present state of the theatre in in France, in England and Italy, with reflections upon dramatic poetry. London, Pottinger, 1760. In-8°.

752. Parallèle des tragiques grecs et français. A Lille et Lyon, frères Duplain, 1760. In-8°.

753. Le Censeur hebdomadaire. Art. liv. *Heureusement,* comédie. 15 novembre 1762. In-8°.

754. Esprit des tragédies et des tragi-comédies qui ont paru depuis 1630 jusqu'en 1761, par forme de dictionnaire. Paris, Brocas et Humblot, 1762. 3 vol. in-12.

755. Discours sur la satire, ouvrage traduit de l'italien (par Girard). Amsterdam, 1763. In-12.

756. Lettre à M. Poinsinet sur sa comédie du *Cercle* et sur quelques autres sujets plus intéressants (par Nougaret) s. d. (1764). In-8°.

757. Lettre de M. de Fontenelle à messieurs du Journal

des Savants sur les opéras. Extrait du 3ᵉ volume de ses œuvres. Paris, 1766. In-12.

758. Remarques sur Racine, par M. l'abbé d'Olivet. Paris, Barbou, 1766. In-12.

759. L'Ami de la vérité, ou lettres impartiales semées d'anecdotes curieuses sur toutes les pièces de théâtre de M. de Voltaire, par l'auteur de l'*Essai historique et philosophique* sur les principaux ridicules des différentes nations. Amsterdam et Paris, Jorry, 1767. In-12.

760. Essai sur le drame sérieux, par M. de Beaumarchais. Paris, Merlin, 1767. In-8°.

761. De l'Art du Théâtre en général, où il est parlé des spectacles de l'Europe en ce qui concerne la comédie ancienne et nouvelle, la tragédie (par Nougaret). Paris, 1768. 2 vol. in-12.

762. Commentaire sur les œuvres de Jean Racine, par M. Luneau de Boisjermain. Paris, Panckoucke, 1768, 3 vol. in-12.

763. Dissertation sur les spectacles, suivie de *Dejanire*, opéra en 3 actes, par M. Rabelleau. Amsterdam, Michel Rey. Lyon et Paris, 1769. In-8°. Gravure.

764. Garrick, ou les acteurs anglais, contenant des observations sur l'art dramatique, la représentation et le jeu des acteurs, traduit de l'anglais par Sticotti. Paris, 1769. In-12.

765. Considérations sur l'art du théâtre. D*** à M. J. J. Rousseau. 1769. In-12.

766. An Essay on the writings and Genius of Shakspear compared with the greck and french dramatic poets, with remarks upon the misrepresentations of M. de Voltaire. London, Dodsley, 1769. In-8°.

767. De l'Art du Théâtre en général, avec l'histoire philosophique de la musique et des observations sur les différents genres reçus au théâtre (par Nougaret). Paris, 1769. 2 vol. in-12.

768. Essai d'une poétique à la mode, Épître à M. ***. Amsterdam et Paris, chez Gueffier, 1770. In-8°.

769. La Dunciade, poëme en dix chants. A Londres, 1771. 2 vol. in-8°, contenant, outre les dix chants, la 1ʳᵉ édition de 1764 et les Mémoires pour servir à l'histoire de notre littérature depuis François Iᵉʳ.

C'est l'édition la plus complète de cette satire célèbre.

770. La Déclamation théâtrale, poëme didactique en quatre chants, par Dorat, précédé et suivi de quelques morceaux en prose, 4° édition. Paris, Delalain, 1771. In-8°.

771. De l'Art de la comédie, ou détail raisonné des diverses parties de la comédie et de ses différents genres, suivi d'un Traité de l'Imitation. Causes de la décadence des théâtres. par M. de Cailhava. Paris, Didot, 1772. 4 vol. in-8°.

772. Observation sur l'Art du comédien et sur d'autres objets concernant cette profession en général (par d'Hannetaire) s. l. 1772. In-8°.

773. OEuvres de théâtre de M. Diderot, avec un discours sur la poésie dramatique. Amsterdam, Marc Michel Rey, 1772. 2 vol. in-8°.

774. Baretti. Les Italiens ou mœurs et coutumes d'Italie, traduit de l'anglais. Genève et Paris, 1773.

775. Réflexions critiques et philosophiques sur la tragédie au sujet des Lois de Minos, à M. Thomas de l'Académie française, vendues au profit des pauvres. Amsterdam et Paris. Lambert, 1773.

776. Lettre à M. Racine sur le théâtre en général et sur les tragédies de son père en particulier, par M. L. F. de P. Paris, de Hausy, 1773. In-8°.

777. Du Théâtre ou nouvel essai sur l'art dramatique, par Mercier. Amsterdam, Van Harriveld, 1773. In-8°.

778. Observations amusantes et critiques sur l'Heureux Retour, le Quartier d'Hiver et sur la Comédie-Française, par un ami de Mˡˡᵉ Gaussin, à M. Fagan. In-8°, 1774 (?).

779. Observations sur l'art du comédien et sur d'autres objets concernant cette profession en général, avec

quelques extraits de différents auteurs, ouvrage destiné aux jeunes acteurs et actrices, par le sieur D. Hannetaire, ancien comédien. 2ᵉ édition corrigée. Société typographique, 1774. In-8ᵒ.

780. Le même ouvrage, 4ᵉ édition, 1776. In-8ᵒ.

781. Le Nouveau Spectateur, ou Examen des nouvelles pièces de théâtre, par M. le Prevost d'Exmes. Premier cahier. Paris, 1775. In-8ᵒ.

782. Lettre de Mᵐᵉ Le Hoc à M. Le Hic au sujet de la *Fausse Magie*, opéra comique de Marmontel et Grétry, s. l. n. d. In-12 (1775).

783. Le Nouveau Spectateur, ou Examen des nouvelles pièces de théâtre, servant de répertoire universel des spectacles, par Lefuel de Mirecourt. Paris, Esprit, 1776, 6 cahiers in-8ᵒ.

784. Neuer Versuch über die Schauspielkunst aus dem Französischen (de Mercier) mit einem Antrang aus Goethes Brieftasche. Leipzig, Schweickert, 1776. In-8ᵒ.

785. Journal des Théâtres ou le Nouveau Spectateur, servant de répertoire universel des spectacles. Paris, Esprit, 30 numéros (4 vol.). In-8ᵒ, 1777-78.

786. De la Littérature et des Littérateurs, suivi d'un nouvel examen de la tragédie française, (par Mercier). A Yverdon, 1778. In-8ᵒ.

787. Essai sur la Comédie. (1780 ?) In-8ᵒ.

788. Von der Schauspielkunst. Wien. Von Kurzbek, 1780. In-12, fig. au frontispice.

789. A-propos ou Réflexions critiques d'un jeune Russe sur *la Veuve du Malabar*. Amsterdam et Paris, Hardouin, 1781. In-8ᵒ.

790. Théâtre de M. Cailhava. Paris, Vᵉ Duchesne, 1781. 2 vol. in-8ᵒ.

> Les pièces de théâtre contenues dans ces deux volumes sont précédées d'une préface générale et de mémoires historiques sur chaque pièce, outre les préfaces spéciales.

791. De la Tragédie, pour servir de suite aux lettres de

Voltaire, par M. Clément, deux parties en 1 vol. Amsterdam, Paris, 1784. In-8°.

792. Dramaturgie, ou Observations critiques sur plusieurs pièces de théâtre anciennes et modernes, traduit de l'allemand de Lessing. Paris, Junker, 1785. 2 vol. in-8°.

793. Peu de chose, hommage à l'Académie de Lyon, par Grimod de la Reynière. Neufchâtel et Paris, Belin, 1788. In-8°.

> Recueil de divers écrits en prose et en vers, principalement sur l'art dramatique.

794. Idées sur le geste et l'action théâtrales, par J. J. Engel, suivies d'une lettre sur la peinture musicale, traduit de l'allemand, avec 34 planches. Paris, Barrois aîné, 1788-89. 2 vol. in-8°.

795. Caractères des passions pris sur les dessins de l'illustre M. Lebrun, Paris, Daumont, s. d. In-8° obl.

796. Le Panthéon littéraire, contenant sous l'invocation des neuf muses, de Themis, etc., des discours didactiques, des réflexions curieuses, etc., présenté à la famille royale. Année 1789. A Memphis et Paris, Maradan. In-16, fig. au frontispice.

797. De la Tragédie grecque et du nom qu'on devrait lui donner dans notre langue, par A. Auger. Paris, impr. du Cercle social, 1792. In-8°.

798. Avis aux poëtes lyriques, ou de la nécessité du rhythme et de la césure dans les hymnes destinés à la musique, par Framery. Paris, impr. de la République, an IV. In-8°.

799. The Rage, La Rage, comédie de Reynold.

> Article extrait de la Revue britannique, février 1796. In-8°.

800. Le Censeur dramatique, ou journal des principaux théâtres de Paris et des départements, par une société de gens de lettres, rédigé par A. B. L. Grimod de la Reynière. Paris, au bureau, 1797-98. 3 vol. in-8° et 4 livraisons du 4e vol.

801. Lettres de M. Grimod de la Reynière à Mlle Mezeray. In-4° (1797).

802. Étrennes dramatiques (1797). In-24.

803. Essai sur la tradition théâtrale, par Cailhava. Paris, Pougens, an vi (1798). In-8°.

804. Réponse par anticipation aux journalistes qui doivent déchirer mon ouvrage, par l'auteur de Léon, (Hoffmann) (1798 ?) In-4°.

805. Vérités à l'ordre du jour, ou nouvelle critique raisonnée tant des acteurs et actrices des théâtres de Paris que des pièces qui y ont été représentées pendant le cours de l'année dernière. Paris, Garnier, an vi.

    Attribué à Fabien Pillet. Voir le n° suivant.

806. Melpomène et Thalie vengées, ou nouvelle critique impartiale et raisonnée, tant des différents théâtres de Paris que des pièces qui y ont été représentées pendant le cours de l'année dernière. Deuxième année. Paris, Marchand, an vii, fig. au frontispice.

    La première année porte le titre : *Vérités à l'ordre du jour.* (Voir le numéro qui précède). On trouvera plus loin la troisième année sous le titre *Revue des Théâtres* (809).

807. Essai sur le théâtre, par Bonnin, citoyen français. Paris, Rondonneau, an vii. In-8°.

808. Les Éléments de l'art du comédien ou l'art de la représentation théâtrale considérée dans chacune des parties qui la composent. Tome 1er (et unique), par le C. P. P. D. (Dorfeuille). Paris, Prudhomme, an vii. Imprimerie à prix fixe.

809. La Revue des théâtres, ou suite de Melpomène et Thalie vengées, 3e année. Paris, Marchand, an viii, fig. In-32.

810. De l'Art du théâtre. Éléments de critique dramatique, suivis d'un coup d'œil sur l'éducation des acteurs grecs et romains, traduit de l'anglais de William Cooke par P. F. Aubin, 2e édition. Paris, Lenormand, an ix, 1801. In-8°.

811. Réflexions sur l'art théâtral, par J. Mauduit-Larive. Paris, Rondonneau, an ix. In-8°.

812. Étrennes lyriques et théâtrales pour l'an ix. Paris, Billois, vente, an ix. In-8°.

> Contient une notice critique sur les principaux théâtres de Paris. Rare.

813. Étrennes dramatiques pour l'année 1801. Paris, Michel. In-16.

814. Feuilleton du Journal des défenseurs de la patrie. Du 2 vendémiaire au 30 ventôse an x.

815. Épître aux comédiens, par Desroys. Se vend au Tribunat. An x. In-8°.

816. La Gageure, ou lettre du rédacteur de l'article *Spectacles*, dans le fameux Feuilleton (de Geoffroy), à M. ***. Paris, Dabin, an xi (1802). In-8°.

817. Ueber Carlo Gozzi's dramatische poesie insonderheit ueber dessen Turandot und die Schillersche Bearbeitung dieses Schauspieles. In Briefen von Franz Horn. Penig, Dienemann und comp. 1803. In-12.

818. Cours de déclamation divisé en douze séances, par Larive. Paris, impr. Charles. An xii. In-8°.

819. Dialogo tra marti cioè tra Pietro Cornelio e'l Marchese Maffei sopra la tragedia. Di Emanuele Bava S. Paolo, letto li 18 pratile anno xii.

> Extrait des Actes de l'Académie de Turin de 1805.

820. Apologia delle tragedie di Vittorio Alfieri ovvero 133 osservazioni di Salvadore de Courcil sopra l'opuscolo del S. Av. Carmignani. Lucca Bertini, 1806. In-8°.

821. Épître à Voltaire, par M. de Chénier, de l'Institut national. Paris, Didot, 1806. In-8°.

822. Épître à M. Palissot, auteur de la comédie des Philosophes, par un habitant du Jura. Paris, Desenne, 1806. In-8°, gr.

823. Tableau actuel du Théâtre-Français, par J. E. Pacard, Paris, Roullet, 1807. In-8°.

824. La Revue des feuilletons du Journal de l'Empire, ou

critique des critiques de M. Geoffroy. Paris, Dabin, 1807. In-8°.

825. La Semaine, ou l'observateur dramatique et littéraire, an. 1807. In-8°.

826. Comparaison entre la *Phèdre* de Racine et celle d'Euripide, par A.W. Schlegel. Paris, Turneissen, 1807. In-8°.

827. Réflexions sur la tragédie de *Pyrrhus* et sur l'art dramatique (par Lehoc?) (1807). In-8°.

828. Précis de l'Art théâtral dramatique des anciens et des modernes, contenant l'histoire, l'origine, la théorie et la pratique des théâtres et des différents drames, faisant suite aux œuvres de Champfort, et publié par Lacombe. Paris, 1808. 2 vol. in-8°.

829. Lettres champenoises, ou observations critiques sur quelques tragédies et comédies modernes (par Ruphy). Paris, 1809.

830. Lettre d'Arcis-sur-Aube, ou réponse de Mme de.... au Champenois, seconde édition. Paris, Barba, 1810. In-8°.

Au sujet des Templiers de Raynouard.

831. Théorie du Geste dans l'art de la peinture, renfermant plusieurs préceptes applicables à l'art du théâtre, suivie des principes du beau optique pour servir à l'analyse de la beauté dans le geste pittoresque, extrait d'un ouvrage inédit sur la peinture, par M. Paillot de Montabert. Paris, Magimel, 1813.

832. Plus de mélodrames! leurs dangers, etc. (par Hapdé) 1er. Paris, Dentu, 1814. In-8°.

833. Cours de littérature dramatique, par A. W. Schlegel, traduit de l'allemand (par Mme de Staël?). Paris et Genève, Paschoud, 1814. 3 vol. in-8°.

834. Lettre d'un ancien capitaine d'infanterie à MM. les comédiens du Théâtre-Français. Paris, 1814. In-8°.

835. Mercure de France, rédigé par MM. Benjamin Constant, Dufresne St-Léon, Esmenard, Jay, Jouy, La-

cretelle. Paris, rue des Poitevins, 1816 et suivants. 3 vol. in-8°.

836. Traité du mélodrame par A! A! A! (A. Hergo , A. Malitourne, Ader). Paris, Delaunay, 1817. In-8°.

837. Les Archives de Thalie, journal consacré aux arts, aux sciences. 1818 à 1822. Art dramatique. In-8°.

838. (De Pixérécourt.) Guerre au mélodrame. Paris, Delaunay, 1818. In-8°.

839. Réflexions sur l'art de la Comédie, par Alexandre Duval. Paris, Ladvocat, 1820. In-8°.

840. Giornale teatrale, fascicolo XIII. Venezia, Luglio , 1820. In-12.

> Contenant, outre deux tragédies (*Astarbé* de Colardeau, et *Il Sacrifizio d'Abramo* de Troilo Malipieri), plusieurs articles sur le théâtre, et des comptes rendus des représentations du jour en Italie.

841. Le Diable, journal des arts, des sciences, de la littérature, des spectacles et des mœurs, rédigé par une société de savants et de gens de lettres. Paris, juin et juillet 1821. In-8°.

842. La Foudre, journal de la littérature, des spectacles et des arts. Paris, 1821. In-8°.

843. Discours d'ouverture du second Théâtre-Français (1821?), par Casimir Delavigne (*en vers*). Examen critique du *Paria* par M. Duviquet. In-8°.

844. Epistola critica in Euripidis Alcestin scripsit ad Janum Ten Brink, Joannes Lenting, Zutphaniæ. Thienne, 1821. In-8°.

845. Manuel dramatique à l'usage des auteurs et des acteurs, par Geoffroy. Paris, Painparé, 1822. In-16.

846. Racine et Shakspeare, par M. de Stendhal (Henri Beyle). Paris, Bossange, 1823. In-8°.

> Réimprimé, en 1858, par Michel Lévy frères.

847. A mon fils au moment de ses débuts dans la carrière théâtrale; sur les lois, les convenances et les conditions de son art, par M. D... Paris, Delaunay, etc. (1823). In-8°.

848. Le Courrier des spectacles (rédigé par Charles Maurice). Paris, 1823-25. In-4°.

849. Observations sur la tragédie romantique, par P. Lami. Paris, Ponthieu, 1824. In-8°.

850. Le Masque de fer, journal épistolaire (décembre 1824). Prospectus et premier numéro, 5 juillet 1825. In-8°.

851. Cours de littérature dramatique, ou recueil par ordre de matières des feuilletons de Geoffroy, précédé d'une notice historique sur sa vie et ses ouvrages (par Étienne Gosse). 2e édit., augm., ornée d'un fac-simile. Paris, Blanchard, 1825. 6 vol. in-8°.

852. Discours prononcé par Casimir Delavigne le jour de sa réception à l'Académie française, suivi de la réponse de M. Auger. 2e édit. Paris, Ladvocat, 1825, In-8°.

853. Le Semainier ou le défenseur de la scène française. Paris, au bureau, chez Fayolle, 1826. In-8°.

854. L'Observateur littéraire et dramatique, journal hebdomadaire. 1826. Paris, Martinet. In-8°.

Ce journal a succédé au *Semainier*.

855. Le Kaléidoscope, journal de la littérature, des mœurs, du théâtre (une livraison par semaine). Bordeaux, 1826. In-8°.

856. Théorie de l'art du comédien, ou manuel théâtral, par Aristippe. Paris, Leroux, 1826. In-8°, portr.

857. Essai critique sur le théâtre français, par Eugène Chapus. Paris, Ponthieu, 1827. In-8°.

858. Indications générales et observations pour la mise en scène de les *Trois Quartiers*, comédie de MM. Picard et Mazères, par M. Solomé, in-8°.

Avec trois décorations lithogr. au trait. 1827?

859. Indications générales et observations pour la mise en scène de *la Muette de Portici*, gr. opéra en 5 actes, et par M. Solomé, régisseur. Paris. In-8. (1828).

860. La Revue dramatique, politique et littéraire. Paris, Mongie, 1828. In-8°. 1ʳᵉ livraison (8 octobre).

861. Essais littéraires sur Shakspeare ou analyse raisonnée, scène par scène, de toutes les pièces de cet auteur, par M. Paul Duport. Paris, Constant Letellier, 1828. 2 vol. in-8°.

862. État présent de l'art dramatique en Angleterre. Extrait de la Revue trimestrielle, juillet 1828. In-8°.

863. Examen critique d'*Olga ou l'Orpheline moscovite*, tragédie en 5 actes, en vers, et résumé des débats entre le classique et le romantique, par C. Farey. Paris, Lioré, septembre 1828. In-8°.

864. Précis des pièces dramatiques de William Shakspeare, avec observations et notices par M. P. Chaulin. Paris, Pinard, 1829. In-8°.

865. Le Claqueur. Lettres sur les spectacles de Paris (signées Gilles Goulard). Paris, Dureuil, 1829. In-8°.

Première et deuxième lettre, en deux brochures.

866. Le Citateur dramatique, par Léonard Gallois. 5ᵉ édit. Paris, Ledoyen. 1829. In-12.

867. De l'Imitation théâtrale à propos du romantisme. Paris, 1830. In-18, par madame Talma.

868. Paradoxe sur le comédien, ouvrage posthume de Diderot. Paris, Sautelet, 1830. In-8°.

869. Journal des artistes et des amateurs, ou revue pittoresque et musicale, et paraissant tous les dimanches. Paris, quai des Augustins, 55. Avril, mai, juin 1832. In-8°.

870. Le Petit Poucet, revue de la littérature, du théâtre et des modes. Paris, Souverain, Pagnerre, 1832-34. In-12.

871. Cirque littéraire et dramatique. Album poétique et

théâtral. Paris, Dupuy, 1833. In-8º. Lithogr. au frontispice par M. Cavet?

872. Le Drame, tel qu'il est. Satire. Paris, Dezauche,
1833. In-8º.

873. Ueber den Oreste der alten tragœdie und den
Hamlet, des Shakespeare, von professor Trehndorff.
Berlin, 1833. In-4º.

> Thèse soutenue le 26 mars au Gymnase Friedrich-Wilhelm.

874. De la Littérature dramatique. Lettre à M. Victor
Hugo par M. Alexandre Duval. Paris, Dufey et Vegard.
1833. In-8º.

875. J. C. Lavaters physiognomik zur Beforderung der
Menschen-Benntniss und Menschenlieb. Berlin, Finke,
1834. In-4º à deux colonnes, nombreuses gravures.

876. Hernani, mélodrame de G. Rossi, musique de
M. Gabussi, mise en scène manuscrite de M. Compa-
gnumi). In-8º. (1834.)

877. Cours de littérature dramatique par M. A. Delaforest.
Paris, Allardin, 1836. 2 vol. in-8º.

878. Revue du Théâtre, journal des auteurs et des artistes, et des gens du monde. Paris, au bureau du
journal, rue Sainte-Anne, 55. 14 vol. gr. in-8º, avec
figures.

> Fondée par Bélin en 1835, réunie plus tard à la *Gazette des
> Théâtres*, et convertie en une feuille volante paraissant deux fois
> par semaine sous la direction de Pommereux; passée, après la
> mort de ce dernier, aux mains de M. Jouffroi, qui s'est adjoint
> M. Achille Denis comme rédacteur en chef.

879. Hygiène philosophique des artistes de Paris par le
docteur Brouc. Paris, Trinquart, 1836. 2 vol. in-8º.

880. Institut royal de France. Académie française. Discours de réception de M. Eugène Scribe. Réponse au
même par M. Villemain. Janvier 1836. In-4º.

> M. Scribe succédant à Arnault, son discours et la réponse portent
> tous deux sur la comédie et la tragédie.

881. Essai sur la déclamation oratoire et dramatique, la

diction et la prononciation, suivi d'une nouvelle méthode curative du bégaiement, par J. Cresp. Paris, Hachette, 1837. In-8°.

882. Les Origines du Théâtre, par M. Charles Magnin. (Article de M. Eugène Bareste.)

(Extrait de *la Revue de Paris*, 1838. In-8°.)

883. Dictionnaire de morale et de littérature, par Molière. Paris, madame Remy-Bregeant, 1838. In-18.

Avec vignette au frontispice. C'est un centon de toutes les maximes émises par Molière dans ses pièces, et rangées par ordre de matières, avec une table.

884. Lettres à mademoiselle Lætitia P. Fitz-James sur l'Art dramatique, la mimique et la profession de comédien, par M. H. Cellier. Paris, 1839. In-8°, portrait.

885. Die dramatische Poesie der Deutschen. Versuch einer Entwickelung derselben von der aeltesten Zeit bis auf die Gegenwart. Beitrag zur Geschichte der deutschen National Literatur von Joseph Kehrein. Leipzig, Hinrich, 1840. 2 vol. in-8°.

886. Études sur les Tragiques grecs ou Examen critique d'Eschyle, de Sophocle et d'Euripide, précédé d'une histoire générale de la tragédie grecque, par M. Patin. Paris, Hachette, 1841. 3 vol. in-8°.

887. La Tribune dramatique, revue théâtrale, artistique et littéraire, paraissant le dimanche (par Jacques Arago). Paris, Bohaire, 1841-42. 50 livraisons gr. in-8°, fig. et portr.

888. Le Portefeuille du comédien, de l'homme du monde, de la femme de salon et de *tutti quanti*, par Raynaud, auteur du manuel du style, etc. Paris, Garnier, et au bureau du Portefeuille, 1 et 2 (février et mars 1842), les seuls parus. In-24.

889. Le critique Jules Janin et le dramaturge Alexandre Dumas, à propos des *Demoiselles de Saint-Cyr*. Extrait du *Journal des Débats*. Paris, rue des Prêtres-Saint-Germain, 1843. In-12.

890. Les Auteurs dramatiques pendant la première représentation de leurs pièces (par Etienne Arago). Extr. de la *Revue Indépendante.* Tome VIII, 1844. In-8°.

891. L'Art du Comédien, par Cochut. (Extr. de la *Revue des Deux-Mondes.*) 1844. In-8°.

892. Le Théâtre en Perse (par Alexandre Chodzko). Extr. de la *Revue Indépendante*, Juillet 1844. In-8°.

893. Racine and the french classical drama, by madame Blaize Bury. London, 1845. In-18.

894. Cours de littérature dramatique ou de l'usage des passions dans le drame, par M. Saint-Marc Girardin. Paris, Charpentier, 1845-54-55. 3 vol. in-12.

895. Études sur le Théâtre indien, par M. Vallet de Viriville. (Extrait de la *Revue Indépendante*, décembre 1845) In-8°.

896. Mimicologie ou règles du geste et de l'éloquence dramatique, fondée sur l'analyse, etc. des Passions, par A. B. et J. Boll. Dessins par A. Genot. Gravures par Lacoste. Paris, Penaud, (1845?) In-8° gr. 232 p. fig. s. b.

(Ouvrage resté inachevé.)

897. Du Vaudeville. Discours prononcé à l'Académie de Lyon, par M. Claude Brossette, avocat. Manuscrit de M. le président Bouhier, 1729, publié pour la première fois avec une introduction, etc. Paris, Imprimeurs unis, 1846. In-12.

898. Hygiène du Chanteur ; influence du chant sur l'économie animale, causes principales de l'affaiblissement de la voix, par L. A. Segond, docteur en médecine. Paris, Labé, 1846. In-12.

899. Le Jury des Ombres, ou les modernes appréciés par les anciens, sous le rapport de la scène tragique, par Nicolas Chatelain. Silbermann, 1846. gr. in-8°.

Edition de luxe.

900. Histoire pittoresque des Passions chez l'homme et

7

chez la femme, et particulièrement de l'amour. Ouvrage illustré de vingt belles gravures. Paris, chez les principaux libraires. 1846. gr. in-8°.

C'est le même ouvrage que la *Mimicologie* avec un nouveau titre, et complété par les feuilles 26 et 27 qui manquent dans l'ouvrage précédent.

901. La Comédie politique en Allemagne, par Saint-Réné Taillandier. (Extrait de la *Revue des Deux Mondes* du 1er mars 1846.) In-8°.

902. Del Coro nella Tragedia greca, di V. Solitro. (Extrait de la *Revista Europea* de février 1846.) In-8°.

903. De la Poésie dramatique à Vienne, par Saint-Réné Taillandier. Extr. de la *Revue des Deux Mondes* du 1er octobre 1846. In-8°.

904. A. W. von Schlegel Vorlesungen über dramatische Kunst und Litteratur. 3te Ausgabe, besorgt von Ed. Bœcking. Leipzig, Weidmann; 1846. 2 vol. in-12.

905. Allgemeines Theater-Lexikon oder Encyclopedie alles Wissenswerthen über Bühnenkünstler, Dilettanten und Theaterfreunde, etc., herausgegeben von B. Blum, H. Herlossohn, H. Marggraff. Neue Ausgabe.
Altenburg und Leipzig. Expedition des Theater-Lexikons. 1846. 7 vol. in-16. fig.

906. La Comédie contemporaine en Angleterre, par E.-D. Forgues. Extrait de la *Revue des Deux Mondes* du 15 décembre 1846. In-8°.

907. Les Femmes de Shakspeare ; douze figures tirées de ses œuvres avec douze notices et analyses des pièces dans lesquelles elles se trouvent. Publiées par le *Journal des Journaux*. Paris, 1847. In-8°.

908. Agnès de Méranie et les drames de M. Hugo, étudiés et comparés par Alex. Dufay. Paris, Furne, 1847. gr. in-8°.

909. L'Hippodrome illustré. Le Camp du Drap d'or. Paris, imp. Lange-Lévy, 1847. In-8°. gr. fig.

910. La Comédie moderne en Espagne, par M. Ch. de Mazade. Extr. de la *Revue des Deux Mondes* 1er août 1847. In-8°.

911. De la Comédie et de l'état actuel de la littérature, par M. de Bouloy, In-18. s. d. (1847 ?)

912. Études sur le théâtre latin, par Maurice Meyer. Paris, Dezobry, 1847. In-8°.

913. Bozzelli (Cav.) Cenni estetici sulle origini e le doti del teatro indiano. 14 pages in-4°.

914. Rivista drammatica italiana. Torino, Fontana, 1851, In-8°. gr. à col. illust.

> Placée à la suite de l'*Italia drammatica,* recueil d'ouvrages dramatiques.

915. Studien zu Shakspeare's Heinrich IV, von Dr C. A. Struve. Kiel, 1851. In-4°.

> Précédant le rapport du Dr Lucht sur l'école supérieure de Kiel dite Gelehrten Schule.

916. Ueber die Grundidee des Shakespeareschen dramas Othello, vom Oberlehrer Dr Sievers. Gotha. 1851. In-4°.

> Thèse soutenue au Gymnase royal de Gotha.

917. Collection de mises en scène de grands opéras et opéras-comiques, représentés pour la première fois à Paris, rédigées et publiées par M. L. Palianti. Paris, chez MM. les correspondants des théâtres. In-8°.

> Travail complet et précis, indispensable à toute entreprise théâtrale.

918. De Romanorum censura scenica accedunt variæ de didascaliis Terentianis questiones partim chronologicæ partim criticæ ; scripsit Jacobus Aloysius Becker, phil. D^r, Magontiaci, Zabern, 1852. In-4°.

919. Sur l'Art du Comédien. Lettre à mademoiselle Euphrasie Poinsot, première chanteuse au grand Opéra de Paris. 3 janvier 1852. Paris, impr. Claye, 1852. Gr. in-8°. pap. vel. tiré à 25 exemplaires.

920. Précis de dramatique ou l'art de composer et d'exécuter les pièces de théâtre, etc., par Viollet-Leduc. Paris, Mairet et Fournier, 1852. In-32.

921. Critique du *Juif errant.* Roqueplan embêté par Jules Janin. Paris, 32, rue de Buffault, 1852. In-12.

922. Feuilletons du journal le Constitutionnel relatifs au théâtre. 1852-53-54. 1 vol. in-fol. obl.

923. Mystères des théâtres. 1852, par Edmond et Jules de Goncourt et Cornélius Holff. Paris, Librairie nouvelle, 1853. In-8°.

>(Ces prétendus mystères ne sont que la reproduction des articles de critique théâtrale publiés à différentes reprises, par MM. de Goncourt et Holff.)

924. Le Moniteur dramatique, journal des Théâtres. Revue de la littérature et des Beaux-Arts. Paris, au bureau, 1855-57. In-8°.

925. Epître à M. François Ponsard, de l'Académie française, à l'occasion de l'examen critique de *la Bourse*, par M. Prosper Poitevin. Paris, chez tous les libraires, 1856. In-12.

926. Rivista dei teatri, del Giornale : Il Cimento. Gennajo, 1856. (Torino). In-8°.

>Sur les représentations de madame Ristori.

927. La Courtisane dans le théâtre contemporain, par Camille de Chancel. Extrait de la *Revue de Paris* 1er mars 1856. In-8°.

928. Histoire de l'Influence de Shakespeare sur le Théâtre français jusqu'à nos jours, par Albert Lacroix. Mémoire couronné, etc. Bruxelles, impr. de Lesigne, 1856. Gr. in-8°.

929. Memorie autografe di un ribelle (*de Joseph Ricciardi*). Parigi, Stassin et Xavier. 1857, de 480 pages. In-12.

>Il y a dans cet intéressant volume une étude littéraire sur le théâtre et des observations curieuses sur les salles de spectacle, et sur l'état de l'art en Espagne. L'auteur a publié aussi des drames historiques fort estimés.

930. Annales illustrées du théâtre de la Porte-Saint-Martin. *Les Sept Merveilles du monde*.

>(Une feuille de texte avec fig. s. b.)

931. Une Soirée au Gymnase dramatique. Réfutation à M. Alexandre Weill. Sainte Pélagie. Visite à M. de Mi-

recourt, par madame Henriette Geoffroy. Paris, Dentu, 1857. In-12.

Appréciation légitimiste de la *Crise* de M. Octave Feuillet et de la littérature dramatique en général.

932. Paris vivant, par des hommes nouveaux. Le Théâtre; mémoires d'un jeune premier. Paris, G. de Gonet, 1858, In-32.

933. Gazette de Grimm, correspondance littéraire. Rédacteur, M. Alfred Asseline. Versailles et Paris, Castel. Décembre 1858 à mars 1859. 4 numéros in-32.

934. L'Art des Vers lyriques, par Castil-Blaze. Paris, Delahays. 1858. In-8°.

935. Le Bréviaire des Comédiens, par Lelion-Damiens. Paris, Tresse, 1858. In-12.

936. La nouvelle Phèdre et le directeur de l'Odéon, par Pagès (du Tarn). Paris, Havard, 1858. In-8°.

937. Les Ennemis de la Maison, comédie en 3 actes, de M. Camille Doucet. Mise en scène de M. Pallianti. Chez l'auteur (1858). In-8°.

938. Don Juan. Komisch-tragische Oper in zwei Akten von W. A. Mozart, aus dem italienischen in's Deutsche übertragen nebst Bemerkungen über eine angemessene Bühnendarstellung von Dr W. Viol. Breslau, Leukart. 1858. In-12.

Le texte et la traduction sont précédés d'observations (28 pages) sur la mise en scène de cet opéra.

939. Les deux Phèdre. Mme Ristori et Mlle Rachel. Lettre, etc., sur quelques hérésies théâtrales, par l'auteur du Monde Dantesque (Sebastien Rhéal). Supplément à la publication d'Hippolyte Porte-Couronne, etc. Paris, Dentu, 1858. In-12.

940. Aristoteles und die Wirkung der Tragodie von Adolf Stahr. Berlin, Guttentag, 1859. In-8°.

941. Gründlicher Unterricht über die Tetralogie des attischen Theaters und die Kompositionsweise des Sophokles, etc., von Adolph Scholl. Leipzig, Winter, 1859. In-8°.

VIII

SUR LA MUSIQUE ET LES OPÉRAS

942. Traité de l'harmonie universelle où est contenu la musique théorique et pratique des anciens et modernes, avec les causes de ses effets. Enrichie de raisons prises de la philosophie et des mathématiques, par le sieur De Sermes. (Mersenne.) Paris, Guillaume Baudry, 1627. In-8° de 580 pages.

943. Remarques curieuses sur l'Art de bien chanter, et particulièrement pour ce qui regarde le chant français, par B. D. B. (de Bacilly). Paris, Ballard, 1668. In-12.

944. Caspari Bartholini Thom. fil. de Tibiis veterum et earum antiquo usu, libri tres ad eminentiss. principem cardinalem Sigis. Chigi. Romæ ex typ. Pauli Monetæ, 1677. In-8°, planches gravées.

945. Parallèle des Italiens et des Français en ce qui regarde la musique et les opéras. Paris, Jean Moreau, 1602 (1702). In-12.

946. Défense des parallèles des Italiens et des Français en ce qui regarde la musique et les opéras. Paris, 1705, In-12. Fig.

947. Dictionnaire de musique contenant une explication des termes grecs, latins, italiens et français les plus usités dans la musique, par M. Sébastien de Brossard. Paris, Cr. Ballard, 1705. In-8°.

> C'est le plus ancien des dict. de musique français ; à la fin se trouvent trois catalogues d'auteurs qui ont écrit sur la musique dans tous les pays.

948. Histoire de la musique et de ses effets depuis son origine jusqu'à présent, et en quoi consiste sa beauté. Amsterdam, Lecène, 1725. 4 vol. in-8°.

> Il y en a une édition de Paris, 1715, en 1 vol.

949. Dialogue sur la musique des anciens (par l'abbé de Chateauneuf) à M. de ***. Paris, Noël Pissot, 1725. In-12 fig.

950. Réflexions sur l'Opéra (par Remond de St-Mard). A la Haye, Jean Neaulme, 1741. In-12.

951. Lettres à Mme la marquise de P... sur l'Opéra. Paris, Didot, 1741. In-12.

952. Remarques au sujet de la lettre de M. Grimm sur Omphale. Paris, 1752. In-8°.

953. Le Correcteur des bouffons à l'Écolier de Prague. A Paris, le jour de la 1re représentation de *Titon et l'Aurore*. 1753. In-8°, (par Jourdan ?)

954. Observations sur la lettre de J.-J. Rousseau au sujet de la musique française. 1753. In-8°.

955. Le Petit prophète de Boehmischbroda, (par Grimm). (1753). In-8°, gravure au frontispice.

956. Réponse du Coin du roi au Coin de la reine. S. l. n. d. In-8°. (1753 ?)

957. La Guerre de l'Opéra, lettre écrite à une dame en province, par quelqu'un qui n'est ni d'un coin ni de l'autre. (1752?) In-8° (par Cazotte?)

958. Guerre des coins. Arrêt rendu à l'amphithéâtre de l'Opéra sur la plainte du milieu du parterre intervenant dans la querelle des deux coins. (1753). In-12.

959. Réflexions d'un patriote sur l'Opéra français et l'Opéra italien, etc. (par de Rochemont). Lausanne, 1754. In-8°.

960. Apologie du goût français relativement à l'Opéra. Poëme avec un discours apologétique et des adieux aux bouffons. 1754. In-8° (vignette).

961. Lettre sur la musique à M. le comte de Caylus (par l'abbé Arnaud.) 1754. Paris. In-8°.

962. Apologie de la musique française contre M. Rousseau (par l'abbé Laugier), 1754. In-8°.

963. Constitution du patriarche de l'Opéra qui condamne cent et une propositions extraites de deux écrits intitulés : *Réflexions sur les vrais principes de l'Harmonie*, de Cytheropolis, 1754. In-12.

964. Lettres sur la musique française en réponse à celle de J.-J. Rousseau, Genève, 1754. In-8°.

965. Observations sur notre instinct pour la musique, par Rameau, Paris, Prault, 1754. In-8°.

966. De la liberté de la musique, (1760). In-12.

967. Eléments de musique théorique et pratique, suivant les principes de Rameau, par M. D'Alembert. Lyon, Bruyset, 1762. In-8.

968. Idées sur l'Opéra avec un projet d'établissement d'une véritable académie de musique, etc. 1764. In-12, (par Le Texier?)

969. Essai sur l'union de la poésie et de la musique. A la Haye et Paris. Merlin, 1765. In-12.

Par Chastellux, tiré à petit nombre.

970. Saggio sopra l'Opera in musica (d'Algarotti). Livorno. Coltellini, 1765. In-8°. Frontispice gravé.

Les édit. d'Algarotti sont nombreuses. Celle-ci a été faite sous les yeux de l'auteur, qui y a ajouté le canevas d'Énée et Iphigénie en Aulide.

971. Dictionarium musica (sic) being a complete dictionary or treasury of music containing a full explanation, etc. By John Hayle musician. London, 1770. In-8°.

Le 1er vol. contient un essai sur l'Opéra.

972. Lettre de M. Bemetzrieder à MM. ***, musiciens de profession, en réponse à quelques objections qu'on a faites à sa méthode pratique, sa théorie et son ouvrage sur l'harmonie. Paris. Pissot, 1771. In-8°.

973. A practical treatise on singing and playing with just expression, etc., by Anselm Bayly, sub—Dean, etc. London, 1771. In-8°.

974. Dell' opera in musica, trattato del cavaliere Antonio Planelli dell' ordine Gerosolimitano. Napoli. Campo. 1772. In-8°.

975. Rizzi Zannoni Raccolta di varie ariette (*précédé d'un discours sur la musique italienne.*) Paris. 1772. In-4°.

976. Théâtre lyrique de M. de la J. (Venard de la Jonchère), Paris, Barbou. 1772. 2 vol. in-8°. Rare.

Le 1er vol. contient un Essai sur l'Opéra.

977. Remarques sur la musique de Venise et la danse, ou lettres de M. G. à milord Pembroke. Venise, Palese, 1773. In-8°.

978. Journal de Musique, par une société d'amateurs. Année 1773. 1. Paris, Ruault et au bureau du journal, chez Mlle La Roche. In-8°.

979. Lettre à M. le chevalier de M. sur l'opéra d'*Orphée*. A Lausanne et Paris, chez Mme Lamarche, 1774. In-8°.

980. Lettre à Mme de X. sur l'opéra d'*Iphigénie en Aulide*. A Lausanne, 1774. In-8°.

981. Un clou chasse l'autre. Lettre sur l'opéra d'*Iphigénie*. Berlin, 1774. In-8°.

982. Réflexions sur le merveilleux de nos opéras français et sur le nouveau genre de musique. Londres et Paris. Lamarche, 1774. In-8°.

983. Dictionnaire de musique, par J.-J. Rousseau. Paris, Veuve Duchesne, 1775. 2 vol. gr. in-8°.

Parmi les nombreuses éditions de cet ouvrage célèbre, nous citerons celle de Perronneau, Paris, 1820, 3 vol. in-12, et celle de Didot, in-fol.

984. Dissertation sur le drame lyrique, par M. de Rozoi, citoyen de Toulouse. A La Haye et Paris. Duchesne, 1775. In-8°.

985. Lettre d'un amateur de l'opéra à M. de X., dont la tranquille habitude est d'attendre les événements pour juger du mérite des projets. Amsterdam et Paris. Couturier, 1776. In-8°.

986. Réflexions sur l'Opéra, Amsterdam et Paris. De Lormel. 1777. In-8°.

687. Essai sur les révolutions de la musique en France (par Marmontel). In-8°. 1777.

988. Essai sur l'opéra, traduit de l'italien, du comte Algarotti. A Pise, et se trouve à Paris, chez Ruault, 1778. In-8°.

989. Le Tolerantisme musical, par M. Bemetzrieder. Paris, chez l'auteur, 1779. In-8°.

990. Le brigandage de la musique italienne. Amsterdam et Paris, 1780. In-12.

991. Mémoires pour servir à l'histoire de la révolution opérée dans la musique par M. le chevalier Gluck, (par Durollet, Laurent, Marmontel, Boyer, Suard, Arnaud, Le Blond, Condorcet et autres). Naples et Paris. Bailly, 1781. In-8°. Portr.

992. Le rivoluzioni del Teatro musicale italiano dalla sua origine fino al presente. Opera di Stefano Arteaga. 2ª Ediz. riveduta. Venezia. C. Palese, 1785. 3 vol. in-18.

993. Bibliothèque universelle des Dames. La Poétique de la musique, par M. le comte de Lacépède. Paris, rue et hôtel Serpente, 1787. 2 vol in-12.

994. Della forza della musica nelle passioni, nei costumi e nelle malattie, e dell' uso medico del Ballo. Discorso del Dott. Gio. Franc. Zulatti di Cefalonia. Letto in nobile adunanza. Venezia. Baseggio, 1787. In-8°.

995. Dissertations sur les opéras bouffons italiens, par M. Quatremère de Quincy, 1789. In-8°.

996. Lettre familière de M. le comte d'Albar... à Mᵐᵉ la duchesse de L. sur l'Opéra (1790?) In-8°.

997. M. Wieland's, Singspiele und Abhandlungen. Leipzig Goschen, 1796. In-8°.

> Formant le 26ᵉ vol. de ses œuvres.
> A la suite d'Alceste, Rosemunde, die wahl des Herkules, opéras, de Das Urtheil des Midas op. com. et d'une cantate, se trouve :
> 1° Versuch über das deutsche Singspiel and einige dahin einschlagende Gegenstaende.
> 2° Über einige aeltere deutsche Singspiele die den nahmen Alceste fuhren, etc.

998. Essai sur la poésie et sur la musique, considérées dans les affections de l'âme, traduit de l'anglais de James Beattie. Paris, Tardieu, et Milan Giegler et Mainardi. An VI. In-8°.

999. La Scuola della musica in tre parti divisa. Opera di Carlo Gervasoni Milanese, professore e maestro di cap-

pella della chiesa matrice di Borgo Taro. Piacenza, Orcesi, 1800. In-8°. Portr.

1000. Histoire de la musique, par C. Kalkbrenner. Paris, 1802. 2 tomes en 1 vol. in-8°.

1001. Les Révolutions du théâtre musical en Italie depuis son origine jusqu'à nos jours, traduites et abrégées de l'italien de Dom. Arteaga. Londres, Nardini, 1802. In-8°.

1002. De la Mélomanie et de son influence sur la littérature, par J. F. R. Métrophile. Paris. Impr. des Annales des arts, 1802. An x. In-8°.

1003. Discours qui a remporté le prix de musique et de déclamation proposé par l'Institut national de France et décerné le 15 nivose an x, etc., par Framery. Paris, Pougens. An x (1802). In-8°.

1004. Méthode simple pour apprendre à préluder en peu de temps, avec toutes les ressources de l'harmonie, par A. E. M. Gretry. Paris, Impr. de la République, an x. In-8°.

1005. Lettre en réponse à Guillard sur l'opéra de la *Mort d'Adam*, et sur plusieurs points d'utilité relatifs aux Arts et aux Lettres, par Lesueur, pour être distribué aux autorités. Paris, brumaire, an x. In-8°.

1006. Le Russe à l'Opéra, ou réflexions sur les institutions musicales de la France. An x (1802). In-8°.

1007. Essai sur l'Art du comédien chanteur, par M. F. Boisquet. Paris, 1812. In-8°.

1008. Dissertation sur l'état actuel de la musique en Italie, par A. Perotti de Verceil, traduit de l'italien. Gênes, 1812. In-8°.

1009. De la musique dramatique en France, par Martine, 1813. In-8°.

1010. Sur les drames lyriques et leur exécution, par M. Fayolle, (en vers). Paris, 1813, In-8°.

1011. Notice sur le Métronome de J. Maelzel, (1816). In-8°. Planches.

1012. Castil Blaze. De l'opéra en France. Paris, Janet et Cotelle, 1820. 2 vol. in-8°.

1013. Dictionnaire de musique moderne, par M. Castil Blaze. Paris, à la Lyre moderne, 1821. 2 vol. in-8°.

1014. Observations désintéressées sur l'administration du Théâtre-Royal Italien adressées à M. Viotti, directeur de ce théâtre, par un dilettante. Paris, Boucher, 1821. In-8.

1015. Der musikalische Dilettanten-Verein in Altona, an seine Mitbürger. Ib. 1822. In-12.

1016. Histoire de la musique, par Mme de Bawr. Paris, Andot, 1823. In-8°.

1017. Andrea Costa considerazioni sopra l'arte del Canto in generale (italien et anglais). Londra, Schulze. 1824. In-8°.

1018. The thorough base primer, containing explanations and examples of the rudiment of harmony. By Burrowes. London, 1824, In-12.

1019. Méthode concertante de musique à l'usage des élèves de l'école royale de Musique, par M. Alex. Choron. Gr. in-8°. Paris, chez l'auteur, (1825?)

1020. Cours complet de musique religieuse à trois voix, par M. A. Choron. Paris, chez l'auteur, s. a. In-8°. (1825?)

1021. Essai sur la musique, ses fonctions dans les mœurs et sa véritable expression, suivi d'une bibliographie musicale, par M. P. Lahalle. Paris, Rousselon, 1825. In-18.

1022. Lettres sur la musique moderne, par D....gs. In-8°. (1826-32).

1023. Lettera del professore Giuseppe Carpani sulla musica di Rossini. Dedicata a S. E. il signor D. Sigismondo de' principi Chigi. Roma, Puccinelli, 1826. In-8°.

1024. Lettre à un compositeur français sur l'état actuel de l'Opéra, par J. T. Merle. Paris. Barba, 1827. In-8°.

1025. Revue musicale, publiée par M. Fetis. Paris, 1827 à 1831. 8 vol. in-8. 1832, 1 vol in-4°.

    Réunie ensuite à la *Gazette Musicale* qui continue de paraître chez Brandus.

1026. De l'Opéra, par J. T. Merle. Paris, Baudoin, 1827. In-8°.

1027. De la guerre des dilettanti ou de la révolution opérée par M. Rossini dans l'Opéra français, et des rapports qui existent entre la musique, la littérature et les arts, par J. d'Ortigue. Paris, Ladvocat, 1829. In-8°.

1028. Réforme à faire dans la manière d'écrire la musique, au moyen de laquelle les commerçants n'éprouveront plus de difficulté, etc., par un ignorant qui frissonne au seul nom de bémol. Paris, Ladvocat, 1830; Londres, Dulau, 1830. In-8°.

1028 *bis.* Curiosités historiques de la musique, complément nécessaire de la Musique mise à la partée de tout le mondee, par M. Fétis. Paris, Janet et Cotelle, 1830. In-8°.

    Voir le n° 1065.

1029. Paganini et Beriot, ou avis aux jeunes artistes qui se destinent à l'enseignement du violon, par Fr. Fayolle. Paris, Legonest, 1831. In-8°.

1030. Histoire de la musique, de Stafford, traduite de l'anglais, par Mᵐᵉ Adèle Fetis, avec des notes, etc. Paris, Paulin, 1832. In-12.

1031. Regole musicali di Fenaroli, Napoli, 1832. In-12.

1032. Le Balcon de l'Opéra, par Joseph d'Ortigue. Paris, Eug. Renduel, 1833. In-8° de 414 pages.

1033. Un 'occhiata all' I. R. Teatro alla Scala nel carnovale 1833, o piuttosto due parole sulla Catterina di Guisa del maestro Coccia. Osservazioni di D. R. S. Milano, Manini, 1833. In-12.

1034. De la symphonie. Des Symphonies de Bœthoven et de leur exécution, (par M. Miel, 1833). In-8°,

1035. *La Romance,* journal de musique paraissant tous les samedis. 1834-35. In-4°.

1036. Rossini et Bellini. Réponse de M. le marquis de San Jacinto à un écrit publié à Palerme, traduite en français par M. le chevalier de Ferrer. Paris, Everat, 1835. In-8°.

1037. Dizionario della musica di Pietro Lichtenthal. Milano, Fontana, 1836. 2 vol. in-8°.

1038. Prose e versi di Carlo Pepoli. Londra, Rolandi, 1837. 2 vol. in-12.

> Dans les proses se trouve un excellent traité du drame lyrique.

1039. Verfassung des Vereins fur Instrumentalmusik. Kiel, 1837. In-8°.

1040. Die Musikschule zu Dessau von Friederich Schneider. Dessau, 1837. In-12.

1041. L'interprète de tous les mots et termes employés en musique dans l'intérêt de l'exécution. Brest, Moreali et Merkel, 1838. In-24. Obl.

1042. Principes de mélodie et d'harmonie déduits de la théorie des vibrations, par le baron Blein, précédés d'un rapport fait à l'Académie des sciences sur cet ouvrage, par M. le baron de Prony au nom de la commission nommée à cet effet. Paris, Bachelier, 1838. In-8°.

1043. Théorie de la prononciation italienne à l'usage des personnes qui, en France, cultivent le chant. Paris, chez les marchands de musique, 1839. In-8°.

1044. De l'École italienne et de l'administration de l'Académie royale de Musique à l'occasion de l'opéra de Berlioz, par J. d'Ortigue. Paris, 1839. In-8°.

> C'est une laborieuse et habile dissertation contre la musique italienne en faveur des compositions de Berlioz, notamment de son opéra : *Benvenuto Cellini* représenté à l'académie royale de Musique en 1838.

1045. The Italian Opera in 1839, his latest improvements and existing defects, etc., by the author of the *star of the Scala*, etc. London, Novello, 1840. In-12.

1046. Principes élémentaires et théoriques de musique rédigés pour son école, par A. de Pons. Paris, chez l'auteur. In-8° gr. (1840?)

1047. Du théâtre italien et de son influence sur le goût

musical français, par Joseph d'Ortigue. Paris, au dépôt central des meilleures productions de la presse, 1840. In-8°.

> Même ouvrage que celui inscrit sous le N° 1044. L'auteur n'a changé que le titre et la préface adressée à M. Léon Kreutzer.

1048. Les sept clés rendues faciles, méthode sûre et prompte pour lire à toutes les clés, etc., par Maleden, Paris, Prilipp. s. a. In-8°. (1840?)

1049. Histoire d'un chef-d'œuvre (Montano et Stéphanie), extrait de la *Gazette musicale*, 1841. In-8°.

1050. La *France musicale* , journal hebdomadaire. Paris, Escudier, (de 1837 à 1860). 24 vol. in-4°.

> En 1848-49, ce journal s'est appelé *la Musique*. La collection, devenue assez rare aujourd'hui, offre un vaste recueil de connaissances utiles sur le Théâtre lyrique et les arts qui s'y rattachent. Il est à regretter seulement que de nombreuses fautes d'impression laissent peu de certitude à l'égard des noms propres, des dates et des citations.

1051. The Academy of elementary music, containing a lucid exposition of the theory and basis of the practice, from its primary notions to those of composition, etc., by O' Donnelly. London, Novello, 1841. In-8°.

1052. *L'Opéra,* journal de musique, littérature, beaux-arts, modes, bibliographie des ouvrages de musique. Paris, rue Lepelletier, 9, 1842. In-4°.

1053. Chants populaires de la Campagne de Rome, traduits en français par Charles Didier, texte en regard, la musique des airs et des notes de Valentino Castelli. Paris, Labitte, 1842.

> Tiré à trente exemplaires.

1054. Manuel des principes de musique à l'usage des professeurs et des élèves de toutes les écoles de musique, particulièrement des écoles primaires, par F. J. Fétis. Bruxelles. Nacher, s. d. In-8°. gr.

1055. Observations d'un amateur non dilettante au sujet du *Stabat* de M. Rossini, avec des exemples notés, etc. Paris, 1842. In-8°.

1056. Mémoire couronné par l'Institut historique, le 15 septembre 1841, sur la question : déterminer l'ordre de succession d'après lequel les divers éléments qui constituent la musique moderne ont été introduits dans la composition, etc., etc., par Biche-Latour. Paris, Bohaire, 1842. In-8°.

1057. Résumé des opinions de la presse sur le *Stabat* de Rossini, exécuté pour la première fois en public au Théâtre-Italien le 7 janvier 1842. Paris, Troupenas, 1842. In-8°.

1058. Rudiments des chanteurs, ou théorie du mécanisme du chant, de la respiration et de la prononciation, par Mᵐᵉ Claire Hennelle, née Wuïet. Paris, Meissonnier, 1843. In-8°.

1059. Fermo Bellini. Teoriche musicali sugli stromenti e l'istromentazione. Milano, Ricordi, 1844. In-8°.

1060. Le Chanteur accompagnateur, ou traité du clavier, de la basse chiffrée, de l'harmonie simple et composée, etc., dédié à M. P. Barroilhet, par A. Elwart. Paris, chez l'auteur, 1844. In-8°.

1061. Les Tablettes du pianiste, memento du professeur de piano, par Henry Lemoine. Paris, Lemoine, s. a. In-12 (1845?)

1062. Annuaire musical, 1845, contenant les noms et adresses des amateurs, artistes et commerçants en musique, par une société de Musiciens. 1ʳᵉ année. Paris, cité d'Orléans. In-12.

1063. Revue de la Musique religieuse, populaire et classique, par F. Danjou. Paris, rue Saint-Maur-Saint-Germain, 1845 à 1847, In-8.

1064. Zemire et Azor, par Gretry. Quelques questions à propos de la nouvelle falsification de cet opéra. Paris, 1846. In-8°.

> Avec trois feuilles supplémentaires, dont deux en vers, sur le même sujet.

1065. La Musique mise à la portée de tout le monde, etc., par Fetis, 3ᵉ édit. Paris, Brandus, 1847. In-8°.

Voir le n° 1029.

1066. Sull' Estetica musicale. Pensieri del D^{re} Giuseppe
De Filippi. (Extrait du *Journal de l'Institut de Milan*.)
Milano, 1847. In-8°.

1067. Opéra anti-national. Reprise d'*Aline, reine de Gol-
conde*. Un feuillet, décembre 1847.)

1068. Affaire Sax. Requisitoire de M. de Gaujal, substitut, etc., 1847. In-8°.

> Relatif à la demande formée par MM. Raoux et consorts, à fin
> de déchéance des brevets obtenus par Sax pour des instruments
> de musique.

1069. Meloprosodie française, ou Guide du chanteur,
destiné aux personnes qui veulent apprendre, etc., par
Charles Beauchemin. Paris, chez l'auteur, 1847. In-8°.

1070. L. Blondeau. Histoire de la Musique moderne depuis les premiers siècles de l'ère chrétienne jusqu'à nos
jours. Paris, Tantenstein et Cordel. 1847. 2 volumes
in-8°.

1071. L'Art dans la République. Aux artistes musiciens,
par Allyre Bureau. Paris. Libr. phalanstérienne, 1848.
In-32.

1072. Essai sur l'Art lyrique au théâtre, depuis les anciens jusqu'à Meyerbeer, par Léon Kreutzer et Édouard
Fournier. (Extrait de l'*Encyclopédie du XIXe siècle*.) Paris, Bouchard-Huzard. 1849. In-12.

1073. Une Révolution dans la musique. Essai d'applica-
tion à la musique d'une théorie philosophique, par
M. Louis Lucas. Précédé d'une préface par Théodore
de Banville, et suivi du Traité d'Euclide et du dialogue
de Plutarque. Paris, Paulin et Lechevalier, 1849. In-16
anglais.

1074. Beethoven's Symphonien nach ihren idealen Ge-
halt. Dresden, 1850. In-8°.

1075. Ville de Lille. Troisième festival du Nord, 1851.
Notice sur les trois festivals, par Henry Bruneel. Livret
adopté par la Commission. Plan et vue intérieure de la
salle. Lille. L. Danel. In-16. 2 pl. lith.

1076. Études philosophiques et morales sur l'histoire de

8

la musique, ou recherches analytiques sur les éléments constitutifs de cet art à toutes les époques, sur la signification de ses transformations avec la biographie et l'appréciation des auteurs, etc., par J. B. Labat, organiste de la cath. de Montauban. Paris, Techener, 1852. 2 vol. in-8°.

Le deuxième volume traite de l'Opéra, de l'Opéra comique, etc.

1077. Histoire et procès-verbal du Concours musical ouvert à Paris, le 12 juin 1853, sous la présidence de M. Henri Reber, etc., avec notes par Émile Chevé. Paris, rue Neuve-des-Bons-Enfants, 1853 (12 juillet), in-8°.

1078. Dictionnaire de Musique théorique et historique, par les frères Escudier, avec une préface de F. Halevy, Paris, Michel Lévy, 1854. 2 vol. in-12.

1079. Lettres sur la Musique, réunies et publiées par C. Estienne. Paris, Fontaine, 1854. In-8°.

1080. Hector Berlioz. Les Soirées de l'orchestre, nouvelle édition, etc. Paris, Michel Lévy, 1854. In-12.

1081. L'Art de chanter, par H. Panofka. Rapport du Conservatoire de musique et de déclamation, et de l'Institut, etc. Lettres adressées à l'auteur. Opinion de la presse, etc. Paris, Martinet, 1854. In-12.

1082. Critique et littérature musicales par P. Scudo. Paris, Hachette, 1852. In-12. Charp. *Réimprimé en 1856.*

1083. Sur le livre intitulé *Critique et Littérature* musicales de M. P. Scudo, par Alexis Azevedo. Paris, à *la France musicale*, 1852. In-18.

1083 *bis.* La Musique ancienne et moderne, nouveaux mélanges de critique et de littérature musicale par P. Scudo. Paris, Hachette, 1854. In-12. Charp.

Recueil d'articles publiés pour la première fois dans la *Revue des Deux-Mondes*, et constituant une série de belles et savantes études sur l'histoire et sur l'art de la musique à différentes époques. M. Scudo a l'avantage assez rare d'être lui-même un excellent musicien en même temps qu'un élégant écrivain. On regrette seulement que dans sa critique il se montre si sévère pour les ouvrages de Verdi.

1084. Annuaire musical ou Guide des compositeurs, professeurs, artistes, amateurs, etc., pour 1855, suivi de la Revue annuelle de la musique par Charles Soullier, etc. Paris, Sylvain Saint-Étienne, gr. in-8°.

1085. Monatschrift für Theater und Musik, redigirt von dom Verfasser der Recensionen. Wien, Klemm, 1855. In-4°.

1086. Esthétique musicale. Technie, ou lois générales du système harmonique, par le comte Camille Durutte. Paris et Metz, 1855. In-4.

1087. Observations physiologiques sur la voix humaine, par Manuel Garcia. Traduction d'un mémoire publié dans les « Proceedings of the royal Society. » Paris, Masson, 1855. In-8°.

1088. Conservatoire Impérial de Musique, 24 septembre 1855. Premier concert de l'Union chorale de Cologne. Notice. In-12.

1089. Berliner Musikzeitung. Echo herausgegeben von einem Vereine Musiker. 1856. In-8°.

1090. Théâtres lyriques de Paris, par Castil-Blaze. Recueil de Musique de 1100 à 1855. Paris, Castil-Blaze, 1856. Fort vol. in-4°.

1091. Sur l'Opéra français. Vérités dures mais utiles, par Castil-Blaze. Paris, Castil-Blaze, 1856. In-8°.

1092. Della Musica religiosa e delle questioni inerenti discorso di G. A. Biaggi. Milano, F. Lucca, 1856. In-8° de 206 pages.

> Bon ouvrage, dont la traduction française est, dit-on, sous presse, et semble destinée à faire sensation en France. Il est surtout dirigé contre les principes de MM. Fétis et d'Ortigues, qui prétendent restreindre la musique d'église à la tonalité et au rhythme des anciens. M. Biaggi prouve la nécessité et la possibilité du progrès dans cette branche de l'art comme dans les autres.

1093. Théories complètes du chant, par M. Stéphen de la Madeleine. Paris, Amyot, 1856. In-8°.

1094. Manuel pratique et élémentaire d'Harmonie à l'usage des pensionnats et des mères de famille, par S. M. Fitton. Paris, Brandus, 1857. In-4°.

1095. Wegweiser für Opernfreunde. Erläuternde Besprechung der auf dem Repertoire befindlichen Opern nebst Biographien der Componisten von Ferdinand Gleich. Leipzig. Matthes, 1857. In-12.

1096. Annuaire musical. Institut, Conservatoire, théâtres lyriques, etc. Paris, rue de Trévise, 1857. In-12.

1097. Le vere e sole cagioni della decadenza dell'arte musicale, e mezzo ad arrestarne il corso. Parigi, Giugno, 1858. In-8°.

> Par Achille Montuoro, pianiste-compositeur distingué. Imprimé à Turin et tiré à petit nombre.

1098. Lettre du comte Sollohub au rédacteur de l'*Indépendance belge*, sur la méthode Galin-Paris-Chevé. Paris, librairie nouvelle, 1859. In-8°.

1099. Hector Berlioz. Les Grotesques de la musique. Paris, librairie nouvelle, 1859. In-18 jésus. .

1100. Histoire ecclésiastique de l'orgue, par J. Edouard Bertrand. Paris, imp. Mourgues, 1859. In-8°.

> Extrait du journal *la Maîtrise*. Travail savant et curieux d'un jeune écrivain plein d'avenir; M. Bertrand est en ce moment rédacteur en chef de l'Entracte.

1101. L'Année musicale ou Revue nouvelle des théâtres lyriques et des concerts, des publications littéraires relatives à la musique, et des événements remarquables appartenant à l'histoire de l'art musical, par P. Scudo. Paris, Hachette, 1860. In-18.

IX

SUR LA DANSE ET LES BALLETS

1102. Dialogo del Ballo di M. Rinaldo Corso nuovamente posto in luce. Venetia, Bordogna, 1555. In-12.

> (Les deux personnages en discutant sur la danse, dont ils finissent par faire l'éloge, parlent des autres divertissements de leur temps, entre autres de la comédie, qui était, disent-ils, très-dévergondée.)

1103. Des Ballets anciens et modernes, selon les règles du théâtre. (Par le père Menestrier.) Paris, René Guignard. 1682. In-12,

1104. Histoire générale de la Danse sacrée et prophane (*sic*), ses progrès, ses révolutions, depuis son origine jusqu'à présent. Avec un supplément de l'histoire de la musique, etc., par M. Bonnet. Paris, d'Haury fils. 1724. In-12.

1105. Critique du Ballet moral dansé au collége des Jésuites de Rouen, au mois d'août 1750. Intitulé le *Plaisir sage et réglé* (par Gauthier, prêtre). s. n. 1751. In-12.

1106. La Danse ancienne et moderne, ou traité historique de la danse, par M. de Cahusac. A La Haye, Neaulme. 1754. 3 vol. in-24.

1107. Lettres sur la Danse et les Ballets, par Noverre. 1760. In-18.

1108. La Danse. Chant ive du poëme de la Déclamation, (par Dorat) ; précédé de notions historiques sur la danse, et suivi d'une réponse à une lettre de province, etc. Paris, Jorry. 1767. Fig. In-8°, d.-rel.

1109. Lettre critique sur les Ballets de l'Opéra, adressée à l'auteur du *Spectateur français*, par un homme de mauvaise humeur (L. de Boissy). 2e édit. 1771. In-8°.

1110. Pantomime dramatique, ou Essai sur un nouveau genre de spectacle. Florence et Paris. Jombert. 1779. In-8°.

1111. Lettre d'un Parisien à son ami, en province, sur le nouveau spectacle des élèves de l'Opéra, ouvert le 7 Janvier. Paris, marchands de Nouveautés. 1779. In-8°.

1112. De la Saltation théâtrale, ou Recherches sur l'origine, les progrès et les effets de la pantomime chez les anciens, par M. de l'Aulnaye. Paris, Barrois. 1790. In-8°, fig. coloriées.

(Ouvrage cité avec éloge par tous les bibliographes, et assez rare. Les planches sont copiées de celles de Ficoroni, où tous les auteurs ont puisé.)

1113. Dictionnaire de Danse, contenant l'histoire, les règles et les principes de cet art, avec des réflexions et des anecdotes curieuses, et dédié à Mlle G... Paris, Servière. An X (1802). In-12.

1114. De la Danse, par le conseiller d'État Moreau de

Saint-Méry, administrateur général des Etats de Parme, etc. Parme, Bodoni. 1803. Pet. in-8°.

1115. Examen impartial sur la Danse actuelle de l'Opéra en forme de lettre, par M. Papillon. Paris, Pichard. (An XII ?) In-8°.

1116. La Danse, ou les Dieux de l'Opéra, poëme, par J. Berchoux. Paris, Giguet et Michaud. 1806. In-12.

1117. Lettres sur les Arts imitateurs en général et sur la danse en particulier, dédiées à Sa Majesté l'Impératrice des Français et reine d'Italie, etc., par J. G. Noverre. Paris, Collin ; La Haye, Immerzel. 1807. 2 vol. in-8°, portr.

1118. Traité élémentaire, théorique et pratique de l'Art de la danse, contenant les développements, etc., par Ch. Blasis, premier danseur (du théâtre de la Scala). Milan, Beati. 1820. In-8°.

1119. Idées générales sur l'Académie royale de musique et plus spécialement sur la danse, par Deshayes, ex-premier danseur. Paris, Mongie. 1822. In-8°.

1120. Saggio di Robustiano Gironi intorno alle danze dei Greci. Milano, Ferrario. 1822. In-4° grand papier, fig.
(Avec huit belles planches gravées et coloriées, par Biasoli, Bonatti, Fumagalli, Monticelli, etc.) *Tiré à trente exemplaires.*

1121. Essai sur la Danse antique et moderne, par Mme Elise Voiart. Paris, Audot. 1823. In-18.

1122. Lettres à Sophie sur la Danse, suivies d'entretiens sur les danses anciennes moderne, religieuse, civile, et théâtrale, par A. Baron. Avec planche. Paris, Dondey-Dupré. 1825. In-8°.

1123. Manuel complet de la Danse, comprenant la théorie, la pratique et l'histoire de cet art depuis les temps les plus reculés, etc., par M. Blasis, premier danseur, et traduit de l'anglais de M. Barton, par Paul Vergnaud, et revu par M. Gardel. Paris, Roret. 1830. In-8°, fig.
(Avec cinq planches gravées au trait, dont une pour le frontispice, et 24 pages de musique. M. Blasis est encore aujourd'hui maître de ballet, au Théâtre de la Scala, et professeur de danse.)

1124. La Danse et les Ballets, depuis Bacchus jusqu'à
Mlle Taglioni, par Castil-Blaze. Paris, Paulin. 1832.
In-8°, fig.

1125. Studii sulle Arti imitatrici di Carlo Blasis. Milano,
Chiusi, 1844. In-8°, fig.

1126. Notes upon Dancing historical and practical, by
Blasis. London, Delaporte. 1847. In-8°, fig.

1127. Histoire anecdotique et pittoresque de la Danse chez
les peuples anciens et modernes, par F. Fertiault.
Paris, Aubry. 1854. In-24.

1128. Théorie de la Gymnastique de la Danse théâtrale,
avec une monographie des divers malaises qui sont la
conséquence de l'exercice de la danse théâtrale, etc.,
par G. Léopold Adice, artiste et professeur chorégra-
phe de perfectionnement attaché à l'Académie impériale
du grand Opéra. Paris, 1859. In-4°.

> Il n'a paru, jusqu'à ce jour, que le 1er volume de ce bel et utile
> ouvrage, qui sera accompagné de nombreuses figures.

X

FACÉTIES, SATIRES

1129. Il Teatro alla Moda (di Benedetto Marcello). Stam-
pato ne borghi di Belisania per Aldiviva Licante all'
insegna dell' Orso in Peata, si vende nella strada del
Corallo alla porta del palazzo d'Orlando. In-8°, fig.
(Rare.)
> (Réimprimé à Florence par Audin, en 1841. In-8°.

1130. La Guerre du Théâtre, ou les Débris du Théâtre
d'Harlequin. Paris, Jean Moreau. 1709. In-12.

1131. Entretiens où Amusements sérieux et comiques,
par M. de Fontenelle. Amsterdam, Roger. 1713. In-16.

1132. Demeslé survenu à la sortie de l'Opéra, entre le
Paysan parvenu et la Paysanne parvenue (par le chev.
de Mouhy?). Nancy et Paris, Pierre Ribou. 1735.
In-12.

1133. Le Code lyrique ou règlement pour l'Opéra de Paris, avec des éclaircissements historiques. A Utopie, chez Thomas Morus, 1743. In-12°.

1134. Réflexions d'un peintre sur l'Opéra. Paris, Merigot. 1743. In-12.

1135. La naissance du Clinquant et de sa fille Mérope. Conte allégorique. S. l. 1744. In-12.

1136. Natilica, conte indien, ou critique de Catilina (par Desforges). Amsterdam. 1749. In-12.

1137. Petites lettres sur de grands philosophes (par Palissot). Paris, 1757. In-12.

1138. L'Ombre de Lathorillière au Champs-Élysées. In-4°, (1759 ?)

1139. La Vengeance de Thalie, poëme critique de la pièce des *Philosophes*. Genève, 1760. In-8°, fig. (5).

1140. Lettre d'un original aux auteurs très-originaux de la comédie très-originale des *Philosophes*. A Berlin. 1760. In-12.

1141. Les Philosophes de Bois, comédie en un acte et en vers, par M. Cadet de Beaupré (Poinsinet le jeune). Paris, Ballard. 1760. In-12, fig.

1142. Les Philosophes manqués, comédie nouvelle en un acte et en prose (par Cailleau). A Criticomanie, chez la Satire. 1760. In-12, fig.

1143. Réponse aux différents écrits publiés contre la comédie des *Philosophes* ou parallèle des Nuées d'Aristophanes, etc., par M. D. L. M. C. (de La Marche Courmont). 1760. In-12.

1144. Lettre de l'auteur de la comédie des *Philosophes* au public, pour servir de préface à la pièce (par Palissot). 1760. In-12.

1145. L'*Année littéraire* (par Fréron), an 1760. Lettre X. Les *Philosophes*. In-12.

1146. Les Originaux ou les Fourbes punis, parodie, scène par scène, des Prétendus *Philosophes*, comédie nouvelle en trois actes, en vers (par Cailleau). A Nancy. 1760. In-12, fig.

1147. Les tristes Adieux de Palissot, qui part pour le royaume de Pont. A Rapsopolis, 1760. In-12.

1148. Les Quand, adressés à M. Palissot et publiés par lui-même. 1760. In-12.

1149. Discours sur la satire contre les *Philosophes* représentée par une troupe qu'un poëte philosophe fait vivre, etc., par (l'abbé Coyer). A Athènes, chez le libraire anti-philosophe. 1760. In-12.

1150. Copie de la troisième lettre de M. de Voltaire à Palissot, 18 juillet 1760. Aux Délices. In-12.

1151. Préface de la comédie des *Philosophes* (par l'abbé Morellet). Paris, chez l'auteur. 1760. In-12.

1152. Conseil de Lanternes ou la véritable vision de Charles Palissot, pour servir de post-scriptum à la comédie des *Philosophes*. Aux Remparts. 1760. In-12.

1153. Almanach des gens d'esprit, par un homme qui n'est pas sot, calendrier pour l'année 1762 et le reste de la vie (par Chevrier). Toujours à Londres, chez l'éternel Jean Nourse. 1762. In-12.

1154. La Dunçiade ou la Guerre des Sots. Poëme (par Palissot). A Chelsea (Paris). 1764. In-8°.

    Édition originale. *Rare.*

1155. Les Baladins ou Melpomène vengée. Amsterdam. 1764. In-8°.

1156. Mon dernier mot, ou réplique à la lettre d'un baladin. Amsterdam. 1764. In-8°.

1157. Le Pot de Chambre cassé, tragédie pour rire ou comédie pour pleurer, dédiée à un habitant de l'autre monde, avec un discours préliminaire par Enluminé de Métaphorinville. A Ridiculomanie, chez Georges L'admirateur. In-8° (1767).

1158. La Littérature renversée ou l'art de faire des pièces de théâtre sans paroles; ouvrage utile aux poëtes dramatiques de nos jours. Avec un traité du geste, contenant la manière de représenter les pièces de théâtre à l'aide des bras et des jambes, etc., et offrant en outre une excellente méthode aux gens mariés pour se quereller dans leur ménage sans faire de bruit; suivi de l'Art de se louer soi-même, d'après les principes de M. Lin.... Berne et à Paris. 1775. In-8°.

1159. Satire au comte de X. par M. Robbé de Beauveset, 1776. In-8°.

1160. Remercîments des petits danseurs et des petites danseuses de la Comédie Italienne, pour servir de réponse à la préface du Programme de M. Pitrot, l'aîné, ci-devant grand danseur, etc. Paris, s. d. (1780 ?)

1161. Les Contemporaines graduées ou Avantures (sic) des jolies femmes, etc. XVI. Les Femmes des grands théâtres (par Retif de la Bretonne). Paris. 1780. In-12, fig.

1162. La Dunciade, poëme en dix chants (par Palissot), nouvelle édit., revue, etc. Londres, 1784. In-32, portr.

1163. Le Chroniqueur descœuvré ou l'Espion du boulevard du Temple, contenant les annales scandaleuses des directeurs, acteurs et saltimbanques, etc. Londres, 1782. 2 vol. in-8°.

1164. Le Vol plus haut ou l'Espion des principaux théâtres de la capitale, contenant une histoire des acteurs et des actrices, etc. (par Dumont, comédien). A Memphis, Sincère, 1784. In-8°.

1165. Lettre de Barogo et consorts, maîtres ramoneurs au Palais-Royal, à M. Figaro et compagnie. Amsterdam, 1786. In-8°.

1166. Le Fou théâtral ou la suite du Poëte au Foyer, scène lyrique en prose, répétée par l'auteur dans le foyer du Théâtre-Français, etc., en 1786. In-8°.

1167. Discours préliminaire de l'Opéra de Tarare, appauvri de notes par une société d'indifférents. A Ormus. 1787. In-12.

1168. Lettre de M. Etcætera à ses confrères de l'Alphabet, etc., auteur de la Voix du Parterre. S. l. ni a. In-8°. (1790?).

1169. Le Poëte au foyer, ou l'Éloge des grands hommes de théâtre de la nation, y compris celui de Mirabeau, scène lyrique nouvelle, par M. de Valigny. Paris, 1791. In-8°.

1170. Moins que rien, suite de Peu de chose, ouvrage d'un genre assez neuf et plus moral qu'on ne pense, par M. Grimod de la Reynière. Lausanne et Paris, Belin, Bailly, etc., 1793. In-8°.

> Contenant des considérations sur l'art dramatique, sur Voltaire, etc., etc. *Rare.*

1171. La Mort de l'Opéra-Comique, pièce élégi-satyri-comi-tragique, pour rire et pour pleurer. Paris, Michel. 1797. In-8°.

1172. La Lorgnette de Spectacle, par un journaliste. Paris, Hollier, an VII. In-18.

1173. La Nouvelle Lorgnette des Spectacles, par Fabien Pillet. Paris, Barba. 1801. In-18, gravure.

1174. L'Optique du Jour ou le Foyer de Montansier, par Joseph R***y (Rosny). Paris. Marchand, an VII. In-12, figures.

1175. Le Tableau Comique ou l'Intérieur d'une Troupe de Comédiens, formant suite à l'*Optique du Jour*, par Joseph R. (Rosny). Paris, Marchand, an VII. In-12.

1176. Petites Vérités au grand jour sur les acteurs, les actrices, les peintres, etc., par une société d'envieux, d'intrigants et de cabaleurs. Se trouve partout, an VIII. In-8°.

> Deux parties distinctes : l'une concerne les artistes dramatiques, l'autre les célébrités de toutes classes.

1177. Le Coup de Fouet ou Revue de tous les Théâtres de Paris, des journalistes, des coteries, etc. Paris, chez Surosne, fin de l'an X (1802). In-16, grav.

1178. M. S. Résumé des travaux de la société dramatico-littéraire, en faveur d'un coutelier (Présolle) qui a encouru sa puissante protection et en a éprouvé les grands effets. In-4°.

1179. Louis Honoré Guillot, dit Homère posthume. Cinq

mois et un jour de la vie de cet homme célèbre..Ouvrage en deux parties. Petit in-4°:

Par Isnard, auteur de plusieurs pièces de théâtre inédites. An x.

1180. Procès-verbal de la séance de la section mécanique de la société dramatico-littéraire, assemblée extraordinairement le 8 floréal an x. In-12.

Cette société dramatico-littéraire est une plaisante invention d'un M. Deneux dont les facéties ont amusé une brigade d'amis; dans cette brochure il feint la réception d'un nommé Présolle, coutelier. Voir à ce sujet un article de M. Listener dans la *Gazette des Théâtres* de novembre 1859.

1181. L'Innocence reconnue ou Preuves de la bonté du cœur, de l'infaillibilité du goût, de la justesse de l'esprit et de la rectitude du jugement de M. Geoffroy. Paris, marchands de nouveautés, an xi. In-8°, portr.

1182. Le Tribunal volatile ou Nouveau Jugement porté sur les acteurs, actrices, auteurs, et sur divers endroits publics de Paris, par Ch. R....u. Paris, Tiger, l'an xi. In-32.

1183. La Guerre Théâtrale, poëme en trois chants, dédiée à mademoiselle Duchesnois. Paris, Surosne. an xi (1803). In-18.

1184. Monsieur Cothurne ami de Monsieur Botte ou la Débutomanie. Histoire véritable, théâtrale et tragique, dédiée à mesdemoiselles Volnais, Gros, Bourgoing, Duchesnois et Georges. A Paris, chez les marchands de nouveautés, an xi, 1803. In-8°, fig. au front.

1185. Mes Visites du jour de l'an à tous les auteurs mes confrères. Paris, Gœury. 1804. In-32.

1186. Authentic Memoirs of the green room involving sketches, biographical, critical, etc., of the performers of the theatres royal Drury-Lane, Covent-Garden and Haymarket. London, Reach. 1806, 3 vol. in-12.

Le *Green Room* était le cabinet de la direction du théâtre de Drury-Lane. Il a été généralisé par la suite, pour désigner la même pièce dans les autres théâtres.

1187. Le Cri du Cygne ou Réfutation théâtrale, par J.-L. Darragon. Paris, Scherff, 1806. In-8°

1188. Le Mélodrame aux boulevards, facétie littéraire,

historique et dramatique, par Placide le Vieux, etc. (Armand Charlemagne). Avec des notes plus longues que le texte, etc. Paris. 1809. In-8°.

1189. Dialogues critiques ou Résumé des discours, discussions, critiques, jugements ou sottises que l'on entend chaque jour dans les loges, les foyers, et les coulisses de nos théâtres (par Hofmann). Paris. Dondey-Dupré. 1811. In-8°.

1190. L'Art de cabaler dans les spectacles, poëme didactique en prose et en trois chants, par un acteur de Feydeau. Paris, Adrien Garnier. 1811. In-8°.

1191. Recueil d'écrits en vers et en prose relatifs à la comédie des Deux Gendres, de M. Etienne, et à Conaxa, drame. Paris 1812. In-8°, 37 brochures.
Les Deux Gendres, comédie en 5 actes et en vers, par M. Etienne.
Epître sur la Comédie des Deux Gendres, par L. V.
Lettre de M. Boileau à M. Etienne.
Lettre d'A. Piron à M. Etienne.
Petite Histoire d'un Auteur vaniteux, par Desaugiers.
Histoire de Jean Conaxa, riche marchand d'Anvers.
Conaxa ou les Gendres dupés, comédie.
Critique raisonnée de la comédie des Deux Gendres.
L'Etiennéide, poëme épico-satyrique en 2 chants.
L'Auteur des Deux Gendres pris en flagrant délit.
Mes Révélations, par M. Lebrun Tossa.
Supplément à mes Révélations.
Petite Lettre sur un grand sujet, par Granier.
Epître à l'Auteur des Deux Gendres.
Histoire abrégée d'un jeune homme persécuté.
Observations sur le jeune homme qui a écrit la comédie.
Les Gouttes d'Hoffman à l'usage des journalistes.
Nouveaux éclaircissements sur Conaxa et les Deux Gendres.
Le Martyre de Saint-Etienne, par Violet.
Encore un mot sur les Deux Gendres et Conaxa.
Vives escarmouches, avec M. Hoffman.
Réponse à M. Hoffman.
Le Fauteuil de M. Etienne, par Cholet de Jebort.
Bataille gagnée et perdue.
Coup d'œil impartial sur les Deux Gendres.
Appel à l'impartialité dans le procès, etc.

Conaxa et les Deux Gendres ou résumé des débats.
Apologie de l'auteur des Deux Gendres.
La Stéphanéide ou Conaxa, les Deux Gendres, etc.
Fin du procès des Deux Gendres. -
Notice sur M. Etienne.

1192. La Théâtréide, poëme épi-comique en six chants, par M. C. A D.(Devineau). Paris, Delaunay. 1812. In-8°.

1193. Les Etrennes ou les Entretiens des morts sur les nouveautés littéraires, l'Académie française, le Conservatoire de musique, le Salon, les journaux et les spectacles, recueillis par un témoin auriculaire revenu ces jours passés des enfers, par Francis-Edmond Fournier, médecin américain. Paris, Dentu. 1813. In-12.

1194. A bas les Masques, ou Réplique amicale à quelques journalistes déguisés en lettres de l'alphabet, par M. Forgia. Paris, Delaunay, etc. 1813. In-8°.

1195. Epître aux Mânes de Dorvigny ou l'Apologie des buveurs, par un auteur du boulevard du Temple, etc. Paris, Vaucluse. 1813. In-8°.

1196. L'Observateur au Palais Royal ou Chacun son paquet. 1814. In-8°.

1197. Les Remontrances du parterre ou Lettre d'un homme qui n'est rien à tous ceux qui ne sont rien, par M. Bellemare, ci-devant Jérôme le Franc. 4e édit., chez Pillet, 1814. In-8°.

1198. M. de la Jobardière aux acteurs, actrices et critiques du Théâtre-Français. Paris, Migneret, 1815. In-8°.

1199. Affaire de l'Odéon, mémoire (en vers) en réponse au mémoire en prose de l'avocat de la liste civile. Paris, juillet 1816. In-8°.

1200. L'Art de la Claque ou réflexions d'un claqueur émérite sur son institution, son utilité, sa théorie et sa tactique ; ouvrage entièrement neuf, rendu classique pour la clique de la claque, etc. Paris, marchands de nouveautés. 1817. In-8°.

1201. Le Rideau levé ou petite Revue des grands Théâtres, suivie d'une réponse au factum de M. Valabrègue ; nou-

velle édition revue, corrigée et augmentée, par Seve-
linges. Paris, Mardan-Delaunay, 1818. In-8°.

1202. Cadet Buteux sortant d'une représentation des
Danaïdes, pot-pourri de Désaugiers. Paris, Rosa, 1818.
In-8°.

1203. L'Hermite du Marais ou le Rentier observateur, par
Edme Paccard. Paris. Laurens. 1819. 2 vol. in-8°.

1204. Cadet Buteux au Vampire ou relation véridique du
prologue et des trois actes de cet épouvantable mélodrame, etc., par Désaugiers. Paris, Rosa, août 1820.
In-8°.

1205. Jacques Fignolet sortant de la représentation du
Vampire de la Porte-Saint-Martin, par M. A. R. Paris,
Martinet, 1828. In-8.

1206. Et nous aussi nous chantons des Vêpres, ou Fanfan
Laguere aux *Vêpres siciliennes*, par M. Qurry. Paris,
Espagny, 1820. In-8°.

1207. Les Deux Côtés du Rideau de tôle (second Théâtre-
Français), par un homme qui paie sa place. Paris, Ponthieu, 1721. In-8°.

1208. Le Coup de lance du Gymnase ou la Décadence du
Vaudeville, revue critique des acteurs et actrices de ce
théâtre, par un vieil habitué. Paris, Martinet, 1821.
In-8°.

1209. Les Holà! par L. V. Paris, marchands de nouveautés,
1822. In-8°.
Pamphlet contre la censure dramatique.

1210. Cadet Buteux à la première représentation du
Paria ou recueil véridique de cette tragédie, etc., par
Désaugiers. Paris, Barba, 1822. In-8°.

1211. Dictionnaire théâtral ou 1,233 vérités sur les directeurs, régisseurs, auteurs, etc., par Harel. Paris,
Barba. 1824. In-8°.

1212. Cadet Buteux à *l'École des Vieillards*, pot-pourri en
5 actes, par M. Jacinthe Leclere. Paris, Duvernois,
1824. In-8°.

1213. Jérôme Gâcheux à la représentation de *Robin des*

Bois, pot-pourri en 3 actes. Paris, Mme Vergne. 1825,
In-8°.

1214. Epître (en vers) à M. le Vicomte S. de la Rochefoucauld, 2me édition. Paris, marchands de nouveautés,
1826. In-8°.

> Par Paul Lacroix (bibliophile Jacob), au sujet des réformes que
> M. de la Rochefoucauld avait introduites dans la tenue des dan-
> seuses à l'Opéra. L'auteur n'avait pas 20 ans.

1215. Manuel des coulisses ou Guide de l'amateur. Paris,
Bezou, 1826. In-16.

1216. Nouveau Dictionnaire théâtral ou mille et une
vérités sur les acteurs, les actrices, chanteurs, etc.
Paris, marchands de nouveautés, 1827. In-32.

1217. Code théâtral, physiologie des théâtres, manuel
complet de l'auteur, du directeur et de l'amateur, par
J. Rousseau. Paris, Roret, 1829. In-18.

1218. Mémoires d'un claqueur. Ouvrage indispensable aux
gens du monde, utile à tous les artistes, etc., par
Robert, ancien chef des assurances dramatiques. Paris,
Constant Chantpie, 1829. In-8°.

1219. La Bobineautiade ou Coup d'œil critique sur le
Théâtre du Luxembourg, satire en deux chants, par
Imbert. Paris, Mansut, 1830. In-8°.

1220. Réflexions d'un infirmier de l'hospice de la Pitié,
sur le drame d'*Hernani* de M. Victor Hugo. Paris, Roy
Terry, 1830. In-8°.

1221. The national Drama or the histrionic war of the
majors and minors. A grand! tragic!! romantic!!!
Operatic!!!! etc., drama five acts in one. London,
Muers, 1833. In-8°.

1222. Les Malcontents, drame en 5 actes, analysé et com-
menté par Mme Pachet et la Lyonnaise. Paris, Duvernois,
1834. In-8°.

1223. Petit Dictionnaire des coulisses, publié par Jacques
le Souffleur. Paris, 1835, In-18°.

1224. Angelo tyran de Padoue, drame en 4 actes et en
prose, raconté par Dumanet, caporal, etc. Orné de
réflexions etc. Paris, J. Laisné, 1835. In-8°.

1225. L'Indiscret, souvenir des coulisses. Paris, au bureau, rue Grange-Batelière, 1836. In-32.

1226. Don Juan de Marana ou la Chute d'un Ange, drame en dix tableaux, raconté par Robert Macaire et Bertrand. Paris, Bezon, 1836. In-8°.

1227. Épître en vers à Bouffé, artiste du théâtre du Gymnase, par Arnal, acteur du théâtre du Vaudeville. Paris, Tresse, 1840 (avec des notes). In-8°.

1228. Tisiphone. Revue mensuelle. Auteurs, directeurs, acteurs et art théâtral, guide critique des gens du monde et des jeunes comédiens, par J. J. Danduran. Paris, 1841. In-18. (*Deux numéros.*)

1229. Il Teatro di Musica alla moda, di Benedetto Marcello. Nuova edizione corretta e riordinata da S. L. G. E. Audin, con aggiunta d'una canzone bolognese in lode della Malibran. Firenze, Piatti, 1841. In-8°.

1230. Physiologie du parterre. Types du spectateur, par Léon (d'Amboise), illustration par Emy. Paris, Desloges, 1841. In-32.

1231. Physiologie du musicien, par Albert Cler. Vignettes de Daumier, Gavarni, Janet-Lange et Valentin. Paris, Aubert. s. d. (1841 ?) In-32.

1232. Le Rivarol de 1842. Dictionnaire satirique des Célébrités contemporaines, par Fortunatus. Paris, au bureau du Feuilleton mensuel. 1842. In-12.

1233. Physiologie du Théâtre à Paris et en Province, par L. Couailhac. Vignettes par Emy, gravées par Birouste. Paris, Laisné. 1842. In-32, 2ᵉ édit.

> La 1ʳᵉ édition, de 1841, a pour titre : *Physiologie du Théâtre*, par un journaliste. La 2ᵉ est augmentée.

1234. Fisiologìa del poeta, por D. Mariáno Noriega. Madrid. Union commerciale, 1843. In-12.

> Curieux chapitre sur le poëte dramatique.

1235. Les Omnibus. Peregrinations burlesques à travers tous chemins, par MM. Bertall et Félix. Ornées d'illustrations nombreuses, etc. Paris, 1843. In-8°, fig. sur bois.

> Traitant surtout du théâtre. Les 3ᵉ et 6ᵉ livraisons contiennent des Parodies des Burgraves, de Lucrèce et de Judith.

1236. L'Anti-Lucrèce, ou Critique raisonnée de Lucrèce, tragédie en 5 actes en vers de M. Ponsard, par Aristophane Philoradix. Paris, Tresse, 1844. In-8°.

1237. Mystères galants des Théâtres de Paris. Ib, Cazel, 1844. In-16. Vignette.

1238. Les Mystères des Théâtres de Paris. Observations! Indiscrétions! Révélations! par un vieux comparse. Paris, Marchand, 1844. In-12, fig.

1239. Der Theater-Teufel, humoristisch satirischer Almanach für das Schaltjahr 1848 etc., herausgegeben von Joseph Mendelssohn. Hamburg. Berendsohn. 1848. In-12 (fig. sur bois).

1240. Almanach des Théâtres 1852. Paris, Dechaume, 1852. In-18.
    Des Calembours, des Couplets, etc.

1241. Calendrier des Théâtres chantant et analytique. Paris, Durand, 1853. In-8°, fig.

1242. Sur la Scène et dans la Salle, miroir des théâtres de Paris, par Amédée de Jallais. Paris, Dagneau, 1854. In-18.

1243. Paris-Comédien, par les auteurs des *Mémoires de Bilboquet*. Paris, Taride, 1854. In-32.

1244. Paris-Actrice, par les auteurs des *Mémoires de Bilboquet*. Paris, Taride, 1854. In-32.

1245. Nestor Roqueplan. Les coulisses de l'Opéra. Paris, Librairie nouvelle, 1855. In-16.

1246. Petits Albums. Les Actrices, par Damourette et Talin. Paris, Philipon (1855?), 57 grav. In-8°.

1247. Panthéon grotesque des Acteurs et Actrices de Paris. Balançoires biographiques, etc., par Salvador (avec caricatures). In-4° (1856).

1248. Les Comédiens de Paris. Dessins par Andrieux. Paris, Gustave Havard, 1856. In-32, fig. s. b.
    Ce n'est que la reproduction sous un autre titre du Paris-Comédien.

1249. Les Actrices de Paris. Dessins par Andrieux. Paris, Havard, 1856. In-18.

XI

ROMANS ET FICTIONS SUR LE THÉÂTRE

1250. La vraie Histoire comique de Francion, composée par Charles Sorel, sieur de Souvigny ; nouvelle édition avec avant-propos et notes par Émile Colombey. Paris, Delahays, 1858. In-12 Charpentier.

1251. Le Roman comique, par Scarron. Paris, au bureau, etc.; 1830. 3 vol. in-18.

1252. La Comédienne fille et femme de qualité où Mémoires de la Marquise de ***, contenant ses aventures de théâtre. Bruxelles, 1756-1767. 7 parties en 3 vol. in-12.

> Il y a sans doute erreur dans une des dates, car l'auteur dit dans la préface de la quatrième partie, datée 1767, qu'il a donné les trois premières quelques mois auparavant.

1253. La Ballerina onorata o sià memorie d'una figlia naturale del duca N. V. scritte da lei medesima e poi accresciute, etc. Venezia, 1757, Pasinelli. 2 vol. in-8°, fig. au frontispice.

1254. La Cantatrice per disgrazia o sià le avventure della marchesa N N. scritte da lei medesima con nuove e copiose aggiunte dell' autore. Parma, Carmignani. 1763. 2 vol., in-8°, fig. au frontispice.

1254 bis. La Comediante in fortuna, o sià Memorie di madama. N. N. scritte da lei medesima. Parma, Carmignani, 1763. 2 vol. in-8°. Fig. au front.

> Par l'abbé Pietro Chiari, l'un des plus féconds écrivains du dernier siècle.

1255. Mademoiselle Guimard ou la Première danseuse de l'Opéra en 1776, par Mary Lafon. In-8°.

1256. La Malle du tragédien. In-8°.

1257. Le Comédien ambulant, ou les Égyptiens du Nord, traduit de l'anglais par le traducteur des œuvres de Walter Scott. Paris, Lecomte et Durey, 1823. 4 vol., in-12.

1258. Clément XIV et Carlo Bertinazzi, correspondance inédite (par Latouche). 2 vol. in-24. Paris, Baudoin, 1829.

Lettres supposées, mais frappantes de vraisemblance. Bertinazzi, dit *Carlin*, était arlequin de la Comédie Italienne. Il est mort en 1783.

1259. Le Gil Blas du théâtre, par Michel Morin (Chabot de Bouin). Paris, Denain et Delamarre, 1833. 2 vol. in-8°, fig.

1260. Une Femme de théâtre, par J. B. May. Paris, Lecointe et Pougin, 1833. 3 vol. in-12.

1261. Une Actrice au paradis, par S. Champion Lajarry aîné. Paris, Belin, 1836. In-8°, fig. au front.

1262. The Youth of Shakspeare, by the author of Shakspeare and his friend. Paris, Baudry, 1839. In-8°.

1263. Mémoires et Confessions d'un comédien, par J. E. Paccard. Paris, Pougin, 1839. In-8°.

1264. Scènes de la vie d'artiste Lydia (par Émile Chevalet). Paris (1840?). In-18.

1265. La Pudeur de l'Opéra. In-8°.

1266. Les Deux Cantatrices. S. L. et A. In-8° (1840?).

1267. Une Grande Infortune, ou le Poëte du Théâtre-Français. Petit aperçu poétique, par J. A. Gardy. Se vend au profit d'une famille malheureuse. Paris. Wiart. 1840. In-8°.

1268. Carlo Broschi, par Eugène Scribe. Paris. 1840 (?).

Extrait de l'*Écho des Feuilletons*. In-8°, fig. s. b.
Les aventures de ce castrat, devenu célèbre sous le nom de Farinelli, sont le thème de ce roman plein d'intérêt.

1269. Une Cantatrice, par Mme Hipp. Taunay. Paris, Berquet et Petibon, 1841. 2 vol. in-8°.

1270. Le Foyer de l'Opéra. Mœurs fashionables, par Balzac, Gozlan, etc. Paris, Hipp. Souverain. 1841. 6 vol. in-8°.

Le 6me volume contient l'*Histoire d'une Loge à l'Opéra*, etc.

1271. Aventures galantes d'un ténor italien, par Jules Lecomte. Paris, Hipp. Souverain, 1842. 2 vol. in-8°.

1272. Les Mystères du Grand Opéra, par Léo Lespès. Paris, Marescq, 1843. In-8°.

1273. Mémoires d'un Petit Banc de l'Opéra recueillis par Jacques Arago. Paris, Ébrard, 1844. In-12 (*belle édition*).

1274. Les petits Mystères de l'Opéra, par Albéric Second. Paris, Kugelman, 1844. In-8° illustré sur bois par Gavarni.

1275. Une Dame de l'Opéra, par E. L. Guérin. Paris, Recoules, 1845. 2 vol. in-8°.

1276. Les Filles d'Opéra et les Virtuoses des tables d'hôte. Paris, Labitte, 1846. In-32.

1277. Chroniques secrètes et galantes de l'Opéra, 1667-1845, par G. Touchard-Lafosse. Paris, Gabr. Roux et Cassanet, 1846. 4 vol. in-8°.

1278. Portefeuille de deux Cantatrices, par Paul Smith (extrait de la *Revue et Gazette musicale*). Paris, Schlesinger. S. A. (1847?). In-8°.

1279. Les Grands Danseurs du Roi, par M. Charles Rabou. Paris, Lacrampe. S. A. In-4° (publié par *le Constitutionnel* en 1847), fig.

1280. Mœurs théâtrales : La Comédie des Comédiens, par Léon Gozlan. Paris, Victor Lecou. 1853. In-18 anglais.

1281. Un Grand Comédien, par le marquis de Foudras. Paris, Alex. Cadot, 1855. 2 vol. in-12.

1282. La Vie d'une Comédienne : Minette. Le Festin des Titans, par Théodore de Banville. Paris, Michel Lévy, 1855. In-16.

1283. Mémoires de la senora Pepita. Aveux et Confidences d'une Danseuse. Traduit de l'espagnol, par A. X. Liége, Max Kormiker et Gnusé, 1855. In-16.

1284. Edmond et Jules de Goncourt. Les Actrices. Paris, Dentu, 1856. In-32.

1285. Les Filles d'Opéra. L'art et l'esprit de l'amour, par Dusoleil. Paris, 1856. In-18.

1286. Le Chevalier Sarti, par P. Scudo. Roman musical. Paris, Hachette, 1857. In-18 jésus.

1287. Henri Murger. Propos de ville et propos de théâtre. Paris, Michel Lévy, 1854. In-24.

> Le même. Nouvelle édition considérablement augmentée. Paris, Lévy, 1858. In-18.

XII

BIOGRAPHIE THÉÂTRALE

I° BIOGRAPHIES COLLECTIVES PAR ORDRE CHRONOLOGIQUE

1288. Lettre à Milord *** sur Baron et Mlle Lecouvreur, où l'on trouve plusieurs particularités théâtrales, etc. par George Wink. Paris, Heuqueville, 1730. In-12.

1289. Étrennes logogriphes du Théâtre et du Parnasse, avec la clef pour en faciliter l'intelligence. A Sipra (Paris), 1744(?). In-12.

1290. Les Talents du Théâtre célébrés par les muses, ou éloges et portraits en vers des acteurs, actrices, danseurs et danseuses qui brillent aujourd'hui à Paris. Dédié aux amateurs de spectacle. Paris, Mesnier, 1745. In-8°.

1291. Les Étrennes des Acteurs des théâtres de Paris, contenant leurs noms, portraits et caractères. Paris, Delormel, 1747. In-8°.

> En vers. Plusieurs pièces de vers sur les acteurs et les actrices sont prises des *Talents du Théâtre*. Cette dernière brochure, beaucoup plus rare que la première, renferme aussi l'Opéra-Comique.

1292. M. S. Académie royale de Musique. État général des acteurs et actrices du chant, danseurs et danseuses, symphonistes et pensionnaires, et leurs appointements, gratifications et pensions. 1er avril 1750. In-8°.

1293. Les Trois Siècles de notre Littérature, ou tableau de l'esprit de nos écrivains depuis François Ier jusqu'en 1772, par ordre alphabétique. Amsterdam et Paris. Gueffier, 1772. 3 vol. in-8°.

1294. Biographia dramatica, or a companion to the play-house, containing historical and critical memoirs of british and irish dramatic writers et also an alphabe-tical account of their Works with an introductory view of the rise and progress of the english stage, by David Erskine Baker esq. London, 1782. 2 vol. in-8°.

Le même ouvrage continué jusqu'en 1812, par Stephen Jones. London, 1812. 4 vol. in-8°.

1295. Tablettes de renommée des musiciens, auteurs, compositeurs, virtuoses, amateurs et maîtres de mu-sique..... pour servir à l'Almanach Dauphin. Paris, Cailleau, 1785. In-8°.

1296. Le Poëte au foyer, ou l'éloge des grands hommes du théâtre de la Nation, y compris celui de Mirabeau, scène lyrique nouvelle par M. de Valigny. Paris, chez l'auteur, 1791. In-8°.

1297. Critique des Acteurs et Actrices des différents théâtres de Paris. Paris, chez tous les marchands, 1797. In-24. Le même, in-8°.

1298. Revue des Auteurs vivants, grands et petits. Coup d'œil sur la république des lettres en France, sixième année de la République française, par un impartial s'il en est (Buban). Lausanne et Paris (1798). In-24.

1299. L'Espion des coulisses, ou nouvelle critique sur les acteurs des principaux théâtres de Paris. Paris, mar-chands de nouveautés, an VIII, in-24.

1300. Mémoires pour servir à l'histoire de notre litté-rature depuis François Ier jusqu'à nos jours, par M. Palissot. Paris, Gérard, an XI (1803). 2 vol in-8°.

1301. Revue des Comédiens, ou critique raisonnée de tous les acteurs, etc. Paris, Favre, 1808. 2 vol. in-12.

1302. Acteurs et Actrices célèbres qui se sont illustrés sur les trois grands théâtres de Paris; ouvrage orné de trente portraits coloriés par J. G. (Grasset) Saint-Sau-veur. Paris, Latour, 1808, in-16.

> Très-rare. Il y en a une édition de 1809, sous le titre de *Galerie dramatique*, 2 vol., avec 60 gravures.

1303. Galerie historique des acteurs du Théâtre-Français, depuis 1600 jusqu'à nos jours, par Lemazurier. Paris, 1810. 2 vol. in-8°.

1304. Dictionnaire historique des Musiciens, Artistes et Amateurs, morts ou vivants, qui se sont illustrés en une partie quelconque de la musique et des arts qui y sont relatifs, et précédé d'un sommaire de l'Histoire de la musique, par Al. Choron et F. Fayolle. Paris, Lenormant, 1810-11. 2 vol. in-8°.

1305. Galerie théâtrale, ou collection de portraits en pied des principaux acteurs des trois premiers théâtres. Paris, Bance. 3 vol. in-4° (1812-1834).

> 144 portraits en pied, gravés par Godefroid et autres; texte attribué à Salgues.

1306. Examen critique des débuts qui ont eu lieu cette année au Théâtre-Français. Paris, Martinet, 1815. In-8°.

1307. La Comédiade, ou le Rideau relevé, lettre tragi-comico-critique et impartiale à l'auteur du *Rideau levé*, par M. Contre-Férule. Paris, Goullet, 1818. In-8°.

1308. Le Revers du Rideau, ou chacun à sa place, par G. N. Paris, Dentu, 1818. In-8°.

1309. Biographie étrangère ou Galerie universelle historique, civile, militaire, par une société de gens de lettres. Paris, Eymery, 1819. 2 vol. in-8°.

1310. Petite Biographie dramatique, silhouette des acteurs, etc., par Guillaume le Flâneur. Paris, Lemonnier, 1821. In-8°.

1311. Les Fastes de la Comédie Française et Portraits des plus célèbres auteurs, précédé d'un aperçu sur sa situation présente, etc., par Ricord aîné. Paris, Alexandre, 1821. 2 vol. in-8°.

1312. Le Musée des Théâtres. Paris, Lefuel (1821). In-16.

> Portraits en pied d'artistes dans leur rôles. Revue de toutes les pièces jouées en 1821 sur les théâtres de Paris; citations des couplets, etc.

1313. British theatrical Gallery. A collection of whole length portraits with biographical notices by D. Terry

Esq. Published by H. Berthoud jun. 65, Regent's Qua-
drant, Piccadilly, 1822. In-4°.

20 magnifiques gravures coloriées, bien supérieures à celles qui
paraissaient en France à la même époque.

1314. Ces Messieurs et ces Dames, ou les Acteurs de la
capitale, tableaux mêlés de couplets, par Soyé. Paris,
Martinet et Vente, 1823. In-8°.

1315. Galleria dei più rinomati Attori drammatici italiani.
Venezia, Picotti, 1825. 3 livraisons in-4°.

Contenant les biographies et les portraits de Carolina Tessari,
Giuseppe de Marini, Carlotta Marchionni, Luigi Vestri, Carolina
Internari, Giacomo Modena, Amalia Vidari, Francesco Lombardi,
Maddalena Pelzet, Giovanni Boccomini, Carlotta Polvaro Ange-
lini, Francesco Righetti. Gravure au frontispice.

1316. Grande Biographie dramatique, ou Silhouette des
acteurs, actrices, chanteurs, etc., de Paris et des départements, par l'Ermite du Luxembourg. Paris, 1824.
In-8°. Titre gravé.

Avec un supplément daté de 1825, le portrait de Philippe au
frontispice et les adresses des artistes à la fin. L'ouvrage renferme
296 notices.

1317. Petite Biographie dramatique faite avec adresse,
par un moucheur de chandelles. Paris, marchands de
nouveautés, 1826. In-32.

1318. Petite Biographie des Chansonniers du XIX° siècle,
par un restaurateur très-connu de ces messieurs. Paris,
marchands de nouveautés, 1826. In-32.

1319. Biographie indiscrète des Publicistes, Feuillistes,
Libellistes, Journalistes, Libraires, Furets de coulisses et
autres du XIX° siècle, par un journaliste émérite. Paris,
passage Véro-Dodat, 1826. In-32.

1320. Biographie pittoresque des Quarante de l'Académie
française, par le portier de la maison. Première édition,
revue et corrigée par un de ces messieurs, et suivie de
l'Histoire des Quarante Fauteuils. Paris, marchands de
nouveautés, 1826. In-32.

1321. Petite Biographie des Gens de lettres vivants. Paris,
marchands de nouveautés, 1826. In-32.

1322. Petite Biographie des Quarante de l'Académie française, par la portière de la maison, deuxième édition.
Paris, marchands de nouveautés, 1826. In-32.

1323. Galerie biographique des artistes dramatiques des théâtres royaux (Théâtre-Italien, Opéra, Français). 3 brochures in-8°. Paris, Ponthieu, 1826. In-8°.

1324. Nouvelle Biographie théâtrale, par un claqueur patenté. Paris, Palais-Royal, 1826. In-32.

1325. Biographie des Acteurs anglais venus à Paris, précédés de souvenirs historiques du théâtre anglais à Paris, par N. P. Chaulin. Paris, 1828. In-16.

1326. Petite Biographie des Acteurs et des Actrices des théâtres de Paris. Deuxième édition. Paris, Lemoine, 1829. In-32.

1327. Petite Biographie des Acteurs et Actrices des théâtres de Paris, avec l'âge de ces dames. Paris, 1831-32. In-18.

1328. La Rampe et les Coulisses, esquisses biographiques des directeurs, acteurs et actrices de tous les théâtres, par L. de Géréon. Paris, 1832, in-8°.

1329. Annales du Théâtre ou Galerie historique des principaux Auteurs et Acteurs, par une société de gens de lettres et d'artistes sous la direction de Fabr. Labrousse, Marty et Blaisot. Paris, Blaisot, 1833. In-8°. Portr.

> Il n'a paru que deux livraisons, mais ce titre a été repris dix ans plus tard par une publication qui se continue encore.

1330. Petite Biographie des Acteurs et des Actrices des théâtres de Paris, sixième édition. Paris, 1834. In-12.

1331. Statistique des Lettres et des Sciences en France, institutions et établissements littéraires et scientifiques. Dictionnaire des Hommes de lettres, des Savants, etc. Paris, chez l'auteur rue de Saintonge, 1834. In-8°.

1332. Biographie universelle des Musiciens et Bibliographie générale de la musique, par F. J. Fétis. Bruxelles et Mayence, 1835-1844. 8 vol. in-8°.

> Ouvrage capital dont on publie en ce moment une deuxième édition à Paris chez Didot.

1332 bis. Dictionnaire des Hommes de lettres, des Savants et des Artistes de la Belgique, présentant l'énumération de leurs principaux ouvrages, etc. Bruxelles, 1837. In-8°.

1333. Album Castelli. Portraits des principaux Artistes de la troupe enfantine de M. Castelli, avec notices sur chaque petit acteur, précédé d'un Essai sur les théâtres d'enfants, par Ch. Richomme. Paris, Janet. S. D. (1837). In-8°. Fig.

1334. Nouvelle Biographie des principaux Acteurs et Actrices de Paris, publiée par livraison, pour chaque théâtre. Chez l'éditeur, rue de Cléry. 1837. In-8°.

> Imprimé à Troyes. Suivant le catalogue Soleinne, il n'en aurait paru que 3 livraisons, contenant le Théâtre-Français, ceux du Palais-Royal, et de la Porte-Saint-Antoine.

1335. Biographie des Acteurs de Paris. Paris, rue Grange-Batelière, 22. 1837. In-18.

1336. Galerie de la Presse, de la Littérature et des Beaux-Arts. Directeur des dessins, Ch. Philipon; rédacteur en chef, Louis Huart. Paris, Aubert, 1839-41. 3 vol. in-4°. Portr.

> Contenant 147 portraits et notices, dont un grand nombre d'auteurs dramatiques, acteurs, compositeurs, etc.

1337. Galerie des contemporains illustres, par un homme de rien (M. de Loménie). Paris, rue des Beaux-Arts, 1840.

Victor Hugo,	Lamartine,	Casimir Delavigne,
Cherubini,	Balzac,	Alfred de Vigny,
Auber,	Spontini,	Martinez de la Rosa, -
Scribe,	Goëthe,	Alexandre Dumas,
Rossini,	Schlegel,	Silvio Pellico.

1338. Au Rideau. Petite chronique des théâtres. Paris, 1840. In-16.

1339. Les Belles Femmes de Paris et de la Province, par MM. de Balzac, Roger de Beauvoir, Raymond Brucker, Cordelier Delanoue, etc. Paris, au bureau, rue Christine, 10. 1839-40. 2 vol. in-8°. Grav.

> Nombreux articles concernant des actrices et des cantatrices.

1340. Études biographiques sur les Chanteurs contemporains, précédées d'une esquisse sur l'Art du Chant, par Escudier frères. Paris, J. Tessier, 1840. In-12.

1341. Physiologie des Foyers et des Coulisses de tous les Théâtres de Paris, par J. Arago. Paris, marchands de nouveautés, 1841. In-32.

> Reproduit en partie dans la brochure publiée en 1852 sous le titre Foyers et Coulisses.

1342. L'Indiscret des Coulisses, ou Biographie des artistes dramatiques de Paris. Petite chronique des théâtres; deuxième édition. Paris, chez tous les marchands,
1841. In-18.

1343. Galerie des Artistes dramatiques de Paris. Quatre-
vingts portraits en pied, dessinés d'après nature par
Al. Lacauchie, et accompagnés d'autant de portraits
littéraires. Paris, Marchant, 1841-42. 2 vol. in-4°.
Fig.

1344. Suite de la galerie des Artistes dramatiques de
Paris. Chaque portrait accompagné d'une notice bio-
graphique et littéraire, et dessiné d'après nature par
M. Alexandre Lacauchie. Paris, Marchant, 1843-44.
In-4°.

20 notices et portraits.

1345. Théâtres, Acteurs et Actrices de Paris. Biographie
des Artistes dramatiques. Paris, Dépôt central, rue de
Grammont, 1842. In-12.

1346. L'Armée des Concertants. Revue Parisienne de
deux cents Artistes. Annuaire musical critico-statistique
de 1842, par une vieille contre-basse. In-32.

1347. Dictionnaire biographique des Belges, hommes et
femmes, morts et vivants, qui se sont fait remarquer
par leurs écrits, leurs actions, leurs talents, etc., dédié
au roi, par J. Pauvels de Vis. Bruxelles. Perichon,
décembre 1843. Gr. in-8°.

1348. Les jolies Actrices de Paris en l'an de grâce 1843.
Esquisses biographiques, par Ed. Loydreau. Paris,
Breteau, 1843. In-12.

1349. Almanach des Coulisses. Annuaire des Théâtres
pour 1843. In-12; grav. sur bois. Au bureau, rue de la
Tixeranderie. Paris, Chamerot.

1350. Le Théâtre de Lille en 1844. Physiologie. Lille,
chez Vanacker, 1844. In-18.

1351. Annuaire dramatique. Histoire des Théâtres. Biographie des Acteurs, etc., par A. Bréant de Fontenay
et E. Champeaux. Paris, première année, 1844-45.

1352. Catalogo dei Maestri, compositori, professori di

musica e socii d'onore della congregazione ed accademia di Santa-Cecilia in Roma. Roma, 1845. In-8°.

1353. Biographie des Écuyers et Écuyères du Cirque-
Olympique, par un Flâneur. Paris, chez l'éditeur du Répertoire dramatique, 1846. In-16.

1354. Galerie biographique des Artistes dramatiques de
Paris, composée de 100 portraits en pied, dessinés par
A. Lacauchie, gravés sur bois par H. Faxardo, accompagnés de 100 biographies, etc. 1846. Paris, Marchand,
in-8°. Grav. s. b.

> Ce recueil n'a jamais été complété.

1355. Lives of the most celebrated Actors and Actresses
by Thomas Marshall, Esq. London, Appleyard (1847).
In-8°. Fig.

1356. Les Jolies Actrices de Paris. Notices biographiques,
par Raymond Deslandes. Illustrations par J. David;
gravures par J. Fagnion. Paris, Tresse, 1849. 7 livraisons, in-8°. Fig.

> Scrivaneck, Cerrito, Octave, Rose Chéri, Darcier, Anays Rey,
> Alphonsine.

1357. Biographie des Acteurs et des Actrices des différents Théâtres de Paris, par Hipp. Demanet. Paris. S.
D. In-8°. 1850 (?)

1358. Bibliographie biographique, ou Dictionnaire de
26,000 ouvrages, tant anciens que modernes, relatifs à
l'Histoire de la vie publique des Hommes célèbres de
tous les temps, etc., formant l'indispensable supplément à la *Biographie Universelle* de G. L. Michaud, par
E. Marie Oettinger. Leipzig, Engelmann, 1850. Gr.
in-4° à deux colonnes.

1359. Foyers et Coulisses. Panorama des Théâtres de
Paris, par J. Arago. Troisième édition. Paris, Librairie-
Nouvelle, 1852. In-12.

1359 *bis*. La même brochure, neuvième tirage, augmentée, etc.

1360. Célébrités européennes (par J. M. Cayla). Paris,
Boisgard, 1852 (?). In-8° à 2 vol. Portr. Contenant :

> Désaugiers, Jules Janin, Mᶫˡᵉ Déjazet, Fréd. Lemaître, Ad.
> Nourrit, Bouffé, Fréd. Soulié.

1361. Ai miei Amici. Dono pel nuovo anno, 1853 (*de Francesco Regli*). Torino, Dalmazzo. In-8°. Portr.

M. Regli, rédacteur du journal *Il Pirata*, publie et embellit tous les ans, depuis 1851, un livre de ce genre, qu'il envôle aux abonnés du journal. Celui de 1853 renferme différentes biographies d'artistes. (Voir le 1374.)

1362. Les Acteurs et les Actrices de Paris. Biographie complète, par Darthenay. Paris, rue Grange-Batelière, 1853. In-18.

1363. Pontificia congregazione ed accademia di Santa-Cecilia. Catalogo dei Socii, etc. Roma, Perego Salviani, 1853. In-12.

1364. Théâtres et Artistes dramatiques de Paris (*par Léonard Gallois*), illustrés de 200 portraits. Paris, Vannier, Fruchard, 1850-56.

2 livraisons en demi-feuille, fig. sur bois, contenant : La Comédie Française, le Gymnase dramatique.

1364 *bis*. Le même ouvrage continué in-4°, contenant :

Les théâtres de la Porte-Saint-Martin, du Vaudeville, des Italiens, de la Gaîté, Lyrique, du Palais-Royal, de l'Odéon.

1365. Biographie portative, universelle, suivie d'une Table chronologique et alphabétique, etc., par Lud. Lalanne, Renier, Bernard. Paris, Garnier, 1853, etc. In-12. 982 pages à 2 colonnes.

1366. Galerie illustrée des Célébrités contemporaines. Les Théâtres de Paris, cent Notices et portraits (en pied), dessinés par Lorsay, lithographiés par Collette. Paris, Martinon, 1854 (publié par Poreher). 2 vol. gr. in-8°. Fig.

1367. Vies de Haydn, de Mozart et de Métastase, par M. de Stendhal (Henri Beyle). Nouvelle édition. Paris, Michel Lévy, 1854. Gr. in-18.

1368. Catalogue d'une précieuse collection de lettres autographes d'Acteurs, Auteurs et Compositeurs dramatiques français, anglais et italiens, et de curieux documents relatifs au théâtre, provenant du cabinet de M. H***, dont la vente aura lieu le 2 mars 1854. Paris, Lefebvre, 1854. In-8°.

Rare. Détails biographiques sur un grand nombre d'artistes, de directeurs, etc. Collection formée par M. Charles Hervey.

1369. Les Contemporains, par E. de Mirecourt.

> Biographies de : Méry, Rossini, Alexandre Dumas, Rachel, Meyerbeer, Félicien David, Victor Hugo, George Sand, le baron Taylor, Fréd. Lemaître, Augustine Brohan, Dumas fils, Bocage, Auber, Lola Montes, Henri Monnier, Mélingue, Rose Chéri, Grassot, Beauvallet, Berlioz, Balzac, Déjazet, Scribe, Arsène Houssaye, Béranger, Théophile Gautier, Ponsard, Eugène Sue, Alfred de Musset, Jules Janin, Mlle Georges, Samson, Arnal, Mme Plessy-Arnoult. Paris, 1854-58. In-12.

1370. Nouvelle Galerie des Artistes dramatiques vivants, contenant (chaque volume) quarante portraits en pied des principaux artistes dramatiques de Paris, peints et gravés sur acier par Ch. Geoffroy ; avec Notices biographiques, par Alex. Dumas, Alb. Cler, Arnauld, Bouchardy, Briffault, Couailhac, etc., et précédés d'une Introduction par Edouard Plouvier. Paris, à la Librairie théâtrale, boulevard Saint-Martin, 1855. 2 vol. gr. in-4°. 80 portr.

1371. Les Comédiens d'autrefois, par A. Houssaye. Paris, Lévy, 1855-56. 2 vol. in-32.

> Le second volume porte pour titre : Les Comédiens du Temps passé.

1372. Musiciens Contemporains, par Henri Blaze de Bury. Paris, Michel Lévy, 1856. gr. in-18.

1373. Marie et Léon Escudier. Vie et Aventures des Cantatrices célèbres, précédées des Musiciens de l'Empire, et suivies de la Vie de Paganini. Paris, Dentu, 1856. In-8°.

1374. Ai miei amici. Strenna letterario-teatrale pel nuovo anno, 1856 (et 1857). 2 vol. in-8°, avec portraits et gravures.

> Publié à Turin par Francesco Regli, rédacteur du journal *Il Pirata.*

1375. La Lorgnette littéraire. Dictionnaire des grands et petits Auteurs de mon temps, par M. Charles Monselet. Paris, Poulet-Malassis et de Broise, 1857. In-12.

1376. Les Oubliés et les Dédaignés, figures littéraires de la fin du xviiie siècle, par M. Charles Monselet. Paris, Poulet Malassis, 1857. 2 vol. in-12.

1377. Les Musiciens polonais et slaves, anciens et modernes. Dictionnaire biographique des Compositeurs, Chanteurs, Instrumentistes, etc., par Alb. Sovinski. Paris, A. Leclère, 1855. In-8°.

> Un des meilleurs ouvrages de ce genre. Supplément indispensable à la Biographie de Fétis. (Ancienne édition.)

1378. Catalogue d'une belle Collection de Lettres autographes sur l'Art, la Littérature et la Musique dramatique, etc., dont la vente aura lieu le 3 décembre 1857. Paris, Laverdet. In-8°.

> *Rare.* Artistes de théâtre, lettres et actes, etc., de la collection de M. Charles Hervey.

1379. Les Binettes contemporaines, par Joseph Citrouillard, revues par Commerson. Pour faire concurrence à celles d'Eugène (de Mirecourt—Vosges). Paris, Havard (1857). 2 vol. in-32. Fig.

1380. Les Acteurs et les Actrices de Paris. Biographie complète, par Émile Abraham. Paris, rue Grange-Batelière, 13, 1858. In-12.

1381. Archives biographiques et nécrologiques. Directeur, M. Tisseron. Paris, 1858. In-8°.

> Contenant les Biographies de : M. Charles Manry, M. Henri Herz, M. Georges Kastner, M. Tamburini, M. Depassio, Mme Penco, Mme Tedesco, Mlle Poinsot, M. Dietsch, M. Belletti, M. Franchomme.

1382. Arsène Houssaye. Galerie du XVIIIe siècle. Princesses de comédie et Déesses d'opéra. Paris, Hachette, 1858. In-16.

1383. Gli Artisti di teatro, romanzo di A. Ghislanzoni coll' aggiunta di note biografiche critiche, Milano, Ufficio del Cosmorama, 1858. In-12.

> Deux volumes ont paru de ce curieux ouvrage. Dans le cadre d'un roman, l'auteur a donné une biographie générale des artistes de théâtre les plus connus.

1384. Dictionnaire universel des Contemporains, contenant toutes les personnes notables de la France et des pays étrangers, etc., par G. Vapereau. Paris, Hachette, 1858. In-8° (de 1800 pages).

1385. Revue critique parisienne et départementale, Bibliographie, Littérature, Sciences, Poésies, Beaux-Arts, Esquisses historiques et nécrologiques, Musique et

Théâtres, sous la direction de MM. Ch. Villagre et de Sainte-Vallière. Paris, au bureau, 1859. 60 grav. in-8°.

Spécialement destiné, en fait, à la publication d'esquisses biographiques d'artistes de théâtre ou d'autres personnes qui désirent la publicité.

1386. Biografia universale dei celebri Artisti di Teatro viventi, compilata da una società di letterati italiani e diretta da G. Lamperti. Milano, 1859-60. Gr. in-8°. Portraits.

Les premières livraisons contiennent Gustavo Modena, F. Romani, G. Duprez, etc.

1387. Dictionnaire universel d'Histoire et de Géographie, par M. Bouillet. Paris, Hachette, 1859. Quinzième édition. In-8° à col.

1388. Émile Deschanel. La Vie des Comédiens. Romans, Comédies, Satires, Biographies, Mémoires, Anecdotes. Paris, collection Hetzel (1859). In-12 jésus.

1389. Catalogue d'une belle Collection d'Autographes, Manuscrits, Documents historiques, etc., comprenant : Correspondance inédite de Beaumarchais, etc. Vente 16 février 1859. Paris, Laverdet. In-8°.

Beaucoup de pièces relatives au théâtre et aux artistes dramatiques.

1390. Le Théâtre étranger illustré. Galerie biographique et critique des principaux Artistes des scènes étrangères contemporaines. Portraits et costumes. Texte par Couailhac, dessins par Kreutzberger. Paris, au bureau, 1860. In-4°.

L'ouvrage est en bonnes mains, 3 livraisons ont paru jusqu'à ce jour.

1391. Catalogue de la Collection de Lettres autographes, Manuscrits, etc., de feu M. Lucas de Montigny, par M. Laverdet. Vente 30 avril 1860. Paris, 1860. In-8° de 550 pages.

Beaucoup d'autographes d'artistes et d'auteurs dramatiques.

2° SUR CORNEILLE

1392. Éloge de Pierre Corneille. Discours qui a remporté le prix d'éloquence, etc., par M. J. J. Victorin Fabre. Paris, Baudoin, 1808. In-8°.

1393. Éloge de Pierre Corneille, qui a obtenu la première mention honorable au jugement de la classe de la littérature et de la langue française, par René Chazet. Paris, imp. Lenormant, avril 1808.

1394. Éloge de P. Corneille, par un jeune Français. Paris, Martinet, 1808. In-8°.

1395. Hommage de la Neustrie au grand Corneille, poëme héroï-lyrique, présenté et lu à la séance du 9 août 1811 de l'Académie des sciences, belles-lettres et arts de Rouen, par D. Sanadon, membre non résident. Paris, Nic. Vaucluse, 1811. In-8°.

1396. Discours prononcé à l'occasion de l'Inauguration de la Statue de Corneille à Rouen, le 19 octobre 1834, par M. Lafon, des Français, suivi du discours sur la mort de Talma. Paris, Paccard, 1834. In-8°.

1397. Vie de P. Corneille, par Gustave Levavasseur. Paris, Delecourt, 1843. In-12.

1398. Corneille chez Poussin, à-propos anecdotique en vers, suivi d'un Épilogue, par M. Ferdinand de la Boullaye, représ. sur le second Théâtre-Français le 6 juin 1847, anniversaire de la naissance de Pierre Corneille. Paris, Tresse (1847). In-8°.

1399. Histoire de la Vie et des Ouvrages de Corneille, par M. J. Taschereau. Deuxième édition, augmentée. Paris, Jannet, 1855. (Édition elzévirienne.) In-12.

1400. Corneille et son Temps, étude littéraire, par M. Guizot. Paris, Didier, 1858. In-12 Charpentier.

De l'état de la poésie en France avant Corneille. — Essai sur la vie et les œuvres de Corneille. — Éclaircissements et pièces historiques. — Essai sur Chapelain, Rotrou, Scarron.

3° SUR MOLIÈRE

1401. L'Ombre de Molière, comédie (de Brécourt, 1674). In-12. On y a ajouté: Extraits de divers auteurs contenant plusieurs particularités de la vie de M. Molière et des jugements sur quelques-unes de ses pièces.

Plus un recueil de pièces en vers sur la mort de Molière.

1402. La Vie de M. de Molière. Paris, Jacques Lefèvre, 1705. In-8°.

1403. La Vie de M. de Molière, par M. Grimarest. La critique de la vie de Molière. Réponse à la critique, etc. Paris. (1705 ?) In-12. Portr.

1404. Observations sur la comédie et sur le génie de Molière, par L. Riccoboni. Paris, Pissot, 1736. In-12.

1405. Vie de Molière, avec des jugements sur ses ouvrages (par Voltaire?). Paris, Prault fils, 1739. In-12.

1406. Éloge de Molière, discours qui a remporté le prix de l'Académie française en 1769, par M. de Champfort. Paris, Demonville, 1769. Gr. in-8°.

1407. Poinsinet et Molière, dialogue dédié à M. Piron (par M. Imbert, de Nismes). A Londres (Paris), 1770. In-8°.

1408. Éloge de Molière en vers avec des notes curieuses par le petit cousin de Rabelais. A Londres et Paris. 1775, In-8° (par Aquin, de Château-Lyon).

1409. L'Esprit de Molière, ou choix de maximes, pensées, caractères, portraits et réflexions tirés de ses ouvrages; avec un abrégé de sa vie, un catalogue de ses pièces, le temps de leurs premières représentations et des anecdotes relatives à ces pièces (par Beffara). A Londres et à Paris, Lacombe, 1777, 2 vol. in-12.

1410. Discours prononcé par Molière le jour de sa réception posthume à l'Académie française, avec la réponse. Paris, 1780. In-8°.

1411. Moliérana, ou recueil d'aventures, anecdotes, bons mots, etc., de Poquelin de Molière, par C. d'Aval. Paris, Marchand, an IX (1801). In-16. Portr.

1412. Étude sur Molière, ou observations sur la vie, les mœurs, les ouvrages de cet auteur et sur la manière de jouer ses pièces, par Cailhava (de l'Institut). Paris, Debray, an x (1802). In-8°.

Reproduit en grande partie dans l'Art de la Comédie, 4 vol. in-8°.

1413. Essai sur la Comédie, suivi d'analyses du *Misan-*

thrope et du *Tartufe*, extraites d'un commentaire sur Molière que l'auteur se propose de publier, par de Saint-Prosper. Paris, 1812. In-8°.

1414. Épître à Molière, par M. P. F. M. Ursin. Paris, Dentu, 1817. In-8°.

1415. Épître à Molière, par M. A. N. (Naudet). Paris, Chaumerot, 1818. In-8°.

1416. Dissertation sur J. B. Poquelin Molière, sur ses ancêtres, l'époque de sa naissance, inconnue jusqu'à présent, etc., par L. F. Beffara. Paris, Vente, 1821.

Brochure extrêmement rare et importante en ce qu'elle rectifie plusieurs erreurs généralement accréditées sur Molière, notamment sur l'époque de sa naissance, etc.

1417. Mémoires sur Molière (sa vie par Grimarest) et sur Mme Guérin, sa veuve, suivis des Mémoires (Lettres à Milord ***) sur Baron et Mlle Lecouvreur, par l'abbé d'Allainval (avec la lettre sur *l'Imposteur* et les notices par M. Deprès). Paris, Ponthieu, 1822. In-8°.

1418. Vie de Molière, avec un discours préliminaire, etc. In-8°.

Extrait de l'édition de Molière par J. Taschereau. 1825.

1419. Supplément aux diverses éditions des œuvres de Molière, ou Lettres sur la femme de Molière. Paris, Dupont et Roret, 1825. In-8°.

1420. Histoire générale de l'Art dramatique, suivie d'un Essai littéraire sur Molière et du Poëme dramatique d'Halidon Hill, par sir Walter Scott (traduit par Defaucompret père et fils). Paris, Gosselin, 1828. 2 vol. in-12.

1421. Découverte d'un Autographe de Molière, réfutation impartiale de quelques points de controverse élevés à ce sujet, avec le Tableau comparatif des variations de l'écriture de Molière, etc. Paris, Tresse, 1840. Gr. in-8°.

1422. Le Foyer du Théâtre-Français, par Hippolyte Lucas. Molière — Dancourt. Paris, Barba (1842). In-8°.

1423. Poquelin à la Censure, ou le Monument de Molière, par J. Lesguillon, envoyé au concours de l'Académie pour ne pas concourir. Paris, Pinard, 1843. In-8°.

En vers.

1424. Monument de Molière, poëme par M. A. Dupré. Saint-Calais, Pelter Voisin, 1843. In-8°.

1425. Le Monument de Molière, poëme par Du Mersan (1843). Gr. in-8°.

1426. Madame Louise Collet. Le Monument de Molière, poëme couronné par l'Académie française, précédé de l'Histoire du Monument élevé à Molière, par M. Aimé Martin. Paris, Paulin, 1843. Gr. in-8°, avec la vue du monument.

1427. Histoire de la Vie et des Ouvrages de Molière, par M. J. Taschereau. 3ᵉ édition. Paris, Hetzel, 1844. In-12.

1428. Notice sur le Monument de Molière, suivie de pièces justificatives. Paris, Perrotin, 1844. Gr. in-8°, planches gravées.

1429. Histoire du Monument élevé à Molière (par Aimé Martin). Paris, Lefèvre, 1845. In-8°.

1430. Almanach de Tout le Monde. 1845. Contenant l'Histoire de la vie populaire de Molière, par M. Hippolyte Lucas, des analyses de ses ouvrages, etc. Paris, Tresse, In-12.

1431. Discours en vers de M. Samson, sociétaire de la Comédie française, prononcé par lui, le 15 janvier 1845, pour le 223ᵉ anniversaire de la naissance de Molière. Paris, 1845. In-8°.

1432. Lexique comparé de la Langue de Molière et des écrivains du XVIIᵉ siècle, suivi d'une lettre à M. A. F. Didot, sur quelques points de philologie française, par F. Genin. Paris, Didot, 1846. Gr. in-8°.

> Le titre ne dit pas que le *Lexique* est précédé d'une Vie de Molière fort estimée.

1433. Le Monument de Molière, poëme, accompagné de notes, etc., par Victor Barbier. Paris, 1846. In-18.

1434. De l'Influence des Mœurs sur la Comédie. Discours suivi de deux Études sur les rôles du *Misanthrope* et du *Tartufe*, par Adrien Perlet, ancien acteur. Paris, Dauvin et Fontaine, 1848. In-8°.

1435. Notes historiques sur la Vie de Molière, par A. Bazin. 2e édit. revue et augmentée, avec une note de M. P. Paris. Paris, Techener, 1849. In-12 et in-8°.

Publié en 1847 dans la *Revue des Deux Mondes*, reproduit pour la troisième fois en 1851,

1436. Molière musicien. Notes sur les œuvres de cet illustre maître et sur les drames de Corneille, Racine, Quinault, etc., par Castil Blaze. Paris, Castil Blaze, 1852. 2 vol. in-8°.

1437. Histoire des Pérégrinations de Molière dans le Languedoc, d'après des documents inédits (1642-1658), par Emmanuel Raymond. Paris, Dubuisson et Cie, 1858. In-12.

1438. P. L. Jacob (bibliophile). La Jeunesse de Molière, suivie du *Ballet des Incompatibles*, pièce en vers inédite de Molière, avec une lettre au bibliophile Jacob par Félix Delhasse. Paris, Delahays, 1858. In-32.

1439. Molière et sa Troupe, par H.-A. Soleirol. Paris, chez l'auteur, 1858. Gr. in-8° (5 portr.).

4° SUR TALMA

1440. Exposé de la Conduite et des Torts du sieur Talma envers les Comédiens français. Paris, Prault, 1790. In-8°.

1441. Épître à Talma par Népomucène L. Lemercier. Paris, Collin, 1807. In-8°.

1442. Talma, - dithyrambe présenté à lui - même, le 26 mai 1819, par L. Belmontet. Dédié à MM. les étudiants en droit de la faculté de Toulouse. Ib. In-8°.

1443. Remarques sur Athalie, sur le danger de quelques doctrines sacerdotales et sur Talma, au sujet de la représentation donnée le 8 mars, par R. Athanase. Paris, Corréard, 1819. In-8°. Portr. color.

1444. Discours prononcé sur la tombe de Talma par Lafont. 1826. In-8°.

1445. Talma. Précis historique sur sa vie, ses derniers

moments et sa mort, etc., par M. E. Duval. Paris, 1826. In-18. Portr.

1446. Élégie sur la Mort de Talma, improvisée par M. Eugène de Pradel. Meulan et Paris, 1826. In-8°.

1447. Parallèle entre Talma et Lekain, esquisse, suivie de quelques réflexions sur l'art dramatique, par M. Firmin aîné. Paris, Hautecœur, 1826. In-8°.

1448. Talma n'est plus, hommage à sa mémoire (vers), par M. A. Magnien. Paris, 1826. In-8°.

1449. Notice sur Talma, par Laugier et Mottet. 1826. In-8°.

1450. Dialogue aux Champs-Élysées (entre Talma, Geoffroy, Denis, David, etc.). Paris, Ponthieu, 1826. In-8°.

1451. Vie de Talma, par M. *** (Duval). 2e édit. Paris, Guien et Cie, 1826. In-32.

1452. Souvenirs historiques sur la Vie et la Mort de F. Talma, par J. F. Tissot. Paris, 1826. In-8°. Portr.

1453. Mémoires historiques et littéraires sur Talma, par M. Moreau (avec fac-simile). Paris, Ladvocat, 1826. In-8°.

1454. Notice sur Talma, dédiée à la Comédie française, par Adolphe Laugier. Paris, Hautecœur, 1827. In-8° (avec un autographe).

1455. Mémoires historiques et critiques sur F. J. Talma et sur l'Art théâtral, par M. Regnault-Varin. Paris, Henri Retot, 1827. In-8°.

1456. Études sur l'Art théâtral, suivies d'anecdotes inédites sur Talma et de la correspondance de Ducis avec cet artiste de 1792 à 1815, par Mme veuve Talma. Paris, Feret, 1836. In-8°. Portr.

1457. Mémoires de J. F. Talma, écrits par lui-même et recueillis et mis en ordre sur les papiers de sa famille, par Alexandre Dumas. Paris, Hippolyte Souverain, 1858. 4 vol. in-8°.

5° SUR MADEMOISELLE RACHEL

1458. Rachel, ou la jeune Rachel et la vieille Comédie française. Paris, Le Gallois, 1838.
Il y en a eu deux autres tirages avec la date 1839.

1459. Épître à Mademoiselle Rachel, par M. Samson, de la Comédie française. Paris, Barba, 1839. In-8°.

1460. Bouquet offert à Mademoiselle Rachel, actrice tragique aux Français, suivi de Notices biographiques sur cette grande tragédienne, surnommée la *Merveille du Théâtre*, et autres acteurs et actrices célèbres, par P. Cuisin. Orné d'une jolie lithographie. Paris, Barba, 1839. Gr. in-8°.

1461. Mademoiselle Rachel et l'Avenir du Théâtre-Français, par A. B. (Auguste Bolot). Paris, Rousseau, 1839. In-8°.

1462. Quelques Observations sur l'Art théâtral, la Comédie française et Mademoiselle Rachel, par L. P. Paris, 1842. In-8.

1463. Épître à Mademoiselle Rachel, par Ovide Pagès, lieutenant, etc. Strasbourg, août 1845. In-8°.

1464. Le Zodiaque, satires. Octobre (1846). A Rachel (Feuilleton du *Siècle*).

1465. Mademoiselle Rachel et sa Troupe en province, satire, par Auguste Roussel. Paris, Michel Lévy, 1849. In-12.

1466. La Vérité — Rachel. Examen du talent de la première tragédienne du Théâtre-Français, pour servir à l'histoire de la scène, à l'étude des artistes dramatiques, etc., par Charles Maurice. Paris, Ledoyen, 1850. In-8°.

1467. Rachel et le Nouveau Monde, promenade aux États-Unis et aux Antilles, par Léon Beauvallet. Paris, Cadot, 1856. In-12.

1468. Catalogue du mobilier, des tableaux, des objets d'art et de curiosité de Mademoiselle Rachel, dont la vente aux enchères publiques aura lieu les 27, 28, 29, 30 juillet 1857. In-8°.

1469. Rachel. Détails inédits, par A. P. Mantel, avec *facsimile*. Paris, Ad. Delahays, 1858. In-32.

1470. Vente après décès de mademoiselle Rachel. Catalogue des objets mobiliers, livres, costumes, etc. Avril 1858. In-8°.

1471. Rachel et la Tragédie, par M. Jules Janin, ouvrage orné de photographies représentant Rachel dans ses principaux rôles. Paris, Amyot, 1859. Gr. In-8°.

1472. Lettre à M. Jules Janin, par M. Samson, de la Comédie française. Paris, 1859. In-8°.

Au sujet du livre sur Rachel.

6° AUTEURS DRAMATIQUES

1473. Teatro d' uomini letterati aperto dall' abbate Girolamo Ghilini. accad. incognito, Venezia, Guerigli, 1647. 2 vol. en un in-4°.

Biographie des auteurs, la plupart italiens.

1474. Le Glorie degli Incogniti ovvero gli Uomini illustri dell' Accademia de' Signori incogniti di Venetia. In Venetia, Valvasense, 1647. In-4°. Fig.

Cet ouvrage remarquable et rare contient la biographie de cent six hommes de lettres, la plupart auteurs dramatiques, qui ont été membres de ladite Académie. Chaque biographie est accompagnée du portrait gravé du personnage. Il y a, en outre, deux frontispices gravés et une table alphabétique.

1475. Vers présentés au Roi sur l'exil de Théophile. 1620. In-12.

1476. Mémoires sur la Vie de Jean Racine, par Louis Racine, son fils. A Lausanne et à Genève, chez Marc-Michel Bousquet et Cie, 1747. In-12.

1477. Les Ennemis de Racine au xviie siècle, par F. Deltour. Paris, Didier et Cie, 1857. In-8°.

1478. Littérature grecque. Notice de deux manuscrits de Racine. In-12.

1479. Éloge de M. Le Clair (extr. du *Nécrologe*). 1764. In-12.

1480. Éloge de M. Roy (extr. du *Nécrologe*). 1765 ? In-12.

1481. Éloge historique de Baurans, poëte et musicien (extr. du *Nécrologe*). 1765? In-12.

1482. Mémoires sur la vie de l'auteur (Palissot). Amsterdam, 1770. In-8°.

Placés à la suite de *l'Homme dangereux*, comédie, avec plusieurs pièces justificatives.

1483. Mémoires et Consultations pour Pierre Auguste Caron de Beaumarchais. (Deux parties en un vol.) 1774. In-8°.

1484. Mémoire pour Pierre-Auguste Caron de Beaumarchais. (16 janvier 1775.) In-4°.

1485. Confession générale de Pierre-Auguste Caron de Beaumarchais, exécutée au Caveau du Palais-Royal, etc. S. L. 1787. In-8°.

1486. Vie privée, politique et littéraire de Beaumarchais, suivie d'anecdotes, bons mots, etc. Paris, Michel, 1802. In-12. Portr.

1487. Mémoires de Beaumarchais. Paris, Berquet-Froment, 1827. 2 vol. in-32.

1488. Trois Mois de ma Vie, ou l'Histoire de ma Famille, par Dumaniant. Paris, Barba, 1811, 3 vol. in-12.

1489. Taconet, ou Mémoires historiques pour servir à la vie de cet homme célèbre. Article publié dans le *Nécrologe* de 1775. In-12.

1490. Pironiana, ou Recueil d'aventures plaisantes, bons mots, saillies, etc., d'Alexis Piron, par C. d'Aval. Paris, Vatar-Jouannet, 1808. In-16. Portr.

1491. Scarroniana, ou Recueil d'anecdotes, bons mots, réponses bouffonnes, etc., de Paul Scarron, suivi des meilleurs morceaux de poésies burlesques de cet auteur, par le C. C. d'Avallon. Paris, Hedde, an ix, 1801. In-16. Portr.

1492. Voltairiana, ou Recueil de bons mots, plaisanteries, pensées ingénieuses et saillies spirituelles de Vol-

taire, etc., suivi des anecdotes peu connues relatives à
ce philosophe et poëte célèbre, par le C. C... d'Aval
(Cousin d'Avallon). Paris, Pilloz, an IX. Portrait gravé
par Bovinet.

1493. Discours sur Voltaire, mentionné par l'Académie
française au concours de 1844, par Henri Baudrillart,
Paris, Labitte, 1844. In-8°.

1494. Trait de reconnaissance de Julien-Louis Geoffroi,
ancien professeur de rhétorique au collége Mazarin,
ancien et actuel rédacteur de *l'Année littéraire*, etc.

   Par M. Gobet, qui déverse le sarcasme contre le célèbre feuille-
   toniste des *Débats* pour cause de critique (1802?).

1495. Mémoires et Correspondance littéraire, dramatique
et anecdotique de C. S. Favart, publié par A. P. C.
Favart, son petit fils, précédés d'une Notice historique,
par H. F. Dumolard. Paris, Collin, 1808. 3 vol. In-8°.

1496. Œuvres de M. et Mme Favart. Leur Vie, par lord
Pilgrim. Mme Favart et le maréchal de Saxe, par Léon
Gozlan. Paris, Eugène-Didier, 1853. *Format anglais.*

   Les œuvres annoncées par le frontispice sont : *la Chercheuse d'esprit* et *les Trois Sultanes*, les *Contes* de Mme Favart, le *Journal* et la
   Correspondance du mari. Mais les lettres de cet auteur sont ici
   mutilées, réunies par trois ou quatre sous la même date, et ne for-
   ment pas la moitié de la correspondance de Favart, telle qu'on la
   trouve dans l'ouvrage précédent.

1497. Notice sur la Vie privée et publique de J. F. Bour-
sault-Malherbe, en réponse à quelques pamphlets.
Paris, impr. de Lebègue, 1819. In-8°.

1498. Notice sur la Vie et les Ouvrages de Quinault, suivie de pièces relatives à l'établissement de l'Opéra, par
Crapelet. Paris, 1824. In-8°.

1499. Notice sur Marivaux (1825). Avec portrait. In-8°.

1500. Étude sur la Personne et les Écrits de J. F. Ducis,
par Onésime Leroy. 2e édition. Paris, Collas, 1835.
In-8°.

   Ouvrage couronné par l'Académie française. Au moyen d'une
   nouvelle couverture portant la date de 1836, l'éditeur a simulé une
   nouvelle édition.

1501. Notice biographique sur M. Martinez de la Rosa,
par Eugène Garay de Montglave. Paris, à la *Revue biographique*, juillet 1843. In-8°.

1502. A M. Félix Pyat. Réponse du Prince des Critiques. Paris, 1844. In-12.

1503. Pierrot racontant au public l'Histoire de la querelle de MM. J. J., Félix Pyat et un peu Alexandre Dumas. Paris, rue Saint-Jacques, 1844. In-12.

1504. Frédéric Soulié, sa Vie et ses Ouvrages ; orné de son portrait et suivi des discours prononcés sur sa tombe par Victor Hugo, Paul Lacroix et Antony Béraud, par Maurice Champion. Paris, Moquet, 1847. In-12. Portr.

1505. Notice nécrologique sur Melchior-Frédéric Soulié, poëte et littérateur, décoré de Juillet, mort à Bièvre, le 23 septembre 1847, par MM. Victor Hugo, Alexandre Dumas, Jules Janin, Paul Lacroix, etc. Paris, 1847. Gr. in-8°.

Extrait du *Nécrologe universel.*

1506. Obsèques de Jean-François Bayard, auteur dramatique. 22 février 1853. In-8°.

1507. Rétif de la Bretonne, sa Vie, ses Amours, etc., par Charles Monselet (portrait et *fac-simile*). Paris, Alvarès fils, 1854. In-12.

1508. Lettres de Silvio Pellico recueillies et mises en ordre par M. Guillaume Stefani, traduites et précédées d'une introduction par M. Antoine de Latour. 2ᵉ édition. Paris, Dentu, 1857. In-12. Portr. et *fac-simile*.

1509. Lope de Vega. Les Amours de Lope de Vega. Dorothée. Par Fauriel.

Extrait de la *Revue des Deux Mondes* des 1ᵉʳ septembre 1839 et 15 septembre 1843.

1510. Étude sur la Vie et les Œuvres de Lope de Vega, par Ernest Lafond. Paris, Librairie nouvelle, 1857. In-12. Portr.

1511. L'Année la plus mémorable de la vie d'Auguste de Kotzebue, auteur du *Misanthrope*, etc. Traduit de l'allemand. Paris, Lepetit et Gérard, an x, 1802. 2 vol. in-12. Fig.

1512. Shakspeare et son Temps, étude littéraire, par M. Guizot. Paris, Didier, 1852. In-12 Charp.

1513. Mémoires de Aug.-Guil. Iffland, auteur et comédien allemand, avec une notice sur les ouvrages de cet auteur. Paris, Ledoux, 1823. In-8°.

1514. Iffland in seinen Schriften als Künstler, Lehrer und Director der Berliner Bühne. Zum Gedæchtniss seines 100jaehrigen Geburtstages am 19. april 1859. Zusammengestellt und herausgegeben von Carl Duncker. Berlin, Duncker und Humblot, 1859. In-12. Front. grav.

1515. Festrede gehalten am Schiller-Tage von Ludwig Kalisch. Paris, 10 novembre 1857. In-4°, une feuille.

1516. Mémoires de M. Goldoni, pour servir à l'Histoire de sa vie et à celle de son théâtre. Paris, Duchesne, 1787. 3 vol. in-8°.

    Édition originale, bien préférable à la suivante, qui est mutilée et réduite d'un tiers.

1517. Mémoires de Goldoni, pour servir à l'Histoire de sa vie et à celle de son théâtre, précédés d'une Notice par M. Moreau. Paris, Ponthieu, 1822. 2 vol in-8°.

1518. Alla memoria di Vittorio Alfieri, le Muse astigiane. In Asti, 1804. In-4°.

    Recueil de vers de divers auteurs à l'occasion de la mort du grand poëte.

1519. Notice sur la Personne et les Ouvrages du comte Vittorio Alfieri (par M. de Fallette-Barrol) (extrait des Archives littéraires). 1804. In-8°.

1520. Vie de Victor Alfieri, écrite par lui-même et traduite de l'italien par M.***. Paris, Nicolle, 1809. 2 vol. in-8°.

1521. Lettres de P. L. Ginguené à un Académicien (de Turin) sur un passage de la vie de Vittorio Alfieri. Paris, impr. Colas, 1809. In-8°.

1522. Alfieri aux Champs Élysées, poëme par J. A. S. Collin de Plancy. Paris, impr. de Hocquet, 1817. In-8°.

1523. Vita di Vittorio Alfieri scritta da esso. Torino, Pomba, 1851. In-12.

1524. Alexandre Dumas embêté par Croton Duvivier, rentier, ancien fabricant de drap d'Elbeuf (par Antonio Watripon). Paris In-8°.

1525. Fabrique de Romans. Maison Alexandre Dumas et Compagnie, par Eugène de Mirecourt. Paris, march. de nouv., 1845. In-8°.

Libelle dicté par le dépit et par l'envie, mais sans portée réelle : on n'y prouve aucun fait de nature à porter atteinte à la gloire bien méritée du célèbre écrivain.

1526. Réponse à l'auteur du pamphlet intitulé : *Maison Alexandre Dumas et Compagnie*, par le capitaine Pierre Ledru, baron de Blaguenpuff. Paris, Michel Lévy, 1845. Gr. in-8°.

1527. Alexandre Dumas dévoilé par le marquis de la Pailleterie, marchand de lignes, etc., 2° édition (par Mirecourt?). Paris, 1847. In-12.

1528. Mes Mémoires, par Alexandre Dumas.

Commencés en feuilletons dans *la Presse* en 1851, continués dans *le Mousquetaire* et publiés en volumes chez Lévy. Ouvrage fort intéressant, nous dirons même nécessaire à l'histoire du théâtre contemporain en France. Il est à regretter que la publication de ces mémoires se soit arrêtée à l'époque la plus importante de la carrière dramatique de Dumas.

1529. Voltaire turlupiné par Alexandre Dumas (par Croton Duvivier). Paris, Nolet, 1855. In-8°.

Une des mille productions de l'envie contre le génie; absence d'esprit et de faits.

1530. Phrenological Appreciation of the character of Alexandre Dumas, by M. A. Castle. M. D., Liverpool, 1855. In-8°.

Publié en français dans *le Mousquetaire* et en anglais à Londres et à Liverpool.

7° COMPOSITEURS ET MUSICIENS

1531. Éloge de M. Rameau, par M. Chabanon, de l'Acad. roy. des inscript. Paris, M. Lambert, 1764.

1532. Éloge de Rameau (extr. du *Nécrologe*). 1764. In-12.

1533. Vie de Lully, musicien (avec portrait). Paris, (1784?). In-8°.

1534. Mémoires ou Essais sur la Musique, par Grétry. Paris, an v, 3 vol. in-8°.

On peut appeler cet ouvrage une autobiographie; l'auteur ne parle que de ses œuvres.

1535. Recueil de Lettres écrites à Grétry ou à son sujet, par Hippolyte de Livry. Paris, Ogier (1809). In-8°.

1536. Grétry en famille, ou Anecdotes littéraires et musicales relatives à ce célèbre compositeur, précédées de son oraison funèbre par M. Bouilly, rédigées et publiées par A. Grétry neveu. Paris, Chaumerot, 1814. In-8°.

1537. Cause célèbre relative à la Consécration du cœur de Grétry, ou Précis historique des faits énoncés dans le procès intenté à son neveu Flamand Grétry par la ville de Liége, auquel sont jointes toutes les pièces justificatives. Déposé aux pieds de S. M. Charles X et présenté à la famille royale. Ce précis est orné de différentes vues par des artistes distingués, d'un beau portrait de Grétry d'après Isabey, de *fac-simile*, etc., etc. Paris, 1824. In-4°.

1538. Grétry, par Félix van Hulst. Liége, F. Oudart, 1842. Gr. in-8°. Portr.

> Excellente biographie, accompagnée d'un beau portrait lithogr. par J. Colleyer.

1539. Notice sur la Vie et les Ouvrages de Niccolo Piccini, par Ginguené. Paris, 1801. In-8°.

1540. Anecdotes sur W. G. Mozart, traduites de l'allemand par Ch.-Fr. Cramer. A Paris, an ix, 1801. In-8°.

> Avec deux planches de musique notée.

1541. Notice biographique sur Jean-Chrysostome-Wolfgang-Théophile Mozart. Paris, Fuchs, an x (1801). In-8°.

1542. Nouvelle Biographie de Mozart, suivie d'un aperçu sur l'Histoire générale de la Musique et l'analyse des principales œuvres de Mozart, par Alexandre Oulibicheff. Moscou, 1843. 3 vol. in-8°.

1543. Mozart. Vie d'un Artiste chrétien au xviiie siècle, extraite de sa correspondance authentique, traduite par J. Goschler, chanoine. Paris, Douniol, 1857. In-12.

1544. Notice sur Joseph Haydn, associé étranger de l'Institut de France, par Framery, son correspondant. Paris, Barba, 1810. In-8°.

1545. Institut de France. Notice historique sur la Vie et

les Ouvrages de Joseph Haydn, lue dans la séance du 6 octobre 1810, par Joachim Le Breton. In-4°.

1546. Vie de Dalayrac, chevalier de la Légion d'honneur et membre de l'Académie impériale de Stockholm, contenant la liste complète des ouvrages de ce compositeur célèbre, par R. R. (Guilbert de Pixérécourt?). Paris, Barba, 1810. In-12. Portr.

1547. Gluck. Souvenir de 1808. *Signé* E. T. A. Hoffmann. In-8°, s. d.

1548. Notices sur Corelli, Tartini, Gavini, Pugnani et Viotti, par F. Fayolle. Paris, 1810. In-8°. Portr.

1549. Notice historique sur la Vie et les Ouvrages de Paesiello, par M. Quatremère de Quincy (4 octobre 1817). In-4°.

1550. Notice historique sur la Vie et les Ouvrages de Monsigny (1818). In-4°.

1551. Notice historique sur la Vie et les Ouvrages de Mehul, par M. Quatremère de Quincy. Lue à la séance de l'Acad. roy. des beaux-arts, le 2 octobre 1819. In-4°.

1552. Les Confessions de J. J. Rousseau. Paris, Garnery, 1823. 3 vol. in-12.

Avec le *Supplément aux Mémoires* par V. de Musset, qui contient la vie de Rousseau, depuis l'époque à laquelle se terminent les *Confessions* jusqu'à sa mort. En tout, 4 vol. in-12.

1553. Vie de Rossini, par P. de Stendhal. Paris, 1824. 2 vol. in-8°. Portr.

1554. Rossini. Sa Vie et ses Œuvres, par les frères Escudier, avec une introduction par Méry. Paris, Dentu, 1854. In-8°.

1455. Rossini. Notes de voyage d'un artiste, par C. Doussault (Extrait de la *Revue de Paris*, 1er mars 1856).In-8°.

1556. E. M. Œttinger. Rossini, l'Homme et l'Artiste. Traduit de l'allemand, avec l'autorisation de l'auteur, par P. Royer. Bruxelles, Aug. Schnée; Paris, Bohné et Schulz. 1858. 3 vol. in-16.

1557. Nicolo Paganini. Notice sur ce célèbre Violoniste, par J. Imbert de Laphalèque. Paris, Guyot, 1830. In-8°. Portr.

1558. Biografia di Vincenzo Bellini, scritta da Filippo Gerardi. Roma, Salvini e figlio. 1835. In-8°.

1559. Notice biographique sur Roland Delattre, connu sous le nom d'Orland de Lassus, par H. Delmotte. Valenciennes, 1836. In-8°. Portr., fig.

1560. Notice sur Reicha, musicien compositeur et théoriste, par son élève, J. A. Delaire, avec portrait et mausolée gravés par Dieu et Normand. Paris, 1837. In-8°. Fig.

1561. Détails biographiques sur Beethoven, d'après Wegeler et Ries, par G. E. Anders. (Se vend au profit du monument de Beethoven.) Paris, au bureau de la *Gazette musicale*, 1839. In-8°.

1562. Biographie de Jean-François Lesueur, par M. Stephen de la Madeleine. Paris, au bureau de *la Renommée*, 1841. In-8°.

1563. Le Biographe universel. Notice biographique sur M. Kalkbrenner (par L. Boivin). Paris, Bureau central, 1842. In-8°.

1564. Essai sur la Composition musicale. Biographie et Analyse phrénologique de Cherubini, avec notes et plan cranioscopique, par Ch. Placé. Paris, chez les principaux libraires, 1842. Gr. in-8°. Fig.

1565. Étude phrénologique sur le caractère original et actuel de François Liszt, suivie d'un appendice, etc., par M. Castle, d. m. Milan, 1847. In-8°.

1566. F. Chopin, par F. Liszt. Paris. Escudier, 1852, In-8°.

1567. Frédéric Chopin, par Louis Enault. Paris, 1856. In-32.

1568. L'Europe théâtrale. Notice biographique sur M. Giacomo Meyerbeer (juin 1849). Gr. in-8°.

1569. Elogio del cavaliere Gasparo Spontini, conte di Sant' Andrea, da D. Ignazio Montanari. Ancona, Aurelj. 1851. In-8°.

1570. Archives des Hommes du jour. Biographie d'Ernest

Visconti (de Naples), professeur de chant à Paris, par Ch. Villagre et de Quincy. Août 1852. In-8°.

1571. Picco the blind-born sardinian minstrel as he appeared at the imperial italian Opera house at Paris. (London, 1856). In-8°. Fig.

> C'est un recueil d'extraits de journaux sur les concerts donnés par Picco. La couverture porte le portrait de l'artiste. Voir ci-après.

1572. Adolphe Adam. Souvenirs d'un musicien, précédés de notes biographiques écrites par lui-même. Paris, Michel Lévy, 1857. In-12.

1573. Quelques Articles concernant M. Zani de Ferranti, premier guitariste de S. M. le Roi des Belges, ex-professeur au Conservatoire royal de Bruxelles, Milan, 1858. In-18.

1574. Biographie (de Giuseppe Picco). Londres, 1859. In-12, 1/4 de feuille.

1575. A Biographical sketch of professor Picco the blind sardinian minstrel (London, 1859). In-12, 1/4 de feuille. Fig. s. b.

> Picco, joueur de sifflet rustique, est peut-être, dans son genre, l'artiste le plus étonnant de ce temps.

8° ACTEURS

1576. Arliquiniana (sic), ou les Bons Mots, les Histoires plaisantes et agréables recueillis des conversations d'Arlequin (Dominique); seconde édition augmentée. Paris, chez Florentin et Pierre Delaulne et chez Michel Brunet, 1694. In-12.

> Par Cotolendi. Il y a une contrefaçon de la même année avec la date de Lyon, chez Hilaire Baritel.

1577. La Pompe funèbre d'Arlequin (Évariste Gherardi), mort le dernier jour d'aoust 1700. Paris, Musier, 1701. Petit in-12.

1578. La Vie de Scaramouche, par le sieur Angelo Constantin (Costantini), comédien ordinaire du Roi sous le nom de Mezetin. Troyes, Jean Garnier, 1695? In-16.

1579. Scaramouchiana, ou Recueil des ruses du fameux

Scaramouche, suivi des Aventures d'un Flamand. A Déridonopolis (Lille), au grand Magasin de gaieté, 1809. In-32.

Figure au Frontispice représentant Scaramouche en voyage. Rare. La première partie est la reproduction de la *Vie de Scaramouche* par Angelo Costantini.

1580. Éloge d'Antoine Bandieri de Laval (extr. du *Nécrologe*). 1768? In-12.

1581. Supplément au Roman comique, ou Mémoires pour servir à la vie de Jean Monnet, ci-devant directeur de l'Opéra-Comique, etc. (au 2e vol., les Mystifications du sieur P.,. (Poinsinet). Londres, 1773. 2 vol. in-12.

1582. Confession générale d'Audinot. A Genève, chez les frères Crammer, et ici sous le manteau. 1774. In-8°, front. gravé.

1583. Mort de Bordier, acteur des *Variétés*, signé Dumaniant (Laporte). In-8° (1789).

Bordier fut pendu à Rouen pour cause politique.

1584. La Mort subite du sieur Bordier, acteur des *Variétés*. Lettre d'un négociant, etc. 1789 (août). In-8°.

1585. Réponse de M. Naudet, comédien du Roi, aux injures répandues contre lui dans différents journaux. 1790. In-8°.

1586. Notice historique sur Préville, par Dazincourt, comédien français. Paris, Giguet, an VIII. In-8°.

1587. Mémoires de Préville, membre associé de l'Institut national, etc. Paris, Guitel, 1812. In-8°.

1588. Mémoires de Préville et de Dazincourt (par Alexis Cahaisse), revus, corrigés et augmentés d'une notice par M. Ourry. Paris, Baudouin, 1823. In-8°.

1589. Mémoires de Henri-Louis Lekain, publiés par son fils aîné, suivis d'une correspondance (inédite) de Voltaire, Garrick, etc. Paris, Colnet, an IX (1804). In-8°.

1590. Lekain dans sa jeunesse, ou Détail historique de ses premières années, écrit par lui-même. Paris, Delaunay, 1816. In-8°.

1591. Mémoires de Lekain, précédés de Réflexions sur cet

acteur et sur l'art théâtral, par Talma. Paris, Ponthieu, 1825. In-8°.

1592. Jugements sur Lekain, par Molé-Linguet..., ou Supplément aux Mémoires de ce grand acteur, et suivi d'une Notice de Linguet sur Garrick. A Paris, Colnet... In-8°.

1593. Notice de François-René Molé, artiste dramatique, membre de l'Institut, etc., sur les Mémoires de H. L. Lekain publiés par son fils. Paris, Pougens, 1801 (an x). In-8°.

1594. Vie de François-René Molé, comédien français et membre de l'Institut national de France (par Étienne et Gaugirat-Nanteuil). Paris, Desenne, an xi (1803). In-12. Portr.

1595. Mémoires de Molé, précédés d'une notice par M. Etienne. 1825 ? In-8°.

1596. Mémoires de J.-Bapt. Albouy-Dazincourt, comédien sociétaire, etc., par H. A. K....s. 1re édit. Paris, Favre, 1809. In-8°. Portr.

1597. Potieriana, ou Recueil complet des calembours, jeux de mots, naïvetés, etc., de Potier, acteur des Variétés, par un Habitué de l'avant-scène. Paris, L'Ecrivain, 1814. In-16. Fig. color.

1598. L'Ombre de l'acteur Philippe à ses confrères et à ses concitoyens. Paris, principaux libraires, 1824. In-8°.

1599. Odryana, ou la Boîte au gros sel, recueil complet de bons mots, saillies, etc., de M. Odry, artiste du théâtre des Variétés. Paris, Librairie, 1825. In-16. Fig.

1600. Notice sur l'acteur Baron (par Lemazurier). s. l. et a. 1825 ? In-8°.

1601. Une Promenade dramatique. Pourquoi ? 1833. In-8° (David).

Imprimé sur papier vert. Ce sont des articles relatifs à une tournée de Frédérick Lemaître.

1602. Histoire de Deburau, par J. B. Ambs-Dalès. 3e édition, augmentée de son procès devant la Cour d'assises. Paris, Ernest Bourdin, 1836. In-18.

1603. Biographie de Charles Deburau fils (par Albert-H. Monnier). Paris, Dechaume, s. d. In-8°. Portr.

1604. Mémoire de Fleury, de la Comédie Française, 1757-1820. Paris, Amb. Dupont, 1836. 3 vol. in-8°.

1605. Études rétrospectives sur l'état de la scène tragique depuis 1815 jusqu'en 1830. Pierre Victor. Recherches artistiques et littéraires sur sa carrière théâtrale, par Germain Sarrut. Paris, Krabbe, 1843.

> 3 livraisons gr. in-8°.

1606. Mémoires de Fleury, de la Comédie Française, publiés par J. B. P. Laffite.
> Première série, 1757-1789.
> Deuxième série, 1789-1820.

Paris, Delahays, 1847. 2 vol. form. Charpentier.

> Mutilation de l'édition en six volumes.

1607. Biographie véridique, ou Histoire d'un pauvre artiste, écrite par lui-même (en vers). Paris, 1845. In-8° (par Johanny).

1608. Notice biographique sur M. Paul Legrand, successeur de Deburau au théâtre des Funambules. Paris, Gallet, 1847. In-8°. Portrait.

1609. Biographie de Laferrière. Paris. Dechaume, 1855. In-8°. Portr.

1610. Réponse à de faux bruits, par Laferrière. Paris, Morris, janvier 1855. Gr. in-8°.

1611. Biographie de Louis-Adolphe Laferrière. Paris, Dechaume (1855). In-4°. Portrait en pied.

1612. Compte rendu des journaux après les débuts de M. Bouchet. Paris. In-8°.

1613. Mémoires de Brandes, auteur et comédien allemand, avec une notice, etc. Paris. Ponthieu, 1823. 2 vol. in-8°.

1614. Souvenirs de Michel Kelly, des théâtres du Roi et Drury-Lane, renfermant une période d'environ 50 ans. Londres, 1826, et Paris, Trouvé, 1827. In-8°.

1615. Charles Mathews, acteur anglais (par Philarète Chasles).

Extrait de la *Revue de Paris*, tome III. In-8°.

1616. Theatrical Biography, or the Life of an actor and Manager interspersed with sketches, anecdotes and opinions of the professional merits of the most celebrated actors, etc., by Francis Courtney Wemyss. Glasgow, Griffin et Cᵉ, 1848. In-12.

1617. Mémoires sur Garrick et sur Macklin, traduits de l'anglais par le traducteur des œuvres de Walter Scott (Defaucompret), précédés d'une Histoire abrégée du Théâtre anglais, par Després. Paris, Ponthieu, 1822. In-8°.

1618. Vie de Garrick (extraite du *Portique ancien et moderne*). Paris, Cussac, 1782. Portr. d'après Hogarth. In-8°.

1619. Vie de David Garrick, suivie de deux lettres de M. Noverre à Voltaire sur ce célèbre acteur et de l'Histoire abrégée du Théâtre anglais depuis son origine jusqu'à la fin du XVIIIᵉ siècle. Paris, Riche et Michel, an IX. In-12. Portr.

9° ACTRICES

1620. Epître de M. de Voltaire à Mˡˡᵉ Clairon, 1761. In-8°.

1621. A Mˡˡᵉ Clairon (vers). 4 pages in-8°, 1762?

1622. Epître à Mˡˡᵉ Clairon, 1762? In-12.

1623. Histoire de Mˡˡᵉ Cronel, dite *Frétillon*, actrice de la Comédie de Rouen, écrite par elle-même (trois parties en un volume). A la Haye, aux dépens de la Compagnie, 1767. In-12.

Libelle diffamatoire contre Mˡˡᵉ Clairon, attribué par elle à un nommé Gaillard, et par d'autres à un conseiller au parlement.

1624. Mémoires d'Hippolyte Clairon et Réflexions sur l'Art dramatique, publiés par elle-même. Paris, Buisson, an VII. In-8°.

1625. Mémoires de Mlle Clairon, actrice du Théâtre-Français, écrits par elle-même. Paris, Ponthieu, 1822. In-8°.

1626. Éloge de Mlle Camille (Véronèse). Paris (*Nécrologe*), 1769. In-12.

1627. Éloge de Mlle Gaussem (Gaussin) (extr. du *Nécrologe*). 1767. In-12.

1628. Lettre de Mlle Sainval cadette à la Comédie Française, du 14 janvier 1784. Lettre de Mme Vestris à la Comédie Française, en réponse à celle de Mlle Sainval. In-8°.

1629. The Memoirs of Mrs Sophia Baddeley late of Drury Lane theatre by Mrs Elizabeth Steele. A new edition in six volumes. London, for the author, 1787. 6 vol. in-12.

1630. Mémoires de mistriss Robinson, célèbre actrice de Londres. Contenant des détails curieux sur sa carrière dramatique et littéraire; ses amours avec le prince de Galles; son voyage en France et ses relations avec le duc d'Orléans et plusieurs personnages célèbres. Écrits par elle-même. Traduits de l'anglais sur la dernière édition. Paris, Ouvrier, an x (1802). In-8°. Portr.

1631. Mémoires de George Anne Bellamy, actrice du théâtre de Covent-Garden, traduits de l'anglais sur la 4° édition par A.-V. Benoist. Paris, Nicolle, an VII. 2 vol. in-8°.

1632. Mémoires de mistriss Bellamy, actrice du théâtre de Covent-Garden, avec une notice sur sa vie par M. Thiers. Paris, Ponthieu, 1822. 2 vol. in-8°.

1633. Lettres de Grimod de la Reynière à Mlle Mézeray, et Réponse de cette dernière (au sujet du *Censeur dramatique*). Paris, 1797. In-4°.

1634. Lettre d'un comédien du Théâtre de la République aux demoiselles Gros et Bourgoin, dont les débuts doivent suivre celui de Mlle Volnay. Paris, Lerouge, an IX. In-8°.

1635. La Conjuration de Mlle Duchesnois contre Mlle Georges Weymer pour lui ravir la couronne : avec les pièces

justificatives, recueillies par M. J. Boullault. Ouvrage
dédié au parterre, à l'orchestre, aux loges, aux galeries, etc., du Théâtre-Français. Paris, Pillot, 1803. In-8°.
Fig. au frontispice.

1636. Jolyana, ou Choix de bons mots, reparties, etc., de
Joly, acteur du Vaudeville. Paris, Ledentu, 1816. In-16.
Fig.

1637. Mémoires de Mlle Dumesnil, en réponse aux *Mémoires d'Hippolyte Clairon*, revus, corrigés et augmentés d'une notice par M. Dussault. Paris, Tenré, 1823.
In-8°.

1638. Mémoires (*supposés*) de Mlle Quinault aînée (*de la
Comédie Française*), duchesse de Nevers, chevalière de
l'ordre royal de Saint-Michel, de 1715 à 1793 (*par le
baron de Lamothe-Langon*). Paris, Allardin, 1836. 2 vol.
in-8°.

1639. Le Perroquet de Déjazet, recueil authentique de
bons mots, etc., suivi de la notice biographique de
cette actrice. 1re livraison (unique). Paris, chez tous les
marchands, 1837. In-24.

1640. Virginie Déjazet, par Eugène Pierron. Édition ornée d'un portrait et d'un *fac-simile*. Paris, Bolle-Las-
salle, 1856. In-12.
<small>Biographie un peu romanesque de l'admirable actrice.</small>

1641. Souvenirs d'une Actrice, par Mme Louise Fusil, née
Fleury. Paris, Dumont, 1841. 2 vol. in-8°.

1642. Julienne. Souvenir du 11 juillet 1843, par Jules de
Prémaray. Dédié aux artistes. Paris, Tresse, 1843.
In-8°.

1643. Biographie de Mlle Araldi, premier rôle tragique du
Théâtre-Français, par M. F. P. Lyon, impr. de Léon
Boitel, 1845. In-8°.

1644. Mlle Mars. Notice biographique par M. Lireux.
2e édition, augmentée de deux lettres autographes, etc.
Paris, Hetzel, Warnod et Ce, 1847. In-32.

1645. Mémoires de Mlle Flore, artiste du théâtre des Va-

riétés. Seconde édition. Paris, Michel Lévy frères, 1847,
3 vol. in-8°.

> Il y a au commencement du premier volume un table alphabé-
> tique de toutes les personnes nommées dans l'ouvrage ; excellente
> idée qu'il faudrait toujours suivre.

1646. Théâtres de Bordeaux. Profils dramatiques. Première livraison. Mlle Talini. Nouvelle édition. Bordeaux,
1854? In-8°.

1647. Confidences de Mlle Mars, recueillies par Mme Roger
de Beauvoir (Mlle Doze). Paris, à la Librairie nouvelle.
1855.

1648. Alexandre Dumas. La Dernière Année de Marie
Dorval. 50 centimes pour son tombeau. Paris, Librairie
nouvelle, 1855. In-18.

1649. Notice biographique sur Mme Arnould-Plessy, de la
Comédie Française, par Jules Maret-Leriche. Extrait du
Musée biographique, etc. Paris, au bureau, 1857. Gr.
in-8°.

1650. Galerie des Célébrités contemporaines. Artistes
dramatiques. Déjazet, par Alexis Faure, avec un beau
portrait en pied (extrait des *Salons de Paris*). Paris,
1859. In-8°.

1651. Adélaïde Ristori, par Henri Montazio. Paris. Michel
Lévy, 1855. In-18.

1652. Lettres sur la Ristori et Considérations sur l'Art
théâtral en France. Paris, Havard, 1856. In-18.

1653. Biografia de Adelaïda Ristori, por Enrique Montazio, y vertida al espanol por don Miguel de Pastorfido.
Madrid, Imprenta nacional, 1857. In-8°.

1654. Madame Ristori et le Théâtre italien à Paris (par
Ferjus Boissard). (Extrait du *Correspondant* de mai
1859). In-8°.

1655. Mémoires de Rigolboche, ornés d'un portrait pho-
tographié. Paris, chez tous les libraires, 1860. In-32.

10° CHANTEURS

1656. Lays, artiste du théâtre des Arts, à ses concitoyens. Vendém. an iii. In-8°.

L'auteur cherche à justifier sa conduite politique.

1657. Duprez. Sa Vie artistique, avec une biographie authentique de son maître, Alex. Choron, par A. Elwart. Paris, V. Magen, 1838. In-18.

1658. La Moda. Appendice al Poliorama pittoresco. Paolo Barrhoilet (biographie et portrait. Naples, 1839?) In-8°.

1659. Les Contemporains, revue biographique des hommes du jour, par une société de gens de lettres. Paris, Administration générale. 1845. Gr. in-8°. (Biographie de Barroilhet.)

1660. Aux Mânes de Nourrit, mort à Naples en 1839, hymne funèbre, par M. Jules Gabrielli (italien et français). Au Mans, impr. Richelet, 1840. In-8°.

1661. Théâtre impérial Italien, nouvelle direction. (Biographie de Tamburini, publiée par *la Renommée*, janvier 1854.) In-8°. (Par Sainte-Marie.)

1662. Biographie de M. Montaubry, de l'Opéra-Comique. Paris, au bureau du *Monde dramatique*, 1859. In-8°.

1663. Les Grands et les Petits Hommes du jour. Portraits et scènes d'intérieur de nos contemporains. Roger. Paris. Poujaud de Laroche (1860). In-8°. Portr.

Biographie amicale du célèbre et sympathique ténor.

11° CANTATRICES

1664. Mémoires, Anecdotes des aventures galantes de M. Duliz, devenues tragiques après la catastrophe de celle de Mlle Pélissier, actrice de l'Opéra de Paris, etc. Lisbonne, imprimerie de la Juiverie, 1752. In-12. Fig.

1665. Mémoires, Anecdotes pour servir à l'histoire de M. Duliz et de Mlle Pélissier (artiste de l'Opéra), avec le

Triomphe de l'Intérêt (comédie). A Londres, chez Samuel Harding, 1753. In-8°. Front. noir et rouge, 206 p. et 66 pl.

Il y a des exemplaires avec ce titre : *Le Triomphe de l'Intérêt, comédie sur les Mémoires, Anecdotes de M. Duliz, et la suite de ses Aventures après la catastrophe de celle de M*ᴵˡᵉ *Pélissier, actrice de l'Opéra de Paris.* Londres, Harding, 1741. L'édition est la même.

1666. Discours d'un ancien avocat général (Servan) dans la cause du comte de *** et de la démoiselle *** (Bonn), chanteuse de l'Opéra. Lyon, Sulpice Grabit, 1772. In-12.

Le comte aurait fait à la demoiselle, en 1661, une donation de 50,000 livres. Il voulut la retirer plus tard. Il perdit sa cause. Nous plaçons cet ouvrage à la biographie parce que le point de droit qui y est soutenu n'est pas relatif au théâtre.

1667. Essai poétique sur quelques pièces du Théâtre-Italien. Hommage à Mᴵˡᵉ Dugazon, par M. Bonnet. Paris, 1786. In-8°.

1668. Arnoldiana, ou Sophie Arnould et ses Contemporaines. Recueil choisi d'anecdotes piquantes, de reparties et de bons mots de Mᴵˡᵉ Arnould, précédé d'une notice sur sa vie et sur l'Académie impériale de musique, par l'auteur du *Biévriana* (Albéric Deville). Paris, Gérard, 1813.

1669. Sophie Arnould d'après sa correspondance et ses Mémoires inédits, par Edmond et Jules de Goncourt. Paris, Poulet-Malassis, 1857. In-12.

1670. Madame Giacomelli au public. Paris, chez l'auteur, 1816. In-8°.

1671. Joséphine Mainvielle Fodor. Précis historique, publié par Jean-Charles Ungher. Vienne, Beck, 1823. Gr. In-8°.

1672. Rosine Stoltz, Maxime et Mᴵˡᵉ Lavoye, par Mᵐᵉ Eugénie Pérignon, 1845. In-8°.

1673. Les Adieux de Mᵐᵉ Stoltz, sa retraite de l'Opéra, sa vie théâtrale, etc., orné de son portrait, par Corneille Cantinjou. Paris, Breteau. 1847. In-16. Portr.

1674. Mᵐᵉ Rosine Stoltz. Souvenirs biographiques et anecdotiques, par Julien Lemer. Paris, 1847. In-18.

Extrait du journal *la Sylphide.*

1675. A Rosina Stoltz. 1854 (poesia d'Eugenio Caimi). Parigi, Brière. In-4°.

1676. Marietta Alboni, célèbre contralto. Biographie, par Mme Élisa Acloque, suivie d'une notice sur Fanny Cerrito, orné du portrait de Mme Alboni. Paris, Moquet, 1848. In-12.

1677. L'Ambassadrice. Biographie de la comtesse Rossi, Paris, Ferd. Sartorius, 1850. In-18.

> On sait qu'en 1849 Henriette Sontag se trouva forcée par les circonstances de reprendre la carrière théâtrale, qu'elle avait quittée en 1830 en épousant l'ambassadeur de Sardaigne à la cour de Berlin.

1678. Poésie à Sophie Cruvelli. Paris, Napoléon Chaix, 1852. In-8°. (Par A. Réaucreux.)

1679. Biografia di Virginia Blasis e onori poetici. Milano, Centenari, 1853. In-8°. Fig.

1680. A Giulia Sanchioli. Ode di Vincenzo Meini. S. l., 1853. In-8°.

1681. Lettre artistique à Mme Rosine Stoltz, traduite de l'italien de P. A. Paravia, professeur, etc. Bruxelles, imp. Stienon, 1855. In-8°.

1682. Biografia de la senorita Felicita Vestvali (extrait du *Panorama*. Mexico, 1827. Par Godoy).Gr. in-8°. portrait.

1683. Galerie historique et critique du xix° siècle. Mme C. Nantier-Didiée (par Henri Lauzac). Extrait du 2° volume. 1857. In-8°.

1684. Opinions of the Paris journals on the Debut of Mlle Sarolta (de Bujanovics) at the Italian-Opera, etc. (Paris), January, 1859. In-8°.

12° DANSEUSES

1685. Factum pour Mlle Petit, danseuse de l'Opéra, révoquée, complaignante au public. S. l. n. a. 1741? In-12.

1686. Réponse au Factum publié sous le nom de la demoiselle Petit, ci-devant actrice de l'Opéra, pour Mlle Jaquet, accusée d'imposture et de calomnie, etc. In-4°.

1687. Véritable Réponse de la demoiselle Jacquet au Factum de la demoiselle Petit, etc.

1688. Réponse de Mlle Jacquet à Mlle Petit, artiste de l'Opéra, 1741?

1689. Les Adieux à Mlle Taglioni, suivis d'une notice biographique sur cette célèbre danseuse. Paris, 1837. In-8°.

1690. Lolla Montès. Aventures de la célèbre danseuse racontée par elle-même, avec son portrait et un *fac-simile* de son écriture. Paris, chez tous les libraires, 1847. In-12.

1691. Biographie de M. et Mme Fanny Cerrito-Saint-Léon, de l'Opéra. Breteau, 1850. In-8°. (Publication du journal *la Renommée*.)

13° DIVERS

1692. Voyages et Séances anecdotiques de M. Comte (de Genève), physico-magi-ventriloque, etc. Paris, Dentu, 1816. In-12.

1693. Notice sur l'Hercule français qui a paru pour la première fois le 25 février sur le théâtre de M. Comte. S. l. n. d. In-8°.

1694. Notice biographique sur J. B. Auriol. Paris, marchands de nouveautés, 1842. Gr. in-8°.

1695. Biographie de M. Comte, physicien du Roi, avec des documents historiques sur sa vie, et suivie de la biographie en miniature des acteurs et actrices du théâtre Comte, par Julien Deschamps. Paris, Desloges, 1845. In-18.

1696. Souvenirs de J. N. Barba, ancien libraire au Palais Royal (avec portraits). Paris, Ledoyen, 1846. In-8°.

1697. Notice biographique sur M. Singier, ancien directeur des théâtres de Lyon et de Feydeau, par M. Huré jeune. Paris, Tresse; Lyon, Giraudier; décembre 1847. In-8°.

1698. Notice biographique sur Alexis Singier, ancien directeur des théâtres de Lyon, vice-président de l'Association des artistes dramatiques, par A. T. Albert. Paris, 1848. Gr. in-8°.

1699. Delle Composizioni coreografiche e delle Opere letterarie di Carlo Blasis. Milano, Centenari, 1854. In-8°. Portr.

1700. Mémoires de Barnum, illustrés par Janet-Lange, traduction de Raoul Bourdier. Paris, Gustave Barba, 1854. In-4°, Fig.

> Contenant, entre autres particularités théâtrales du célèbre impresario américain, l'histoire complète des triomphes de Jenny Lind au nouveau monde.

1701. Lettre à M. Mélingue sur ma fuite en Belgique avec la caisse, par J. Marie Cournier, ancien directeur de la Porte-Saint-Martin. In-8°.

XIII

PRODUCTIONS D'ARTISTES DE THÉÂTRE

1702. Fragmenti di alcune scritture della signora Isabella Andreini, comica gelosa ed academica intenta, raccolti da Francesco Andreini, comico geloso detto, il *capitano Spavento* e dati in luce da Flaminio Scala, comico, e da lui dedicate all' ill. sig. Filippo Capponi, etc. Venetia. Combi, 1624.

> Ce sont des dialogues (contrasti scenici) entre divers personnages, et la plupart sur des sujets d'amour, à l'exception du dialogue entre Ersilia et Diomède, qui traite de la comédie.

1703. Lettere della signora Isabella Andreini Padovana, comica *gelosa* et academica *intenta*, nominata l'Accesa, aggiuntovi di nuovo li ragionamenti piacevoli dell' istessa, etc. Venezia G. B. Combi, 1625. In-8°.

> Isabelle Andreini a joué à Paris de 1600 à 1602; c'est à cause de sa qualité d'éminente actrice que nous citons ce recueil de ses lettres, qui peuvent servir à peindre l'âme de l'artiste, mais qui ne se rapportent aucunement à l'histoire du théâtre.

1704. Poesie liriche (eroiche, amorose, sacre e morali) di Marc Antonio Romagnesi (Cinthio), consecrate all' immortal nome di Luigi XIV, re di Francia et di Navarra. Parigi, 1672. In-12.

> Parmi ces poésies, divisées en quatre parties, quelques-unes sont consacrées par l'auteur à sa mère et à ses enfants ; lo volume se termine par un recueil de pièces de vers adressées à Romagnesi par divers, entre autres par sa mère, Brigida Fedeli, et non Brigida Bianchi, comme l'ont écrit les frères Parfait.

1705. Les Gendarmes, poëme en deux chants, par M. Odry, suivi de remarques et commentaires, par M. Léonard -Tousez. A Paris, Mmes Huet et Barba. Au théâtre des Variétés, chez la concierge, et au foyer de chaque théâtre. 1820. In-8°.

> Bouffonnerie attribuée au célèbre comique.

1706. Trois Messéniennes, par M. Odry, auteur du poëme des Gendarmes et du Canon des Cuisinières, enrichies de notes brillantes, rédigées par M. P F S G C Z, etc.; 9e édition. Paris, au foyer des Variétés, 1824. In-8°.

1707. Les Auteurs et les Prêtres, boutade en vers, suivie de notes, par M. E. Arnal, acteur du Vaudeville. Paris. Marchands de nouveautés, 1830. In-8°.

1708. Bluettes antimondaines d'une Danseuse, par Mlle Zilia Michelet, premier sujet au théâtre de l'Opéra. Paris, Ledoyen, 1857. In-18.

> Petite brochure de sacristie.

1709. Grassot en Italie. Lettres familières et romanesques. Paris, Havard, 1858. In-32.

XIV

POLYGRAPHES.

1710. OEuvres de M. Boileau-Despréaux, avec des éclaircissements historiques donnés par lui-même. Genève, Fabri et Barillot, 1716. 4 vol. in-12.

1711. OEuvres complètes de Voltaire.

> Outre le théâtre proprement dit, ou y trouve plusieurs travaux relatifs à la littérature dramatique et à l'histoire de l'art, entre autres : *Du Théâtre anglais, ou appel à toutes les nations* (1761) ; *Commentaire sur Corneille* (1762) ; *Lettre sur Shakspeare* (1775), *etc. sa correspondance, etc.*

1712. Opere édite ed inedite in prosa e in versi dell'abbate Saverio Bettinelli; 2ᵉ ediz., riveduta dall' autore. Venezia, Adolfo Cesare, 1799-1801. 24 vol. in-12.

> Renferme, outre les tragédies et les lettres qui s'y rapportent, un discours sur le théâtre italien (t. XIX, p. 89 à 114), et le chapitre des spectacles dans le *Risorgimento d'Italia* (t. x, p. 3 à 46).

1713. Schiller's Sämmtliche Werke.

> (Œuvres complètes de Schiller.) On y trouve, outre les drames, plusieurs dissertations et correspondances relatives au théâtre, entre autres : *Die schaubühne als eine moralische Anstalt betrachtet.* (1784.)

1714. Opere del conte Gasparo Gozzi, Veneziano. Bergamo, Fantozzi, 1825. 15 vol. in-12. Portrait.

> G. Gozzi, outre ses tragédies, ses comédies et ses traductions, a consacré au théâtre et aux matières théâtrales plusieurs articles de *l'Osservatore* et de la *Gazzetta veneta*.

1715. Opere di Silvio Pellico da Saluzzo. Torino, Pomba, 1852. 3 v. in-12.

> Contenant : *Poesie, le mie Prigioni*, articoli varii, drammi.

XV

BIBLIOGRAPHIE ET ICONOGRAPHIE

1716. Histoire et Abrégé des ouvrages latins, italiens et français pour et contre la comédie et l'opéra. Paris, Robustel, 1697. In-12.

1717. Le Glorie della Poesia e della Musica, contenute nell' esatta notizia dei Teatri della città di Venezia. 1730. In-12.

> Catalogue de tous les opéras donnés à Venise.

1718. A True and exact Catalogue of all plays and other dramatic pièces that were ever yet printed in the english tongue, in alphabetical order, continued down to april 1732. London, Feale, 1732. In-12.

1719. Bibliothèque des Théâtres, contenant le Catalogue alphabétique des pièces dramatiques, avec des anecdotes sur la plupart de ces pièces et sur la vie des auteurs, acteurs, etc. (par Maupoint.) Paris, Prault, 1733. In-8°. Fig.

1720. Biblioteca italiana osia notizia de' libri rari nella lingua italiana, etc. (di Haym, di Fontanini, etc.). Venezia, Geremia, 1736. In-4°.

1721. Antonio Groppo. Catalogo dei Drammi per musica recitati nei teatri di Venezia fino al 1746. Venezia, 1746. In-12.

1722. Table alphabétique et chronologique des pièces représentées sur l'ancien Théâtre-Italien, depuis son établissement jusqu'en 1697, par Du Gérard. Paris, Prault, 1750. In-8°.

1723. Le Répertoire de toutes les pièces restées au Théâtre-Français, avec la date, le nombre des représentations et les noms des auteurs et des acteurs vivants. Dédiée à S. A. Mgr le duc de Chartres, par M. le chevalier de Mouhy. Paris, veuve Pissot, 1753. In-32.

1724. Dictionnaire portatif des Théâtres, contenant l'origine des différents théâtres de Paris, le nom de toutes les pièces, etc. (par Léris). Paris, Jombert, 1754. In-12.

1725. Drammaturgia di Leone Allacci, accresciuta e continuata fino all' anno 1755. Venezia, G.B. Pasquali, 1755. In-4°.

1726. Supplément à la France littéraire. Paris, Duchesne, 1757. In-32.

1727. Ballets, opéras et autres ouvrages lyriques, par ordre chronologique, depuis leur origine, avec une table alphabétique, etc. (par La Vallière). Paris, Bauche, 1760. In-8°.

1728. Les Muses françaises; contenant un tableau universel des théâtres de France, avec les noms de leurs auteurs et de toutes les pièces anonymes depuis les Mystères jusqu'en l'année 1764. Paris, Duchène, 1765. In-8°.

Première partie, seule parue.

1729. Dictionnaire des Théâtres de Paris (par les frères Parfait). Paris, Rozet, 1767. 7 vol. in-8°.

1730. Bibliothèque du Théâtre-Français, depuis son origine (par la Vallière). Dresde, Groell., 1768. 3 vol. in-8°.

1731. Catalogue des pièces choisies du répertoire de la

Comédie Française, mis par ordre alphabétique, avec les personnages de chaque pièce et le nombre de lignes ou vers de chaque rôle, etc. Paris, 1775. Petit in-8°. (Par l'abbé Delaporte.)

1732. Catalogue des livres de la bibliothèque de feu M. Delaleu, secrétaire du roi, etc. Paris, Saillant et Nyon, 1775. In-8°.

> 1956 numéros. Le théâtre français en a 128; le théâtre italien 187. Il y a une table des noms d'auteurs.

1733. Dictionnaire dramatique, contenant l'histoire des théâtres, les règles du genre dramatique, etc. Paris, Lacombe, 1776. 3 vol. in-8°.

1734. The Playhouse Pocket-Companion or theatrical vade-mecum, containing a cathalogue of all dramatic authors, etc. Prefixed a critical history of the english stage. London, Richardson, 1779. In-8°.

1735. Catalogue de la bibliothèque de M. le duc de la Vallière. Première partie, par Guillaume de Bure, fils aîné. Paris, de Bure, 1783. 3 vol. in-8°. Portr. Deuxième partie, 6 vol. in-8°.

> Contenant la plus riche collection théâtrale qui eût été formée jusqu'alors.

1736. Almanach littéraire ou Étrennes d'Apollon, contenant plusieurs pièces de Voltaire, de Crébillon, etc., avec une notice des ouvrages nouveaux, par M. d'Aquin de Château-Lyon. Paris, chez tous les libraires, 1777-1792. 16 vol. in-24.

> Recueil intéressant pour la bibliographie, continué depuis 1781 par la veuve Duchêne. La première et la dernière année ont une gravure au frontispice.

1737. A Catalogue of the magnificent and celebrated library of Maffei Pinelli late of Venice, etc., sold by auction, etc. 2 march 1789. London, Robson and Clarke, 1789. 2 vol. in-8°.

1738. Dictionnaire bibliographique, historique et critique des livres rares, précieux, singuliers, curieux, etc., avec leur valeur, suivi d'un Essai de bibliographie, etc. Paris, Cailleau, 1790 à 1802. 4 vol. in-8°.

> Quoique déprécié, cet ouvrage peut encore être fort utile aux personnes qui ne peuvent se procurer le MANUEL de Brunet.

1739. A New theatrical Dictionary, containing an account of all dramatic pieces, etc., with the dates, etc., and an alphabetical catalogue of dramamatic writers, also a shorth sketch of the rise and progress of the english stage. London, Blandon, 1792. In-8°.

1740. Allgemeine Litteratur der Musik oder Einleitung zur Kenntniss musikalischer Bücher, etc., von J. N. Forkel. Leipzig, 1792. Gr. in-8°.

1741. Catalogue des livres imprimés par J.-B. Bodoni, qui se trouvent chez A. Aug. Renouard, rue Appoline, 25, à Paris (1796). In-16.

> M. Renouard a compris, dans ce petit et intéressant catalogue, les éditions qui lui manquaient.

1742. Nouvelle Bibliothèque d'un homme de goût, ou Tableau de la Littérature ancienne et moderne, dans lequel on fait connaître l'esprit de tous les livres qui ont paru jusqu'en 1797, avec un jugement sommaire, etc., par une société de gens de lettres. Paris, Des Essarts, 1798. 4 vol. in-8°.

1743. The London Catalogue of Books with their sizes and prices. Corrected to september 1799. London, printed for W. Bent, 1799. In-8°.

> C'est le pendant de la Bibliographie française, laquelle, toutefois, n'a commencé à paraître qu'en 1811.

1744. Les Siècles littéraires de la France, ou Nouveau Dictionnaire historique, critique et bibliographique de tous les écrivains français morts et vivants jusqu'à la fin du xviii° siècle, par N. L. M. Des Essarts et plusieurs biographes. Paris, an viii. 6 vol. in-8°.

1745. Biblioteca dell' Eloquenza italiana di monsignore Giusto Fontanini, arcivescovo d'Ancira, con le annotazioni del signor Apostolo Zeno, istorico e poeta Cesareo e cittadino veneziano. Parma, Mussi 1804. 3 vol. in-4°.

> Vaste répertoire bibliographique par ordre de matières. Les notes de Zeno sont surtout précieuses en ce qui concerne les productions dramatiques. Zeno avait une bibliothèque considérable dans laquelle figuraient plus de quatre mille pièces de théâtre italiennes qu'il légua à un couvent de Venise.

1746. Dictionnaire des ouvrages anonymes et pseudonymes, composés, traduits ou publiés en français ou en latin, etc., avec les noms des auteurs, etc., par Ant.-

Alex. Barbier. Paris, Impr. bibliogr., 1806-1809. 4 vol. in-8°.

Refondu et réimprimé en 1827, avec de nombreuses additions et suppressions.

1747. Catalogue des livres de la bibliothèque de feu M.   , dont la vente a eu lieu le 15 avril 1807. In-8°.

1748. Annales dramatiques, ou Dictionnaire général des théâtres, contenant l'analyse de tous les ouvrages, les règles et les notices, etc., par une société de gens de lettres. Paris, Babault, 1808-1812. 9 vol. in-8°.

1749. Guide des Curieux et des Étrangers dans les bibliothèques publiques de Paris. Ibid., 1809. In-12.

1750. Manuel de Librairie et de l'Amateur de livres, contenant : 1° Un nouveau Dictionnaire bibliographique; 2° une table en forme de catalogue raisonné, etc., par J. C. Brunet fils. Paris, 1810. 3 vol. in-8°.

Réimprimé en 1844 avec des additions considérables. Une nouvelle édition est sous presse.

1751. Bibliothèque de Lyon. Catalogue des livres qu'elle renferme dans la section du Théâtre, par A. F. Delandine. Paris, S. D. In-8° (1811).

1752. Liste générale des auteurs et des pièces, pour les correspondants de M. Prin, fondé de pouvoirs des auteurs, au Bureau dramatique, rue Vivienne. Paris, impr. de Brasseur. Février 1811. In-8°.

1753. Indice manuale, tratto dal libro Serie dei Testi di lingua italiana, opera nuovamente compilata, etc., da Bartolommeo Gamba. Milano, Pirotta, 1812. In-32.

Récapitulation de l'ouvrage de Gamba, indiquant les premières éditions, ou les meilleures, des textes de langue, parmi lesquels les pièces dramatiques se trouvent en grand nombre.

1754. M. S. Catalogue de Pièces de circonstance, depuis 1814 (par Bezou, libraire).

1755. Manuel dramatique, ou Détails essentiels sur 240 opéras, par Colson. Bordeaux, chez l'auteur, 1817. 3 vol. in-8°.

1756. Catalogo di libri italiani, che si trovano presso V. Gravier, in Genova. Ibid., 1818. In-8°.

1757. Répertoire du Théâtre-Français, ou Détails essentiels de 360 tragédies, comédies, etc., par Colson, régisseur du théâtre de Bordeaux. *Ibid.*, chez l'auteur (1820). 3 vol. in-8°.

1758. Catalogue de la bibliothèque de M. Paris, architecte et dessinateur de la Chambre du roi, etc.; suivi de la description de son Cabinet. Imprimé par ordre du Conseil municipal. Besançon, Deis, 1821. In-8°. Fig.

Beaucoup d'ouvrages sur les théâtres.

1759. Catalogo dei libri che si trovano vendibili presso Luigi Dumolard, libraio. Milano (1822). In-12.

Catalogue méthodique et très-riche.

1760. Bureau dramatique, rue Vivienne, 15. Supplément d'octobre 1828, pour les correspondants de M. Prin. Paris, 1828. In-8°.

Contenant le catalogue des pièces parues depuis octobre 1823.

1761. *M. S.* Répertoire des pièces jouées sur le théâtre du Vaudeville, depuis son origine, 12 janvier 1792, et qui ont été imprimées, jusqu'à 1825. Écrit par Bezou, libraire. In-8°.

1762. Pietro Lichtenthal. Bibliografia della Musica. Milano, Fontana, 1826. 2 vol. in-8°.

1763. Bibliotheca histrionica. A Catalogue of the theatrical and miscellaneous library of M. John Field, in which are contained several interesting specimens of the early drama. (Jan. 1827.) In-8°.

1764. Biblioteca scelta di libri italiani di scienze, arti e litteratura, di G. S. Napoli, Gabinetto bibliografico, 1830. In-8°.

C'est le catalogue de la riche collection réunie par M. Gasparo Selvaggi, préfet de la bibliothèque Borbonica de Naples. Bon à consulter, surtout pour constater les différentes éditions des classiques. Beaucoup de Mystères italiens.

1765. Catalogue des livres de la bibliothèque de feu M. de la Mesangère, etc., dont la vente se fera le 14 novembre 1831, etc. Paris, de Bure, 1831. In-8°.

2081 numéros.

1766. Liste générale des auteurs signataires de la procuration de M. Guyot, et Table alphabétique des pièces sujettes à droits. Paris, octobre, 1833. In-8°.

1767. Catalogue de Livres et Œuvres de musique de la bibliothèque de MM. Besche et Choron. Paris, 1835. In-8°.

> Riche en ouvrages et brochures sur la musique.

1768. Tableau bibliographique des ouvrages qui ont paru en France pendant 1835 à 1851, 1852, etc. In-8°.

1769. Essai statistique sur les bibliothèques de Vienne, par Adrien Balbi. Vienne, Volke, et Paris, Renouard, 1835. In-8°.

1770. Catalogue de la bibliothèque de feu M. Lemazurier, secrétaire du Théâtre-Français, etc. La vente aura lieu le 16 octobre 1837 et jours suivants, rue des Beaux-Arts, 6, salle de M. Leblanc, par le ministère de Mᵉ Déodor, commissaire-priseur. Paris, Leblanc, 1837. In-8° de 150 pages.

1771. Scelta Collezione di stampe dalla metà del secolo xv sino a tutto il xviii. Proposta agli amatori della Incisione, dall' erede Mayer, di Padova. *Ibid.* Cartallier, 1837. In-8°.

> Bon catalogue d'estampes.

1772. Bibliothèque de M. G. de Pixérécourt, avec des notes littéraires et bibliographiques de ses deux excellents amis Charles Nodier et Paul Lacroix. Paris, 1838. Autographes et manuscrits. Paris, 1840. Prix des livres. Trois parties grand in-8°.

1773. E. L. J. E. Audin. Catalogue de livres imprimés et manuscrits. Florence, Lemonnier, 1839. Gr. in-8°.

1774. Revue bibliographique, journal de bibliologie, publié par deux bibliophiles. (J. M. Quérard, etc.) Paris, rue de Sèvres, 13, 1839. In-8°.

1775. Catalogue de la bibliothèque de feu M. de Lamberty (d'Aix). Paris, Silvestre, 1842. In-8° de 260 pages.

> Livres italiens. Les ouvrages sur le théâtre y sont éparpillés sous différentes classifications : art dramatique, dialectes, etc.

1776. Alliance des Arts. Bibliothèque dramatique de M. de Soleinne. Catalogue rédigé par P. L. Jacob, bibliophile. Paris, à l'administration de l'*Alliance*. 1843-45. 12 parties en 5 vol. in-8°.

> Ouvrage capital et indispensable pour le théâtre, rédigé de main de maître et remarquable par l'érudition et la précision des renseignements.

1777. Bulletin de l'Alliance des Arts, guide des amateurs, etc., sous la direction de Paul Lacroix (Bibliophile Jacob). Paris, au Bureau, 1843-44.

> La bibliographie prend une large part de cette intéressante publication, qui a rendu tant de services aux arts et aux lettres. C'est de l'*Alliance des arts* que sont sortis les catalogues Soleinne, Pont-de-Vesle, Charles Nodier, etc.

1778. Catalogue de la bibliothèque de feu Charles Nodier, de l'Académie, etc., dont la vente aura lieu le samedi 27 avril 1844 et jours suivants. Paris, Techener, 1844. In-8°.

> Prix imprimés.

1779. Alliance des Arts. Catalogue des Estampes formant la collection de M. Delbecq, de Gand. Paris, 1845. In-8°.

1780. Les Auteurs déguisés de la Littérature française au xixe siècle. Essai bibliographique, pour servir de supplément aux Recherches de A. A. Barbier sur les ouvrages pseudonymes, par J. M. Quérard. Paris, au Bureau du bibliothécaire, 1845. Gr. in-8°.

1781. Réforme de la Bibliothèque du Roi, par P. L. Jacob, bibliophile. Paris, Techener, 1845. In-12.

1782. Bibliographie historique et topographique de la Ville de Paris, etc., par Girault de Saint-Fargeau; 2e édition. Paris, chez l'auteur, 1847. In-8°.

> M. Bonnardot prépare un ouvrage de ce genre bien plus complet.

1783. Alliance des Arts. Bibliothèque dramatique de Pont de Vesle, formée avec les débris des bibliothèques de Saint-Ange, de Crozat et de Mme de Pompadour, etc., continuée par Mme de Montesson, possédée depuis par M. de Soleinne, augmentée et remise en ordre par le bibliophile Jacob. Vente le lundi 10 janvier 1848 et jours suivants, salle Techener, rue de la Bibliothèque du Louvre, 4. Paris, administration de l'Alliance des Arts, 178, rue Montmartre. Techener, place du Louvre, 1847. In-8° de 279 pages.

1784. Catalogue général des pièces de théâtre, anciennes et nouvelles, parues jusqu'à ce jour, de J. N. Barba, libraire (1848). In-8°.

1785. Catalogue de livres rares et précieux composant la première partie de la bibliothèque de M. J. Taylor, dont la vente se fera le 17 octobre 1848 et jours suivants, rue de la Bibliothèque du Louvre, 4, par Mᵉ Lenormant de Villeneuve, commissaire-priseur. Paris, Techener, place du Louvre, 1848. In-8° de 511 pages.

1786. Réponse de M. Libri au rapport de M. Boucly, publié dans le *Moniteur* du 19 mars 1848. In-8°.

Le rapport s'y trouve reproduit en entier et victorieusement réfuté.

1787. Verlags-Katalog von G. A. Brockhaus. In Leipzig, 1851. In-8°.

1788. Notice d'une Collection d'ouvrages sur l'art dramatique et autres, composant la bibliothèque de M. L..... (Leguay), dont la vente se fera les 18 et 19 février 1851, rue des Bons-Enfants, 28, par Mᵉ Colin, commissaire-priseur. Paris, Delion, 1851. In-8° de 33 pages.

1789. Bibliografia delle antiche rappresentazioni sacre e profane stampate nei secoli XV e XVI, compilate dal visconte Colomb de Batines. Firenze, Società tipografica, 1852. In 8°.

(Tiré à 150 exemplaires.) Travail utile et fait avec soin par l'auteur de la *Bibliografia dantesca*. On appelait, en Italie, *rappresentazioni sacre* ce qu'on nommait mystères en France, et *rappresentazioni profane*, *commedie*, etc., les farces, sotties et moralités.

1790. Die Litteratur des Bau and Ingenieur-Wesens der letzen 30 jahre. Oder Verzeichiss der vornehmlichsten Werke in deutscher, französischer, englischer, italienischer, holländischer Sprache, etc. Welche die genannten Fächer betreffen. Herausgegeben von A. Malberg. Berlin, Ernst et Korn, 1852. In-8°.

1791. Recherches bibliographiques sur les Almanachs belges, par A. Warzée. Bruxelles, Heberlé, 1852. In-8°.

1792. Catalogue de livres, la plupart relatifs à l'art dramatique, provenant de la bibliothèque de M. *** (Lassabathie), dont la vente se fera le 19 sept. 1853 et jours suivants, rue des Bons-Enfants, 28, par M° Journel, commissaire-priseur. Paris, Delion, 1853. In-8° de 65 pages.

Encore un catalogue spécial fort utile à consulter.

1793. Histoire du Journal en France, 1631-1853, par Eugène Hatin, 2° édition. Paris, Jeannet, 1853. In-18.

1794. Bibliotheca histrionica. Part the second. Catalogue of dramatic literature comprising ancient and modern plays, theatrical biography, etc. On sale by T. H. Lacy. London (1854). In-8°.

1795. Description bibliographique des livres choisis de la librairie J. Techener. Paris, 1855-1859. 2 vol. in-8°.

1796. Catalogo di tutte le Opere pubblicate dal tipografo, calcografo, etc. Cav. Giovanni Silvestri, dal 1799 a tutto agosto 1855. Milano, Silvestri, 1856. In-8°. Portr. Précédé de la Biographie de Jean Silvestri et de son fils César.

1797. Catalogue des Livres choisis en divers genres, faisant partie de la librairie de L. Potier. Paris, 1856-57, 3 parties in-8°.

1798. Catalogo delle Opere antiche e moderne, italiane e forestiere, che sono vendibili nella libreria di Giovanni Gallarini, librajo bibliografo in Roma. Parte prima. Agosto 1856. Gr. in-8° (445 pages à deux colonnés).

1799. Les Monuments de l'Histoire de France. Catalogue des productions de la sculpture, de la peinture et de la gravure, relatifs à l'Histoire de France et des Français, par M. Hennin. Paris, Delion, 1856. 4 vol. in-8°.

Le 5ᵐᵉ volume est sous presse et contient la description des gravures jusqu'à la fin du règne de Louis XIII. Si ce bel et savant ouvrage est continué, il offrira de précieux renseignements pour l'histoire du théâtre.

1800. Essai historique sur la Bibliothèque du Roi, aujourd'hui Bibliothèque Impériale, avec des Notices sur les dépôts qui la composent, etc., par Le Prince. Nouvelle édition, augmentée, etc., par Louis Paris. Paris, au Cabinet historique, 1856. In-12 de 466 pages.

1801. Catalogue de la Collection d'Estampes anciennes,

provenant du cabinet de M. H. de L. (His de Lasalle). Vente 21 avril 1856. Paris, Defer. In-8°.

1802. Bulletin du Bouquiniste, publié par Auguste Aubry, libraire, avec la collaboration de MM. Andrieux, Boiteau, Blanchemain, Raymond Bordeaux, Bordier, Brunet (Gustave), Brunet (Ch.), Chassant, Cocheris, Colombey, Destouches, Galitzin, River de Beauvoir, le bibliophile Jacob, Lalanne, Le Roux de Lincy, Pichon, Rathery, Sorel. Paris, Aubry, 1857. 2 vol. in-8°.

> Cette publication, qui est spécialement consacrée à faire connaître les livres en vente chez Aubry, paraît le 1er et le 15 de chaque mois. Jusqu'ici le théâtre n'y occupe pas beaucoup de place. Le catalogue des livres en vente est précédé ordinairement d'articles bibliographiques d'un grand intérêt.

1803. Notice d'une curieuse Collection de Portraits anciens et modernes d'artistes dramatiques (collection Hervey). Vente le 8 nov. 1857. In-8°. Vignère, expert.

1804. Catalogue d'une Collection extraordinaire de Livres, principalement sur les sciences mathématiques, la littérature italienne, l'histoire, etc., provenant de la bibliothèque de M. Libri, et dont la vente aura lieu à Paris le 2 juillet 1857. Le même, 2e partie, vente le 14 octobre 1858. Paris, Tilliard, 1857-58. 2 vol. in-8°.

1805. Catalogue de bons Livres anciens et modernes, la plupart rares et curieux, etc., de la Bibliothèque de feu M. Hod. L..... Vente le mardi 3 novembre 1857. Paris, Delion (expert libraire). In-8°.

> Le théâtre occupe, dans ce catalogue, une place importante.

1806. Curiosités de l'Histoire des Arts, par L. Jacob, bibliophile. Paris, Delahays, 1858. In-18.

> Détails fort instructifs sur la typographie, les anciennes éditions, etc.

1807. Essai sur l'Art de restaurer les Estampes et les Livres, ou Traité des meilleurs procédés pour blanchir, détacher, etc., par A. Bonnardot; 2e édit., refondue et augmentée, etc. Paris, Castel, 1858. In-12.

1808. Catalogue des Livres composant la bibliothèque littéraire et dramatique de Mlle Rachel, dont la vente aura lieu à Paris les lundi 26 et mardi 27 avril 1858. In-8°.

1809. Archives du Bibliophile, ou Bulletin de l'Amateur de livres et du Libraire, paraissant tous les mois. Paris, Claudin, 1858. In-8°.

1810. Catalogue général de la Librairie française au XIX° siècle, indiquant, par ordre alphabétique de noms d'auteurs, les ouvrages publiés en France depuis le 1ᵉʳ janvier 1800 jusqu'au 31 décembre 1855, par M. Paul Chéron. Paris, Jannet, 1858. 3 vol. in-8°.

1811. De la Restauration des vieilles reliures, complément de l'Essai sur l'art de restaurer les Estampes et les Livres, suivi d'une Dissertation sur les moyens d'obtenir des duplicata des manuscrits, par A. Bonnardot. Paris, Castel, 1858. In-12.

1812. Catalogue des Livres, Dessins et Estampes composant le cabinet de feu M. A. P. M. Gilbert, précédé d'une notice biographique, par Durevel, et suivi d'Appréciations sur la collection iconographique, par M. Bonnardot. Paris, Delion, 1858. In-8°.

1813. Verzeichniss einer werthvollen musikalischen und hymnologischen Bibliothek welche am Freitag 15 april 1859, etc., versteigert werden soll. Berlin, Stargardt, 1859. In-8°.

1814. Catalogue des Livres composant la Bibliothèque de feu M. J. Fr. Boissonade, membre de l'Institut, etc., dont la vente aura lieu le jeudi 3 mars 1859 et jours suivants. Paris, Benjamin Duprat. In-8° de 654 pages.

1815. Catalogue des Livres rares, curieux et singuliers de M. Scalini de Como. (Vente 21 novembre 1859.) Paris, François, 1859. In-8°.

> 3801 numéros.

1816. Catalogue de Livres anciens et modernes, qui se trouvent chez F. Heussner, libraire à Bruxelles. *Ibid.* 1859. In-8°.

1817. Annuaire du Bibliophile, du Bibliothécaire et de l'Archiviste, pour l'année 1860, publié par Louis Lacour. 1ʳᵉ année. Paris, Eug. Meugnot, 1860. In-18.

> L'auteur fait espérer la continuation de ce travail qui deviendra très-utile aux études en faisant connaître les richesses bibliographiques et archéologiques disséminées dans divers dépôts et chez

les particuliers. Dans ce premier opuscule, l'auteur donne des notions historiques et statistiques de toutes les bibliothèques publiques, de toutes les archives de Paris, et mentionne plusieurs collections particulières.

1848. Catalogue des Livres rares et précieux composant la Bibliothèque de feu M. Auguste Veinant, Vente 30 janvier 1860. Paris, Potier, 1860. In-8°.

> 1081 numéros.

1819. Catalogue de Livres rares et précieux, provenant de la collection de M. G. G. de Br..... (Vente 13 février 1860.) Paris, Potier, 1860. In-8°.

> 1026 numéros.

1820. Catalogue d'une belle Collection de Livres rares et précieux, surtout remarquables par le choix exquis des exemplaires; provenant du cabinet de M. M. de C., dont la vente se fera le 1er mai 1860, etc. Paris, J. Techener, 1860. In-8°.

> 819 numéros. La vente publique n'eut pas lieu, M. Solar ayant acheté le tout à l'amiable.

1821. Catalogue de la Bibliothèque de M. d'Hauteclair, formée en partie de celle de M. d'Anville. Vente le 14 mai 1860. Paris, Meugnot. In-8°.

> 925 numéros. Beaucoup d'ouvrages sur le théâtre; malheureusement on a peu détaillé les articles.

1822. Bibliotheca dramatica. Catalogue of the theatrical and miscellaneous library of the late William E. Burton, the distinguished comedian, comprising an immense assemblage of Books, etc., to be sold at auction by J. Sabin and C°. New-York, oct. 8, 1860. In-8°. Portr.

> C'est le catalogue dramatique anglais le plus considérable qui ait jamais paru; on y trouve une grande quantité d'auteurs français traduits et même dans leur langue originale.

SUPPLÉMENT

—

I

ARCHITECTURE THÉATRALE

1823. Libro primo (*et suiv.*) d'Architettura di Sebastiano
Serlio, Bolognese, nel quale con facile e breve modo si
tratta de' primi principii della geometria con nuova
aggiunta, etc. In Venezia, appresso Francesco Senese
et Zuane Krugher, Alemanno, compagni, 1566. In-4°,
fig. sur bois.

La première édition complète et la meilleure de cet ouvrage célèbre, où l'art de la construction et de la décoration du théâtre
moderne est traité pour la première fois. (Voir les dix dernières
pages du II° livre et partie du III°.)

1824. Il Pomo, d'Oro festa teatrale rappresentata in Vienna
etc. Ib 1868. Pet. in-folio.

Même ouvrage que celui que nous avons décrit sous le n° 117,
mais d'un format beaucoup plus grand, tant le texte que les gravures: celles-ci sont au nombre de 25 au lieu de 23, et la dernière
représente la coupe de la salle du côté du public, ce qui est rare
et fort instructif au point de vue de l'histoire de l'architecture
théâtrale.

1825. La Costruzione del migliore Teatro, proposta dal
conte Luigi Rizzetti, etc. (In-4° avec 1 pl. dans le même
volume.) Risposta del cav. Luigi Rizzetti alle accuse fatte
al teatro da lui proposto. Anno 1791. (In-4° avec 1 pl.
gr.)

1826. Description du Théâtre de Marcellus à Rome, réta-
bli dans son état primitif par A. H. T. Vaudoyer, architecte. Paris, Dusillon, 1812. In-4° (avec 8 pl. grav.).

1827. Observations and design for the Theatre royal
Drury Lane as executed in the year 1812, accompanied

by plans, elevations, sections, etc. Benjamin Wyatt, architect. London, J. Taylor, 1813. In-4° avec 18 planc.

1828. Sull' Architettura greco-romana applicata alla costruzione del teatro moderno italiano , e sulle macchine teatrali, Saggio di Tommaso Carlo Beccega, Vicentino. Venezia, Alvisopoli 1817. In-fol.

> Bel ouvrage contenant 39 pages et 5 grandes planches gravées. L'auteur propose un amphithéâtre au bas des quatre rangs des loges ; la voussure qu'il donne à la scène est une idée neuve.

1829. Traité complet de Mécanique appliquée aux Arts, contenant l'exposition méthodique des théories, etc., par M. J. A. Borgnis. Des machines imitatives et des machines théâtrales. Paris, Bachelier, 1820. In-4° avec 27 pl. gravées au trait.

> M. Borgnis a été professeur de mécanique à l'université de Pavie. Son traité a évidemment servi à tous ceux qui ont parlé après lui des théâtres anciens, des machines théâtrales , des décors, de l'éclairage, etc.

1830. Modèle qui offre la restauration du Colisée de Rome tel qu'il était originairement, etc., fait par Carlo Lucangeli. Rome, Perego Salvioni, 1824. In-8° (fig. au front.).

> Description détaillée et exacte de ce célèbre amphithéâtre.

1831. Sir Christopher Wren with some general remarks ou the Origin and progress of architecture. London, 1828. In-8°.

> Christophe Wren, le premier architecte de l'Angleterre après Inigo Jones, a bâti le fameux théâtre d'Oxford et Duke's-Theatre dans Dorset-Gardens, à Londres, qui fut le premier monument architectural élevé à l'art dramatique en Angleterre.

1832. Il Teatro comunitativo di Piacenza, memoria storica di L. Galli, in occasione della solenne apertura fattasi al carnevale 1858-59. Piacenza, tip. Cairo, dicembre 1858. In-8°.

1833. Note sur la Ventilation des théâtres, par le docteur A. Tripier (avec figure). Paris, Baillière, 1859. In-8°.

> Extrait des *Annales d'Hygiène*.

1834. L'Opéra et le Théâtre de la Seine. Étude sur la construction nouvelle de ces deux salles, par Henri Barthélemy. Première partie (texte). Neuilly, 1859. In-8°.

> M. Barthélemy propose de construire l'un de ces théâtres dans la Seine, en bas du terre-plein du Pont-Neuf, afin de pouvoir donner des spectacles navals sur l'eau de ce fleuve.

1835. Le Théâtre et l'Architecte, par Émile Trélat, architecte, professeur au Conservatoire des Arts et Métiers. Paris, Morel et Cie, 1860. In-12.

1836. Déplacement de l'Opéra. Contre-Projet, par M. Edmond Duponchel. Paris, Lévy fils, 1860. In-8°.

II

DÉCORATIONS ET COSTUMES

1837. De Rë vestiariâ Libellus ex Bayfio excerptus, additâ vulgaris linguæ interpretatióne in adolescéntulorum gratiam atque utilitatem. Parisiis, Rob. Stephani, 1551. In-12.

1838. De Vasculis Libellus adulescentulorum causa ex Bayfio decerptus, additâ vulgari latinarum vocum interpret. Parisiis, Rob. Stephani, 1553. In-12.

1839. Le Nozze degli Dei. Favola dell' abb. Gio-Carlo Coppola. Rappresentata in musica in Firenze nelle reali nozze de' Seren. Gran-Duchi di Toscana Ferdinando II e Vittoria, principessa d'Urbino. In Firenze, per Amadore Mazzi e Lorenzo Landi, 1637. In-4°. fig.

> Bel et curieux libretto d'un ouvrage célèbre mis en musique par le bailli Ferdinand Saracinelli, et chanté par 150 artistes. Il y a 8 belles gravures de Stefano della Bella, d'après Alfonso Parigi, qui a été l'inventeur des machines et des décorations. On a mis à la suite : Relazione, etc., c'est-à-dire la description de la fête.

1840. Il Costantino Pio, dramma posto in musica dal sigr Carlo-Francesco Polleroli, e rappresentato in Roma l'anno 1710. Roma, per Ant. de Rossi, 1710. In-12, fig.

> Précieux libretto, qui contient les gravures des douze décorations peintes pour cet ouvrage, et fort remarquables sous le rapport de l'invention et de la perspective.

1841. Traité des Feux d'artifice pour le spectacle et pour la guerre. Berne, Wagner et Müller, 1750 (par Perrinet d'Orval). In-8° avec 15 gravures.

1842. Afbeeldingen van de Kleeding, etc. Tableaux de l'habillement, des mœurs et des coutumes dans la République batave au commencement du dix-neuvième siècle. Chez E. Maaskamp, à Amsterdam (1803). In-4°.

> Texte français et hollandais. 20 planches gravées et soigneusement coloriées, plus un frontispice également en couleur.

1843. Masken und Volksfeste Almanach für das jahr 1813 mit 36 illuminirte Figuren und 2 Musikblättern. München. Lindauer. In-32. Fig. color.

Les figures ont été lithographiées et coloriées dans la maison de travail de Munich.

1844. Theater decorationen nach den original Skizzen des K. K. Hoftheater-Mahler, Joseph Platzer, radirt und verlegt von Norbert Bittner. Wien 1816. In-4° obl. (220 planches).

1845. Teater decorationen nach den original Skizzen des K. K. Hof-theater-Mahler, Anton de Pian, gestochen und verlegt von Norbert Bittner. Wien, 1818. (100 planches in-4° obl.)

1846. Descrizione del nuovo Sipario dell' imperiale regio teatro alla Scala, in Milano. Milano, D.Giulio Ferrario, 1821. Gr. in-4°.

1847. Le Théâtre chez soi. Galerie dramatique paraissant les 1er, 10 et 20 de chaque mois, avec une feuille in-4° de texte, deux costumes, etc. Rédaction : Jules Rostaing. Paris, Martinet, février 1856. 1, 2, 3 (3 livres et 6 gravures). In-4°.

1848. Storia delle Mode, dagli Etruschi al 1854; illustrata da 200 e più vignette. Milano, Ferrario, 1855. In-8°. Fig. s. b.

Quoique nous soyons assez portés à vanter ces sortes d'ouvrages si utiles quand ils sont bien faits, nous ne parlerons pas de celui-ci pour n'avoir pas à blâmer sévèrement les auteurs, les dessinateurs et les éditeurs.

III

TOPOGRAPHIE DE PARIS

1849. Les Nuits de Paris, ou le Spectateur nocturne. Avec figures. Douzième partie. Paris (1788). In-12.

Par Retif de la Bretonne. Cette partie de son ouvrage est presque entièrement consacrée aux théâtres et aux artistes.

1850. Le Nouveau Diable boiteux. Tableau philosophique

et moral de Paris, etc., par le docteur Dicaculus de Louvain. Paris, Buisson, an VII. 2 vol. in-8°. Fig.

1850 *bis*. Le voyageur à Paris. Tableau pittoresque et moral de cette capitale. Paris, Chaïgneau, 1797. 3 v. in-16.
Attribué à La Mésangère.

1850 *ter*. Panorama de Paris et de ses environs, ou Paris vu dans son ensemble et dans ses détails, son origine, la description de ses monuments, etc. Paris, Bailleul; 1805 (an XIII). 2 vol. in-12.

1851. Atlas administratif de la Ville de Paris, dédié à M. le comte Anglès, etc., par A. M. Maire, géog.? (*sic*.) Paris, Lottin de Saint-Germain, 1821. Petit in-folio.

1852. Paris historique, pittoresque et anecdotique. Louis Lurine. Le Palais-Royal; dessins de J. A. Beaucé. Paris, G. Havard, 1855. In-32. Fig. s. b.

IV

OUVRAGES POUR OU CONTRE LE THÉATRE

1853. Discorso del danno che cagionano le commedie e i lascivi spettacoli, raccolto dall'Opere del P. F. Giovanni di Pineda dell' ord. di San-Francesco. Tradotto dalla lingua spagnola dal Comend. fra Giulio Zanchini da Castiglionchio, cav. di San-Giovanni, spedalingo di Santa-Maria Nuova di Firenze. In Firenze appresso Giorgio Marescotti, 1599. In-12.
Rare. Un des premiers traités imprimés contre les théâtres.

1854. B. Basilii Seleuciae Isauriae Episcopus. Concio in Olympicos ludos. Ex Fed. Morello Interpret. Parisiis, Fed. Morellum, 1602. In-12.
Texte grec et traduction latine en regard.

1855. Le Pour et le Contre des Spectacles, 1re édit. (par l'abbé Manne). Mons. Beugnies, 1782. In-8°.

1856. Allocutions prononcées dans les solennités religieuses des Associations artistiques de secours et pensions de retraite fondées par M. le baron Taylor. Paris, 1859. In-8°.

V

HISTOIRE DU THÉATRE

1857. Descrizione dell' apparato e degl' intermedi fatti, per la commedia rappresentata in Firenze nelle nozze de' seren. Don Ferdinando Medici e Mad. Cristina di Loreno, gran duchi di Toscana Firenze. Padovani, 1589. In-4°.

1857 *bis*. Le Théâtre Fançais (par Sam. Chappuzeau). Lyon, 1764. Petit in-12.

1858. Le Nouveau Mercure galant, contenant les nouvelles du mois de may 1677 et plusieurs autres. Paris, Girard, 1677 (à 1710). 107 vol. petit in-12. Fig.

1859. Della Storia e Ragione d'ogni poesia, volumi quattro di Francesco Saverio Quadrio, della Compagnia di Gesù. In Bologna, Pisarri, 1739, Milano, 1749. 4 tomes en 6 vol. in-4°. Fig.

> Ouvrage capital. Les volumes III et IV renferment l'histoire la plus détaillée que nous ayons de la littérature dramatique italienne. Quadrio passe en revue tous les auteurs dont il a eu connaissance, et nous donne de précieux renseignements sur les pièces et sur les acteurs de tous les temps.

1860. The Companion to the Playhouse, or an historical account of all the dramatic writers (and their works), that have appeared in Great-Britain and Ireland from the commencement of our theatrical exhibitions down to the present year 1764. Composed in the form of a Dictionary for the more readily turning of any particular autor or performance. London, 2, Becket, 1764. 2 vol. in-12.

1861. Hamburgische Theater-Geschichte von J. F. Schütze. Hamburg, 1794. In-8°.

1862. Courrier des Spectacles, Journal des Théâtres et de la Littérature. Signé Lepan, propriétaire-rédacteur. Paris, de l'an vii à 1807. 14 vol. in-4°.

1863. Indice de' Teatrali Spettacoli di tutto l'anno, dalla Primavera 1799 a tutto il carnevale 1800, coll' aggiunta dell'elenco de' signori virtuosi cantanti, etc., dedicato all'ill. D. Bartol. Calderari, parte decimaquinta. Milano.

Par Formenti. Cet almanach a paru pendant trente ans, mais avec des interruptions. (Voir les nᵒˢ 280 et 294.)

1864. Geschichte des Theaters in Leipzig von dessen ersten Spuren bis auf die neuè Zeit. Leipzig. G. A. Broekhaus, 1818. In-12.

1865. Étrennes dramatiques dédiées aux Dames. Paris, Marcilly (1821). In-8°. Fig.

Compte rendu des spectacles de l'année 1820 et anecdotes. Rare.

1866. La Nouvelle Année littéraire ou Correspondance théâtrale, critique et littéraire, etc., par H. Magnien. Paris, boul. Saint-Martin, 4. 1826. In-8°.

Spécialement consacrée au théâtre; on y trouve une revue biographique des acteurs de Paris, les répertoires des différents théâtres, etc.

1867. Berliner Theater-Almanach auf das Jahr 1828. Ein Neu-Jahrs-Geschenk für Damen. Herausgegeben von M. A. Saphir. Berlin, Cosmar und Krause. In-8°. Fig.

Excellente publication, contenant quantité d'articles intéressants sur le théâtre et les costumes coloriés de plusieurs acteurs et actrices d'Allemagne.

1868. Some account of the english stage from the restoration in 1660 to 1830. In ter volumes. Bath, Th. Rodd, 1832. 10 vol. in-8°.

Ouvrage capital pour l'histoire du théâtre anglais.

1869. Das Theater zu Düsseldorf mit Rückblicken auf die übrige deutsche Schaubühne, von Grabbe. Düsseldorf, Schweiner, 1835. In-12.

1870. De Initiis scenicæ poesis apud Germanos. Scripsit Dr Gustavus Freytag. Berolini, 1838. In-8°.

1871. Études sur le Théâtre en Lorraine et sur Pierre Gringoire, par M. Henri Lepage. Nancy, 1849. In-8°.

Inséré dans les Mémoires de l'Académie de Nancy.

1872. Études sur Shakespeare, Marie Stuart et l'Arétin. Le drame, les mœurs et la religion au xviᵉ siècle, par M. Philarète Chasles. Paris, Amyot (1855?) In-12 Charpentier.

1873. Le Chroniqueur de la Semaine, paraissant tous les dimanches. Paris, Alph. Faride, 1856-57. In-8°.

> 17 livraisons avec le sous-titre : Critique, Salons, Théâtres, Coulisse, Anecdotes, Hommes de lettres, Journalistes, Acteurs, Actrices, Financiers, Bibliographie.

1874. Her-Majesty's Theatre. Season 1856, 1857, 1858. London. In-8°.

> Trois brochures contenant le programme de chaque saison, les noms de toute la troupe, etc.

1875. Séville. Histoire, monuments, mœurs, récits, par Paulin Niboyet. Séville, Alvarez, 1857. In-8°.

> M. Niboyet, consul de France, auteur de plusieurs romans devenus populaires, nous donne, dans cette description humoristique de Séville, des renseignements précieux sur les théâtres de cette ville et de l'Espagne, en général, si peu connus en deçà des Pyrénées.

1876. La Reine de l'Andalousie. Souvenir d'un séjour à Séville, par Paulin Niboyet, avec vignettes de Dubuisson. Paris, Tardieu, 1858. In-12.

> Réimpression de l'ouvrage précédent, corrigé et augmenté. Un chapitre est consacré aux théâtres.

1877. Il Teatro Italiano. Torino, dal 16 novembre 1858 al 1° maggio 1859. In-folio.

> 24 numéros seulement ont paru.

1878. Le Vieux-Neuf, histoire ancienne des inventions et découvertes modernes, par Édouard Fournier. Paris, Dentu, 1859. 2 vol. in-18.

> Ce savant et curieux travail a paru d'abord en feuilletons dans le journal le Siècle. En le réimprimant, l'auteur l'a corrigé et augmenté notablement. Comme on le pense, le théâtre, et tout ce qui s'y rattache doit occuper une place très-importante dans les inventions des anciens rétablies par les modernes.

1879. Recueil de Farces, Soties et Moralités du xve siècle, réunies pour la première fois et publiées avec des notices et des notes, par P. L. Jacob, bibliophile. Paris, Delahays, 1859. In-12 Charp.

> Ce sont moins les pièces curieuses et importantes en elles-mêmes que les savantes dissertations du bibliophile, qui nous font ranger ce livre dans la classe de l'Histoire du Théâtre.

1879 bis. Masques et Bouffons (Comédie italienne), texte et dessins par Maurice Sand, avec une préface de Mme George Sand. Paris, Michel Lévy frères, 1860; 2 vol. gr. in-8°, fig.

1880. Histoire du Conservatoire de musique et de déclamation, suivie de documents recueillis et mis en ordre, par M. Lassabathie. Paris, Michel Lévy, 1860.

> Ce n'est pas seulement une histoire consciencieuse et correcte de cette noble institution; l'auteur y a ajouté tous les documents historiques et administratifs, le relevé de tous les prix décernés depuis le commencement du siècle, le nom de toutes les notabilités artistiques sorties du Conservatoire, etc., etc. Son livre est un guide indispensable pour toute personne attachée à l'établissement et pour toutes celles qui s'appliquent à l'histoire de la Musique en France.

1881. Émile Colombey. L'Esprit au Théâtre. Paris, Collection Hetzel, s. a. (1860). In-18 jésus.

> Nous rangeons ce livre dans la classe de l'Histoire du Théâtre, parce que les anecdotes, les traits d'esprit, etc., dont il se compose, s'ils ne sont pas rigoureusement historiques, ont du moins rapport à l'histoire de l'Art ou des Artistes.

1882. Histoire de la Société des Concerts, etc., par Elwart. Paris, Castel, 1860. In-12 avec plan et portr.

1883. Histoire des Bouffes-Parisiens, par Albert de Lasalle. Paris, Librairie nouvelle, 1860. In-32.

VI

LÉGISLATION ET ADMINISTRATION DES THÉATRES

1884. *M. S.* Lettres patentes et Ordonnances royales relatives à l'Académie royale de Musique, de 1672 à 1778. Signées *pour ampliation, Amelot.*

> Manuscrit sur parchemin, fort soigné et bien relié. Petit in-folio.

1885. Note essentielle, relative à l'affaire des propriétaires du Théâtre national, volés, incarcérés, vexés par l'ancien Comité de salut public, qui, *pour la forme au moins*, avait ordonné de payer leurs créanciers et de les indemniser. Paris, imprim. Forget et Cᵉ. (1795?) In-8° deux feuillets.

1886. Lettre du directeur du Vaudeville à M. Bavoux, juge au tribunal de première instance et directeur du matériel et des procès du Vaudeville, suivie de pièces justificatives (signé Bérard). 5 février 1825. In-8°.

1887. Mémoire à consulter pour les sociétaires du Théâtre-Français, et Consultation délibérée par M° Marie et avec adhésions de M** Paillet, H. de Vatimesnil, Ph. Dupin, Odilon Barrot, etc. Février 1840. Paris, impr. Félix Malteste. Gr. in-8°.

1888. A Monsieur le directeur des Beaux-Arts. Mémoire pour les artistes plaignants contre M. Lireux, directeur de l'Odéon. Paris, impr. Moquet et Hauquelin, 1843. In-8° de 15 p.

1889. Note relative aux droits de Mozart et de Weber. In-12.

> Paris, 1859. Signée Choler et Siraudin, membres de la Société des Auteurs dramatiques.

1890. Une Tentative de Rénovation théâtrale. Résumé de l'opinion publique, ou Appréciations émanées de juges compétents sur diverses questions du théâtre actuel et sur l'*Hippolyte porte-couronne*, traduit d'Euripide, etc., par Sébastien Rhéal de Céséna. Paris, Dentu, 1859. In-8°.

1891. Grandeur et Décadence du Théâtre-Royal français de la Haye, ou la Vérité sur le passé, le présent et l'avenir. Revue rétrospective, contemporaine et clairvoyante, par Marcel Briol, régisseur, etc. La Haye, Van Weerden, 1860. In-8°.

VII

DRAMATURGIE, CRITIQUE.

1892. L'Éloge du Poëme lyrique de l'opéra de Zoroastre de la composition de M. de Cahusac et de la musique de M. Rameau, ou dissertation historique et physique sur cet opéra, suivie d'un poëme héroïque intitulé *la Pierre de touche*, etc. Paris, d'Houry fils, 1750. In-4°.

1893. Journal étranger, ouvrage périodique. Paris, au bureau, etc., depuis avril 1754 jusqu'à septembre 1762. 42 vol. in-12.

> Rédigé par Lamarche, J. J. Rousseau, Favier, l'abbé Béraud, l'abbé Arnaud, Fréron, Hernandez, etc.; ensuite par Toussaint,

Moos, l'abbé Prévost, Deleyre, Suard, etc. Nombreux articles sur le théâtre. Il n'a rien paru de ce journal en 1759.

1894. L'Esprit de Molière, ou Choix de Maximes, Pensées, Caractères, etc. (par Beffara). Londres et Paris, Lacombe, 1777. 2 vol. in-12.

1895. Dissertation sur les OEdipes de Sophocle, de Corneille, de Voltaire, de Lamote (*sic*) et sur Jocaste. In-8º.

1896. Essai sur la Comédie (par le chevalier de Cubières? Paris, 1786?) In-8º.

1897. Lettre de M. Fabre d'Églantine à M. de ***, relativement à la contestation survenue au sujet du *Présomptueux*, etc. (12 janvier 1789.) In-8º.

1898. Étéocle, tragédie en 5 actes par G. Legouvé, etc. représentée sur le théâtre de la République le 27 vendémiaire an 8. (Compte-rendu signé Eusèbe Salverte. Paris, an 8.) In-8º.

1899. Giudizio sulle tragedie del signor conte Vittorio Alfieri. (1800?) In-8º.

1900. OEuvres complètes de Jean de Sales. Théâtre et Littérature. Paris, 1804. 3 vol. in-8º.

> Ces trois volumes renferment toutes les pièces do l'auteur (dont le vrai nom était J. Claude Isoard), précédées par une *Histoire de la Tragédie*, qui tient tout le premier volume et moitié du second, et par une dissertation sur les *Médées* qui ont paru au théâtre depuis celle d'Euripide. Comme ces deux traités sont plutôt une poétique qu'une histoire proprement dite, nous les classons de préférence dans la dramaturgie.

1901. Épître à l'auteur de la tragédie des Templiers. (1805.) In-4º.

1902. Feuilletons du *Journal de l'Empire* et du *Journal des Débats*, depuis 1807 jusqu'à ce jour (1810). 4 vol. pet. in-folio obl.

> Par Geoffroy.

1903. Les Roses du Vaudeville. Paris, Lefuel. s. d. (1821?) In-24. Fig.

> C'est l'analyse des vaudevilles en vogue, avec gravures et couplets.

1904. M. Soumet en présence d'Alfieri et de Voltaire, ou Examen de la tragédie de Clytemnestre, par Ricord aîné. Bruxelles, de Vroom, 1823. In-8º.

1905. Epistola de Euripidis Phætonte quam ad virum clariss. Cornelium Jacob. Van Assen, etc., scripsit Sebaldus Jan. Ever. Rau. Lugduni Batavor. Luchmans, 1832. In-8°.

1906. Examen des Tragiques anciens et modernes, dans lequel le système classique et le système romantique sont jugés et comparés, par M. Martine (de Genève). Paris, Moutardier, 1834. 3 vol. in-8°.

1907. L'Europe théâtrale, Revue d'initiative et de conservation, paraissant le 15 de chaque mois. Paris, au Bureau, 1849. Gr. in-8°.

1908. De la Légende de Robert le Diable, par M. Edélstand du Méril. (Extrait de la *Revue contemporaine* du 15 juin 1854.) In-8°.

1909. Profils et Grimaces, par Auguste Vacquerie. 2e édit. Paris, Michel Lévy frères, 1857. Gr. in-8°.

   Articles de critique théâtrale et littéraire.

1910. Le Théâtre, épître à M. Pietri, sénateur, ancien préfet de police, par Auguste Roussel. Paris, Marescq, 1859. In-8°.

   Extrait de la *Revue des Races latines.*

VIII

SUR LA MUSIQUE ET LES OPÉRAS

1911. Discours sur l'Harmonie, par J. B. Gresset, de l'Académie française. Paris, 1748 (?). In-16.

1912. Examen de la Lettre de M. Rousseau sur la musique française, dans lequel on expose le plan d'une bonne musique propre à notre langue, par M. B...., 1753. In-8°.

1913. Apologie de la Musique et des Musiciens français contre les assertions peu mélodieuses, peu mesurées et mal fendées du sieur Jean-Jacques Rousseau, ci-devant citoyen de Genève (1754?). In-8°.

1914. Discours préliminaire de l'Opéra de Tarare, appauvri de notes, par une société d'indifférents. A Ormus, 1787. In-8°.

1915. Analyse critique de Tarare. A Ormus et Paris, 1787. In-8°.

1916. OEuvres de J. J. Rousseau. Écrits sur la musique. Paris, veuve H. Perronneau, 1820. In-12 avec planches, grav.)

> Contenant : Dissertation sur la Musique moderne; — Essai sur l'Origine des langues; — Lettres sur la Musique française; — Examen de deux principes avancés par Rameau; — Lettre à M. Burney sur la Musique; — Lettre à M. Grimm.

1917. De la Lyre. Recherches d'une vérité en musique, pour rendre ce plaisir plus facile, suivies de considérations sur la danse, par Juillet, professeur de danse et de musique, donne des leçons de guitare, de chant, de flûte, de violon et de flageolet. Paris, 1825. In-8°.

1918. Chronique musicale de Paris, par Joseph Mainzer. 1re livraison. Paris, au bureau du Panorama de l'Allemagne, 1838. In-8°.

> Cette chronique en est restée à la 1re livraison, qui est entièrement consacrée à la critiques des œuvres de Berlioz.

1919. Esquisses musicales et Souvenirs de voyage, par Joseph Mainzer. Tome 1er. Paris, Tautenstein, 1838. In-8°.

1920. The Connoisseur. A Monthly record of the fine arts, music and the drama. London, E. Machenzie, 1846. In-4°. Portr.

1921. Programme of the first lecture, of W. M. Henry Fry's course of lectures on music, etc. London, nov. 1852. In-8°.

1922. Prospectus and Programmes of the New-York musical Congress. 1854. New-York. In-8°.

1923. Her-Majesty's Theatre. M. Jullien's Concerts Programme. London, 1856. In-8°. (9 brochures.)

1924. Le Chef d'orchestre. Théorie de son art. Extrait du grand Traité d'instrumentation et d'orchestration modernes, par Hector Berlioz. Paris, Schonenberger, 1856. Gr. in-8°.

1925. Royal Surrey Gardens. Grand inauguration festival for the opening of the colossal Concert Hall. July 5 1856, London. In-8°.

1926. Stradivarius (en vers). A M. F. Raillard, par Edmond Roche. Paris (1859?) In-8°.

1927. La Ragione della Musica moderna, per N. Marselli Napoli. Detken, 1859. In-8°.

1928. La Vecchia Cappella della Corte Estense e la Commissione incaricata ad organizzare una nuova scuola di musica in Modena. (Signé) A Catelani. Modena Giugno, 1860. In-16.

1929. Essai sur la Musique dans l'antiquité, par J. Ed. G. Bertrand, ancien élève de l'École des chartes. Paris, Firmin Didot, 1860. (Planches gravées.)

> Extrait du complément de l'*Encyclopédie moderne*, publiée par les mêmes éditeurs.

IX

FACÉTIES, SATIRES.

1930. Les Travers des salons et des lieux publics. Caractères, portraits, anecdotes, faits bizarres, où l'on reconnaîtra d'innomblables originaux. Par Le Joyeux de Saint-Acre. Paris, rue Montmartre, s. d. (1824?) In-12.

1931. Épître à Odry sur le bonheur des gens de lettres, pour faire suite aux Épîtres de M. Casimir Delavigne à M. Lamartine et de M. Lamartine à M. Casimir Delavigne, par M. L. M. B. Paris, Delaunay, etc., 1826. In-8°.

1932. 4 et 5 font 3, ou Nouvelle Méthode de calcul, mise en pratique depuis 1828, pour l'instruction et l'avantage des théâtres royaux, offerte en étrennes, pour l'an de grâce 1830, à M. le baron de la Bouillerie, intendant, etc., par un élève de Jacotot, d'après les notes d'un ex-souffleur, etc. Paris, Guéry et C⁼, décembre 1829. In-8°.

X

ROMANS ET FICTIONS SUR LE THÉATRE.

1933. Scènes de la vie de théâtre. Les Mères d'actrices, roman de mœurs, par L. Couailhac. Paris, Schwartz et Gagnot, 1843. 2 vol. in-8°.

XI

BIOGRAPHIE THÉATRALE.

1934. Dithyrambe sur la statue de Pierre Corneille, par Th. Wains-Desfontaines, d'Alençon, pièce couronnée par la Société libre d'Émulation de Rouen, etc. Rouen, Baudry, 1834. In-8°.

1935. Pierre Corneille et Thomas Corneille (par Jules Belin). In-8°.

1936. Éloge de Pierre-Claude Nivelle de la Chaussée (par d'Alembert, 1755?) In-12.

1937. Ma Carrière dramatique (par Marsollier, 1810?) In-8°.

1938. Histoire de ma Vie, par George Sand. In-folio obl.

> Inséré en feuilleton dans le journal *la Presse* d'octobre 1854 à juillet 1855.

1939. Friedrich Schiller. Ein Lebensbild. Festgabe zum zehnten November 1859. Den Schulen Berlin's, der Verein für die Schillerfeier. Berlin, Dümmler, 1859. In-16. Portr.

1940. La Vie de David Garrick, écuyer. (Paris, 1780?) In-8°.

1941. Teresa Parodi and the italian opera, with original portraits. New-York, Parsons, 1851. In-8°.

> Contenant les portraits de Mlle Parodi et de Miska Hauser, violoniste. Le texte est presque entièrement consacré à l'analyse du talent de la belle cantatrice, avec quelques considérations sur les conditions du théâtre lyrique à New-York. En tout 159 pages.

1942. Notice historique sur Mlle Mars, par Mme L. (Louise) Fusil, avec un autographe, etc. Paris, à la Tente (1844?) In-32.

1943. Études contemporaines. Le Monde dramatique. Madame Person (Béatrix), par Georges Bell. Paris, Bourguet, 1854. In-8°.

1944. Mémoirs of Rachel, by Mme de B..., in two volumes. London, Hurst and Blackett, 1858. 2 vol. in-12. Portr.

1945. Artistes contemporains. Paul Julien, violoniste, par par J. Martin, d'Angers. Paris, *France musicale*, 1851. In-12.

> Avec portrait du jeune virtuose.

1945 *bis.* Les Musiciens les plus célèbres, par Maxime de Montrond. Lille, L. Lefort, 1853. In-8°. Fig. au front.

1946. Notice historique sur Cyrano de Bergerac (par le bibliophile Jacob). Paris, Janet (1855?). In-8°.

1947. Dizionario biografico dei più celebri poeti ed artisti melodrammatici tragici e comici, maestri, concertisti, coreografi, mimi, ballerini, scenografi, giornalisti, impresarii, etc., etc., che fiorirono in Italia dal 1800 al 1860, compilato dal cav. Dott. Francesco Regli. Torino. Dalmazzo, 1860. Grand in-8° de 592 pages.

> La seule biographie théâtrale que possède l'Italie. M. Regli, qui rédige depuis 25 ans un journal de théâtres (*Il Pirata*), pouvait mieux que tout autre réunir les matériaux d'un ouvrage de ce genre.

TABLE

DES NOMS D'AUTEURS

A

B

C

D

E

F

H

K

L

M

N

O

P

Prony (B^{on} de), 1042.
Propiac (Chev. de), 178.
Prudhomme, 171.

Prutz, R. E., 415.
Pujol (A. 181).
Pure (Michel de), 247.

Q

Quadrio (Fr. Sav.), 1859.
Quatremère de Quincy, 995, 1549, 1550, 1551.

Quérard, 1774, 1780.

R

R....u (Ch.), 1182.
Rabelleau, 763.
Rabou (Ch.), 1279.
Racine (Louis), 1476.
Ragueneau (Ar.), 313, 341.
Rameau, 965.
Rampal (Benj.), 419.
Ranghiasci (Séb.), 44.
Rathery, 1802.
Rau (J.-Ever.), 1905.
Raymond (Emman.), 1437.
Raynaud, 888,
Réaucreux, 1778.
Reber (Henri), 1077.
Regli (Francesco), 1361, 1374, 1947.
Regnault Warin, 1455.
Regnier P., 408.
Remard, 245.
Remond de Saint-Albine, 736.
Remond de Saint-Mard, 950
Renard, 95.
Renier (L. 1365.
Renouard, 1741.
Retif de la Bretonne, 478, 1161, 1849.
Reveillière-Lepeaux (L. M.), 529.
Retzsch, 146.
Rey de Sarlat, 440.

Rheal (Séb.), 697, 939, 1890.
Ricciardi (Joseph), 929.
Riccoboni (François), 742, 744.
Riccoboni (Louis), 251, 256, 347, 472, 727, 1404.
Richomme, 1333.
Ricord aîné, 332, 348, 552, 567, 837, 1311, 1904.
Righetti (Francesco), 347.
Rivarol, 299,
Rizzetti (Luigi), 1425.
Rizzi Zannoni, 975.
Robbé de Beauveset, 1159.
Robert, 1218.
Robillon, 606.
Robinson (Miss), 1630.
Roche (Edmond), 1926.
Rochemont (de), 959.
Rogé (Tajan), 707.
Roger de Beauvoir 443.
Roger de Beauvoir (Mme), 1647.
Rohault de Fleury, 86.
Roland de Virloys, 8.
Romagnesi (Marc-Ant.), 1704
Rondot (Natalis), 696.
Rontéix (Eugène), 1328.
Roqueplan (Nestor), 1245.
Rosny (Joseph), 1174, 1175.
Rossi (Cosimo), 149.

TABLE MÉTHODIQUE

Paris. — Morris et Comp., rue Amelot, 64.